Je veux être heureux au travail !

Groupe Eyrolles
61, bd Saint-Germain
75240 Paris Cedex 05

www.editions-eyrolles.com

Illustrations d'ouvertures de chapitres : François Samson
(http://françois-s.over-blog.com/)

ISBN : 978-2-212-55571-4

Christophe Gallé

Nathalie Olivier

Je veux être heureux au travail !

4 clés pour trouver le métier de mes rêves

EYROLLES

*« Choisissez un travail que vous aimez et
vous n'aurez pas à travailler un seul jour de votre vie. »*
■ Confucius

Partie 2

Je fais le tour de mes compétences !

Chapitre 3

Qu'est-ce que ma personnalité vient faire dans l'histoire ?

Chapitre 4

Qu'est-ce que je sais faire ?

Chapitre 5

Quand je serai grand... je serai chef !

Partie 3

Je mets en œuvre mes talents de manière réaliste

Chapitre 6

Et après ?

Chapitre 7

Je finalise mon projet

Partie 4

Je concrétise mon projet !

Chapitre 8

Faire évoluer ses compétences

Chapitre 9

Faire appel à un professionnel

Remerciements

Ce livre est avant tout le fruit de rencontres humaines avec toutes les personnes que nous avons accompagnées dans leur projet personnel et professionnel. Nous les remercions chaleureusement.

Nous voudrions également remercier tous ceux, proches et partenaires professionnels, qui nous ont soutenus dans l'écriture de cet ouvrage, en particulier Caroline Govin, mais aussi Nadine Chartrain, Liliane Helt, Chantal Reboul-Salze, pour leurs précieux conseils et leur relecture attentive de tout ou partie du manuscrit.

Un grand merci à François Samson pour ses illustrations et son talent. Vous pouvez retrouver ses dessins sur son blog : http:// francois-s.over-blog.com/

Merci à Romain Slitine pour son dynamisme, ses conseils et sa contribution sur les parties liées à l'entrepreunariat social.

Nous remercions également tous ceux qui ont bien voulu prendre le temps de témoigner afin de partager leur expérience et d'étayer nos propos.

Ce livre est également le fruit du soutien de notre éditeur, Florian Migairou, que nous remercions pour ses conseils et ses encouragements tout au long de l'écriture.

Introduction

Cette année, c'est décidé, je prends ma vie en main ! Je veux trouver ma voie, m'épanouir au travail et faire enfin du métier de mes rêves une réalité !

Nous passons en moyenne la moitié de notre temps éveillé à travailler. Nous sommes tous d'accord pour dire qu'il faut choisir un métier et un environnement qui nous plaît ?! Pourquoi alors rester plus longtemps dans un poste ou une entreprise qui ne nous convient pas ?

Mais voilà, trouver un boulot qui nous correspond n'est pas facile. Nous n'avons pas toujours le bagage correspondant à nos aspirations, trop peu d'expérience dans le domaine qui nous tente, pas assez de diplômes, pas d'opportunité… Autant d'éléments qui expliquent que beaucoup de salariés ne sont pas heureux là où ils sont. En France, chaque année, plus d'une personne sur deux souhaite changer d'emploi !

Qui n'a pas rêvé d'autre chose et finalement accepté la routine par peur ou parce que l'épreuve paraissait insurmontable ?

Trouver un boulot qui nous plaît, c'est :

- bien se connaître et avoir conscience de ses talents ;
- avoir le courage d'affirmer ses besoins et de s'affranchir de son entourage qui peut parfois nous éloigner de nos propres rêves ;
- lutter contre soi : ses limites, ses propres démons, son manque de motivation et de confiance en soi, afin d'affirmer ce que l'on voudrait vraiment ;
- trouver une entreprise et/ou un environnement professionnel intéressants qui nous accepteront tels que nous sommes.

Dans un monde qui bouge vite, chacun d'entre nous doit faire face, tout au long de sa carrière professionnelle, à des changements et des remises en question.

Être actif dans son projet professionnel, c'est non seulement pouvoir répondre à la demande du marché mais aussi pouvoir mettre en œuvre un projet en accord avec ses compétences et ses motivations. L'action est donc au cœur du changement et de l'évolution professionnels de chacun.

Oser changer pour un boulot qui vous plaît, c'est pouvoir enfin vous épanouir dans votre vie professionnelle !

Si vous avez décidé de prendre votre vie professionnelle en main, ce livre est fait pour vous ! Il vous permettra de vous interroger sur votre projet de manière pratique et ludique. Des schémas, des autodiagnostics, des exercices et des questionnaires vous permettront de faire un état des lieux de votre situation, de vous interroger sur vos motivations, vos compétences et vos possibilités de changement. Il sera un support de méthodologie et de réflexion précieux dans l'élaboration et la réalisation de votre projet professionnel. Vous pourrez vous questionner sur vous, votre personnalité, vos valeurs, mais également sur vos talents, pour les mettre en œuvre dans le métier ou le poste dont vous rêvez. Des témoignages et des exemples concrets viendront illustrer nos propos.

À mi-chemin entre un livre de développement personnel et un guide pratique, vous trouverez dans cet ouvrage des réponses à vos questions, et surtout pourquoi et comment changer.

Cet ouvrage s'adresse à tous ceux qui souhaitent faire de leur métier un des atouts de leur vie, entre autres :

- les salariés en cours d'évolution ou de reconversion professionnelle ;
- les personnes qui ne savent plus où elles en sont dans leur vie professionnelle ;
- les demandeurs d'emploi ;
- les personnes en début de carrière ;
- les managers ;
- les futurs entrepreneurs ;
- les plus jeunes, dans le cadre de leur orientation professionnelle ;

- enfin, les **professionnels de l'accompagnement** qui trouveront dans ce livre des outils et des méthodes, ainsi qu'un support de réflexion dans l'exercice de leur métier.

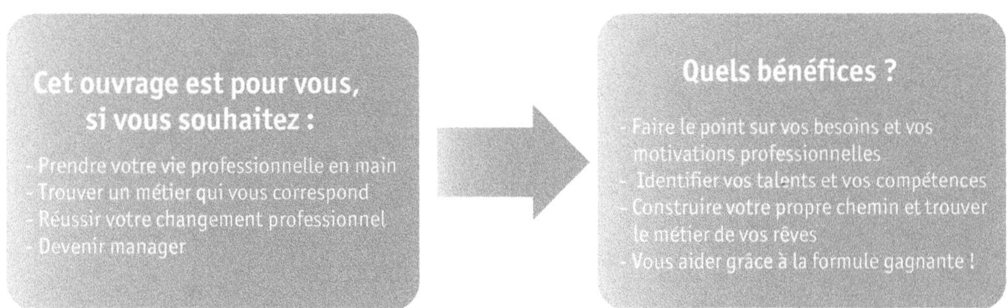

Se sentir bien dans sa vie professionnelle n'a rien d'impossible et est à la portée de tous. Il suffit de s'y préparer et d'oser agir pour y arriver !

Partie 1

Je prends du recul

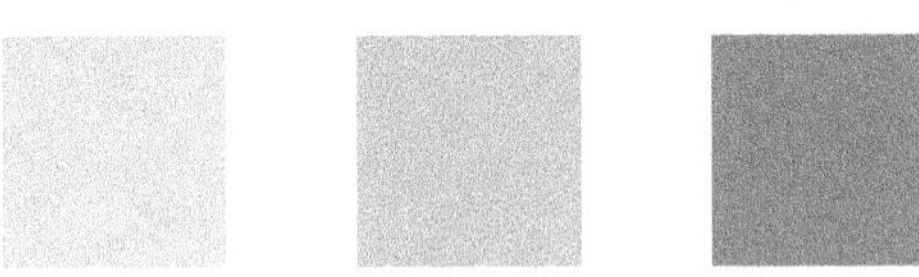

Chacun d'entre nous peut s'épanouir dans un travail qui lui plaît, en accord avec ses valeurs, ses motivations, dans le prolongement de ce qu'il est et du rôle qu'il veut jouer dans sa vie.

Avant de pénétrer au cœur de vos compétences, cette première partie met l'accent sur quatre principes essentiels à votre processus de changement.

Notre postulat de départ est de considérer l'action comme base du changement. Nous sommes ce que nous faisons, nous sommes la conséquence de nos actions. Le changement n'est donc possible que si nous nous en donnons les moyens par des actions concrètes pour atteindre notre but.

Réussir ce changement implique non seulement d'être au clair sur vos motivations et d'agir pour transformer votre vie, mais également d'avoir suffisamment confiance en vous et en votre projet pour le concrétiser. Vous ne changerez pas si vous n'y croyez pas ou si vous ne vous en croyez pas capable.

Un dernier élément nous paraît important pour concrétiser votre projet : le courage. Changer implique nécessairement des remises en question et des efforts pour mener son projet à bien. Combien de fois avez-vous espéré des changements qui sont restés vains par manque de courage ? Votre vie peut réellement changer si vous avez le courage de concrétiser vos rêves et de les porter jusqu'au bout.

Avec de l'organisation, de la motivation, de la confiance, du courage et surtout de l'action, chacun d'entre nous possède assez de talents pour mettre en œuvre la vie professionnelle dont il rêve !

La formule gagnante : $A = MC^2$!

Tout au long de cet ouvrage nous allons mettre en avant quatre principes essentiels qui participeront à la réussite de votre nouvelle vie professionnelle :

- l'Action ;
- la Motivation ;
- la Confiance ;
- le Courage.

Ces fondements sont à la fois liés et interdépendants. Ils sont le moteur du développement de votre projet et font apparaître la posture que vous devez adopter pour réussir votre changement professionnel.

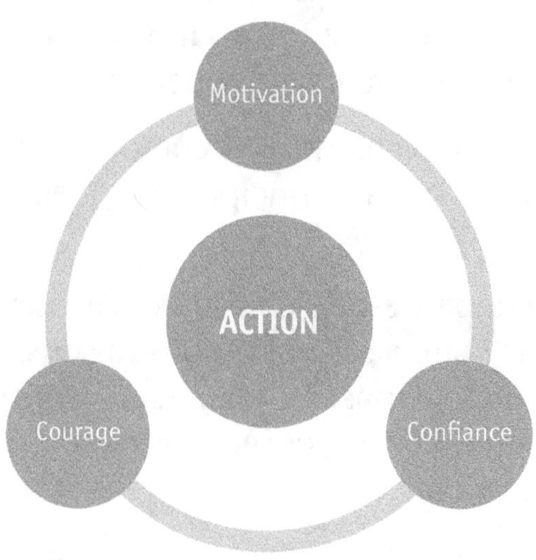

Chapitre 1

Quatre clés pour changer

L'action et ses vertus

1.1. Clé 1 : la motivation

✓ Qu'est-ce qui vous ferait changer ?
✓ Faites le point sur vos motivations.

> *« Il n'est jamais trop tard pour devenir ce que nous aurions pu être. »*
> ■ Mary Ann Evans (dite George Eliot)

Lundi matin. Par une triste et pluvieuse matinée d'hiver, vous dormez profondément et votre réveil sonne. Il est 7 heures et vous devez aller travailler. Vous essayez péniblement de vous tirer la tête de l'oreiller et de vous extirper de votre couette qui vous dit : « Reste un peu, encore un peu. » Vous hésitez et finissez par céder. Vous restez couché, le corps endolori mais l'esprit alerte. Les minutes passent et vous pensez à votre journée. Plus vous y pensez, plus vous avez envie de rester couché, car rien, mais absolument rien, ne vous encourage à vous lever. Votre travail ? Un enfer. Vous avez dû faire des tas de « mauvaises choses » dans une vie antérieure et c'est aujourd'hui l'heure de payer. Votre patron et vos collègues ? Un cauchemar permanent !

Selon un sondage Ipsos et Logica publié par *Les Échos*[1], 40 % des actifs français ne sont pas motivés par leur travail et seuls 7 % des salariés français se disent très motivés, soit le plus bas niveau en Europe ! Par exemple, la moitié des cadres disent passer trop de temps au travail pour une reconnaissance et un salaire trop faibles, et une charge de travail trop élevée. Beaucoup accusent aussi un management défaillant et générateur de stress…

Et vous, vous sentez-vous toujours motivé par votre travail ? Estimez-vous que la reconnaissance et la rémunération que vous en tirez ne valent pas les efforts que vous y consacrez ?

---

1. Étude publiée par *Les Échos* (Derek Perrotte), le 03/04/2012, auprès de 4 000 salariés français et 1500 salariés de 5 autres pays européens par Ipsos et Logica pour Edenred.

■ La motivation, c'est quoi ?

Votre motivation est le moteur qui vous pousse à agir et vous permet de concrétiser votre projet. Selon les psychologues Vallerand et Thill[1] (1993), la motivation ce sont « *les forces internes et/ou externes produisant le déclenchement, la direction, l'intensité et la persistance du comportement* ».

Les facteurs de motivation internes et externes sont changeants et propres à chaque individu. Ils peuvent soit dépendre de vos caractéristiques personnelles comme les besoins, les pulsions, l'instinct, les traits de personnalité (plaisir, crainte, convoitise, avidité, etc.), soit de la situation, de l'environnement de travail, de la nature de l'emploi, du mode de management des supérieurs, etc.

Savez-vous que parmi les personnes qui entament un changement professionnel, une bonne partie souhaite simplement changer d'environnement de travail plutôt que de métier ? Jusqu'à parfois être convaincus que leur métier ne leur convient pas, alors qu'il s'agit en réalité davantage d'un environnement inadapté.

Parce qu'il est difficile de comprendre les réelles motivations d'une personne, il sera forcément difficile de savoir ce qui vous motive vraiment dans votre travail. Est-ce la tâche même ? Ce qu'elle produit sur vous (le plaisir de parler, d'écrire, de réfléchir…) ? Ou encore ses conséquences indirectes (reconnaissance, argent…) ?

Pour connaître vos réelles motivations, il vous faut prendre le temps de les analyser. Vous savez peut-être déjà que vous n'allez travailler que pour payer vos factures. C'est sans doute ce que vous dit votre oreiller le matin quand il vous suggère de rester couché.

Pour nous épanouir dans notre travail, il nous faut un autre but, quelque chose qui dépasse le simple intérêt financier.

En connaissant vos motivations profondes, vous pourrez trouver un projet dans lequel vous vous épanouirez !

---

1. Travail de recherche de Patrice Roussel, *La Motivation au travail – Concept et théories*, laboratoire de recherche LIRHE (CNRS-UT1), université Toulouse I, Sciences sociales, 2000.

■ Qu'est-ce qui nous motive ?

On pense bien souvent que la rémunération est un des principaux facteurs de motivation. Cependant des études montrent que la motivation au travail est davantage liée à d'autres facteurs comme le contenu des tâches à réaliser ou la reconnaissance que procure l'activité.

Dans ces travaux, Herzberg (1971) a mis en évidence les facteurs de motivation suivants :

Facteurs de motivation	Finalité
Les accomplissements (réalisation d'un travail bien fait) La reconnaissance des accomplissements Le contenu du travail La responsabilité La promotion ou l'avancement Les possibilités de se développer	Ils concernent le contenu du travail Ils incitent à faire les efforts pour satisfaire les besoins auxquels ils correspondent Ils augmentent le niveau de satisfaction et ont tendance à susciter des sentiments de développement personnel

Ce psychologue montre que des relations et des conditions de travail de qualité ou encore une bonne rémunération, par exemple, sont nécessaires au bon équilibre de chaque individu. Cependant, ils ne seraient pas la source directe de notre motivation. Il faudrait donc chercher ailleurs que dans les éléments liés au contexte du travail les motifs de votre motivation.

Si vous n'êtes pas motivé par votre poste ou votre métier, demandez-vous si la reconnaissance que vous en tirez ou le contenu des tâches que vous réalisez suffisent à votre épanouissement. Quel type de mission pourrait davantage vous plaire ? Êtes-vous bien certain de vouloir vous engager dans un nouveau poste ou métier qui n'aurait d'intérêt que pour sa rémunération ou ses relations au travail ?

■ Développer ses motivations pour changer

Chacun possède des sources d'intérêt susceptibles de développer ses motivations, ses envies, ses désirs de ce qu'il aimerait avoir ou être. Si vous n'êtes pas motivé, vous n'aurez pas envie de changer. Il vous faut cultiver vos motivations et retrouver d'abord, dans votre vie personnelle comme dans votre vie professionnelle, l'envie de faire, de réaliser et de vous impliquer dans quelque chose qui vous enthousiasme !

Ne vous limitez pas dans vos actions, le fait même d'agir, d'essayer peut développer vos intérêts. La motivation vient aussi beaucoup grâce à l'action.

Par exemple, n'avez-vous jamais remarqué que plus vous faites du sport, plus vous avez envie d'en faire, alors qu'à l'inverse, passer son temps libre inactif devant la télé vous rend encore plus inerte et démotivé ?

■ Cultiver le plaisir plutôt que la frustration

Nous devrions être d'accord sur ce point : mieux vaut faire une activité qui vous apporte du plaisir plutôt que de la souffrance. C'est une évidence ? Bien sûr ! Alors pourquoi le rappeler ? Parce que même si nous entendons tous cette évidence, combien d'entre nous vivent au quotidien cet état de plaisir et d'épanouissement ?

Beaucoup d'actifs ne prennent pas ou plus de plaisir dans leur activité. Notre ambition ici est de vous donner les outils pour mettre en œuvre un projet qui vous apportera du plaisir.

L'origine même du mot « travail » est issue du latin *tripalium*, un instrument de torture du Moyen Âge. Cette définition est à replacer dans le contexte de l'époque où le labeur était imposé à une majorité de personnes. Aujourd'hui, il est possible de choisir sa situation professionnelle et il existe de nombreux moyens d'exercer un emploi plaisant et motivant. Ce n'est pas encore votre cas ? Cela n'est plus qu'une question de temps, car vous avez déjà amorcé le changement qui s'impose.

Vous êtes-vous déjà demandé de quoi vous aviez réellement envie ? Quelle était la vie dont vous rêviez ? Faire un travail qui vous plaît passe aussi bien par les tâches à réaliser que par l'environnement dans lequel vous évoluez (entreprise, collègues, horaires…). Dans bien des cas, votre travail idéal comprendra un ensemble d'éléments que vous souhaitez retrouver au quotidien. Bien sûr, aucun métier n'est parfait, mais mieux vaut chercher à maximiser les éléments qui vous apportent du plaisir et minimiser ceux qui vous rendent la vie difficile ! Il vous faut mesurer le décalage entre ce dont vous avez envie et ce que vous vivez, et prendre la décision d'aller vers ce que vous aimez. Un travailleur heureux est un travailleur efficace !

Si vous n'éprouvez pas de plaisir dans votre travail, combien de temps pensez-vous pouvoir encore tenir avant de vous effondrer ? Il est peut-être temps d'agir et de prendre votre vie professionnelle en main !

 Autodiagnostic : à vous de jouer !

Évaluez vos motivations !

Répondez aux questions suivantes en choisissant « ++ » si l'item est très motivant pour vous, et « -- » si la proposition n'est pas importante pour vous. Il n'y a pas de bonnes ou de mauvaises réponses. En revanche, il y a des besoins qui sont de véritables moteurs pour vous.

Cela vous permettra de vérifier si votre projet est en adéquation avec vos motivations.

À vous de jouer !

Motivations personnelles	Tendance	--	-	+	++
Besoin de sécurité	Je recherche un environnement professionnel rassurant et dénué de risques majeurs				
Besoin d'activité	Je souhaite un environnement de travail au sein duquel je pourrais bénéficier d'un rythme de travail soutenu				
Besoin de dépassement	J'ai besoin de repousser mes propres limites dans le cadre de mon activité professionnelle				
Besoin d'éthique	Je voudrais un environnement professionnel au sein duquel les pratiques sont en accord avec mes valeurs et mon éthique personnelles				
Besoin de développement personnel	Je recherche un épanouissement et un développement personnel au travers de l'exercice de mon activité professionnelle				
Besoin d'esthétisme	Je suis attiré par la beauté et le raffinement. Je cherche un cadre de travail, un secteur ou un métier prenant en compte l'esthétisme, l'harmonie ou la beauté (des lieux stylés, des personnes élégantes...)				
Motivations relationnelles	**Tendance**	--	-	+	++
Besoin de contact	J'apprécie et je recherche de manière active le contact avec les autres				

Motivations relationnelles	Tendance	− −	−	+	+ +
Besoin de proximité	Je cherche à nouer des relations étroites et authentiques avec mes collègues et collaborateurs				
Besoin de reconnaissance	Je recherche des témoignages d'affection et de reconnaissance de la part de mes collègues et de mes collaborateurs				
Besoin d'influence	J'aime exercer un pouvoir sur les autres dans mon travail				
Besoin de compétition	J'ai besoin de me mesurer aux autres et d'entrer en compétition avec eux dans le cadre de mon activité professionnelle				

Motivations liées à la tâche	Tendance	− −	−	+	+ +
Besoin d'ordre et d'organisation	J'ai besoin de clarté et d'organisation dans le cadre de mon travail et de la définition de mes tâches				
Besoin de visibilité immédiate	J'aime pouvoir observer rapidement le produit de mon travail et le résultat de mes efforts				
Besoin de directives	J'attends des consignes claires avant de débuter une tâche				
Besoin de feed-back	J'ai besoin d'informations en retour sur le travail que je réalise				
Besoin d'autonomie	Je souhaite pouvoir travailler avec une certaine liberté, tant dans le choix de mes horaires que dans la sélection des méthodes ou des outils que j'utilise				
Besoin de diversité	J'aime les tâches variées et j'évite les activités routinières				
Besoin d'enjeux commerciaux	Je cherche à être dans le versant commercial des projets et dans les opportunités de business				
Besoin de confort	La qualité de l'environnement, les conditions de travail et la facilité d'accès sont des critères importants				

Motivations dans le travail	Tendance	− −	−	+	+ +
Besoin de rémunération	Je souhaite occuper un poste auquel est associé un niveau de rémunération élevé				

▶▶|

Motivations dans le travail	Tendance	– –	–	+	+ +
Besoin d'équité	Je cherche un environnement le plus équitable possible avec le sentiment de justice, fondé sur la reconnaissance des droits de chacun				
Besoin d'évolution	J'ai besoin de pouvoir évoluer professionnellement au sein de mon entreprise				
Besoin de statut	J'ai besoin d'occuper un statut valorisant au sein de mon entreprise				

Maintenant, parmi les items se rapprochant le plus de vos motivations, les « ++ » et éventuellement les « + », sélectionnez au moins cinq besoins « moteurs » pour vous et listez-les en deux colonnes :

- ceux que vous retrouvez dans votre poste actuel ;
- ceux que vous ne retrouvez pas et que vous aimeriez avoir dans votre prochain poste.

Pour vous sentir pleinement épanoui dans votre travail, vous devez y retrouver, idéalement, TOUS vos besoins les plus importants !

■ Comment appréhendez-vous votre travail ?

Il est tout à fait intéressant d'observer la manière dont vous parlez de votre travail, comment vous le décrivez et même comment vous le faites ! Amusez-vous à demander à votre entourage professionnel ou personnel de décrire votre travail !

En effet, votre entourage joue un rôle important sur votre motivation. C'est une sorte de miroir, il est donc intéressant de s'écouter parler de son travail, mais aussi d'écouter les autres vous en parler.

L'autre est en quelque sorte un amplificateur de votre manière d'appréhender les situations. Vous considérez votre emploi comme valorisant ? Vous en parlez de manière positive ? Tout va bien pour vous, votre enthousiasme est contagieux, votre entourage doit certainement vous le rendre et les gens positifs ont tendance à multiplier considérablement leurs chances de succès. Vous considérez votre emploi comme épuisant, dévalorisant, sans intérêt ? Vous en parlez de manière négative ? Pensez aux malheurs que vous vous causez à vous-même et à votre entourage. Comment ces images et ce discours négatif peuvent-ils ne pas abîmer et remettre en question votre confiance et votre bien-être ? Votre job ne vous plaît pas ? Alors qu'attendez-vous pour en changer ?

Le sens que vous donnez à votre travail est bien illustré dans l'histoire des tailleurs de pierre. Trois tailleurs de pierre décrivent leur métier de la façon suivante : le premier explique qu'il « gagne sa vie », le deuxième qu'il « taille des pierres » et le troisième... qu'il « construit une cathédrale » !

Et vous, comment voyez-vous votre travail ?

1. C'est un « **simple job** » : une sorte de mal nécessaire, un travail purement alimentaire, vous attendez la fin de la journée, de la semaine ou les prochaines vacances. 😕 ?

2. C'est en termes de **carrière** que vous envisagez votre travail : vous êtes motivé par les responsabilités et la reconnaissance, le pouvoir et les promotions vous dopent. 🤔 ?

3. Votre travail est une **vocation** : ce que vous faites vous motive, votre activité est en phase avec vos aspirations et vos valeurs. Vous vous réalisez dans votre travail, vous aimez ce que vous faites. 😄 ?

1.2. Clé 2 : l'action

✓ Je ne fais rien mais tout va finir par s'arranger !

✓ J'agis pour faire évoluer ma vie professionnelle.

> *« Ce n'est pas parce que les choses sont difficiles que nous n'osons pas,*
> *c'est parce que nous n'osons pas qu'elles sont difficiles. »*
>
> ■ Sénèque

■ J'agis donc je suis !

Ce matin Philippe se prépare pour aller travailler. Philippe est un jeune homme souriant et intelligent. Chargé des relations clientèles d'une banque, il est fiable et dévoué à son entreprise. Il a trouvé cette opportunité suite à un stage de fin d'études. Il a maintenant une bonne expérience de son métier et pourrait prochainement accéder à de nouvelles fonctions. Or, Philippe n'aime pas son travail, il ne s'épanouit pas. Il a pourtant travaillé dur pour en arriver là. Mais voilà, pris par son quotidien et ses engagements, il ne s'est jamais réellement permis d'envisager un changement. Chaque jour, il affronte à nouveau la réalité qu'il s'est construite, jusqu'au soir où, de retour chez lui, il rêve d'autre chose. Philippe a une passion : la décoration d'intérieur. Plus jeune, il voulait en faire son métier. Sur les conseils de ses parents, il a fait des études de gestion. Il aurait préféré étudier l'art et l'architecture mais cette voie ne semblait pas la plus propice à lui offrir le meilleur avenir. Il a pourtant du talent, son appartement est décoré avec beaucoup de goût et ses amis le sollicitent souvent pour embellir leur intérieur. Mais il n'y croit pas. À force d'écouter les autres, il s'est éloigné de ses besoins et a perdu confiance en lui. Il espère de tout son cœur qu'un jour peut-être, il pourra en faire son métier. Mais Philippe continue à rêver et ne fait rien pour changer. Il vit dans le compromis d'un travail qu'il n'aime pas, qui ne lui permet pas de s'affirmer, et l'espoir d'un changement incertain qui lui permet de supporter ce qu'il aimerait fuir.

Cet exemple illustre l'importance de suivre sa voie, son chemin, ce qui vous motive et qui pourra vous rendre heureux. Combien de fois vous êtes-vous dit : « C'est décidé, cette fois je change de boulot ! » ? Mais qu'avez-vous réellement entrepris pour y parvenir ? Qu'avez-vous fait pour changer ? Le compromis est parfois un mal nécessaire. Vous pouvez avoir des besoins fondamentaux qui motivent vos choix (confort, sécurité…), mais le risque de ne pas vous réaliser dans ce qui vous plaît vraiment est de perdre votre vie en essayant de la gagner. Qu'est-ce qui est réellement important pour vous ? Être épanoui dans votre vie ou simplement assurer le quotidien, votre subsistance ? Alors, mettez en œuvre le credo suivant : **moins de bonnes résolutions et plus d'action !**

■ L'action comme moteur

L'action est la réalisation d'une volonté, la transformation d'une intention en acte concret. D'une certaine manière, elle s'oppose à la pensée ou à la réflexion, qui, même si elle s'en nourrit, n'est pas suffisante pour transformer votre vie. Pour concrétiser votre projet, vous devez agir, mettre en mouvement, concrétiser, matérialiser vos idées en actions. **Vous êtes responsable du fait de choisir ou subir votre vie. Si vous n'agissez pas, rien ne changera !**

« Tout discours est vain s'il n'incite pas à l'action. »

■ Démosthène

Il est fréquent de considérer que l'action n'est possible que grâce à la confiance et à la motivation. Vous savez ce que vous devez faire pour changer, mais vous n'avez pas la motivation suffisante pour agir. Prenons l'exemple de Julie qui a très envie de changer d'emploi mais qui, freinée par un quotidien rassurant, se ferme la possibilité d'avancer parce qu'elle a peur du changement. Julie est motivée mais n'a pas suffisamment confiance pour agir. A-t-elle besoin d'avoir confiance ou de se sentir en confiance pour vraiment changer ? Certainement. Mais quand et comment ? Le fait de se concentrer uniquement sur sa confiance l'empêche d'agir et, justement, de gagner en confiance !

Imaginez maintenant l'inverse : que l'action puisse être la source de votre confiance et de votre motivation ; l'action comme origine et non comme conséquence. Si Julie décide d'agir, sans se laisser freiner par ses états d'âme, peut-être rencontrera-t-elle des difficultés, mais au moins elle aura essayé. La force d'avoir agi et dépassé ses peurs lui aura donné cette confiance en elle qui lui manquait tant… elle se rendra alors compte qu'elle a su surmonter ses appréhensions !

Car c'est bien l'action, et les résultats positifs de l'action, qui l'aidera à gagner en confiance et à développer sa motivation. Il est difficile d'échouer, mais il est peut-être encore pire de ne jamais essayer… Et si vous réussissiez ?

■ Nous sommes ce que nous faisons

Notre vie se définit par nos actes. Si vous ne vous sentez pas à votre place dans votre emploi, pourquoi continuez-vous à faire ce que vous faites ? Si vous rêvez d'autre chose et que vous ne faites rien pour changer, ni vous ni personne ne pourra vous considérer autrement qu'au travers de ce que vous faites. Vous êtes le résultat de vos actions, vous êtes ce que vous faites, et votre métier est un élément déterminant dans la construction et l'affirmation de votre identité et de votre épanouissement personnel.

Vous ne savez pas quoi faire pour changer ou ce que vous devriez changer ? Nous allons vous y aider. Dites-vous également que beaucoup ne savent pas forcément ce pour quoi ils sont faits avant d'avoir essayé. L'engagement vous permettra d'affiner votre voie et votre projet. C'est par l'action, et seulement par l'action, que vous trouverez la voie qui vous convient le mieux.

▪ Les freins à l'action : la peur d'agir et l'illusion du « tout prévoir »

Fort heureusement la perspective du changement ne vous laisse pas indifférent. Que ce soit de la peur ou de l'excitation, il se passe quelque chose et ces émotions sont de très bons indicateurs de vos envies et de votre profond besoin de changement.

Essayez de déceler ce qui vous freine, vous empêche de bouger, d'aller vers votre propre chemin.

Certaines personnes se cachent derrière l'argument du « oui mais… », alors que bien souvent c'est la peur qui contraint à ne pas agir :

- peur de l'inconnu ;
- peur de changer ;
- peur de rater, de ne pas y arriver ;
- peur de réussir ;
- peur d'évoluer ;
- peur d'être jugé ;
- peur de ne pas être parfait ;
- peur d'être différent.

On peut aussi ne pas agir par manque de visibilité sur nos actions. En voulant tout prévoir, on se sclérose à force d'inaction. Car bien entendu on ne peut pas tout prévoir. On peut imaginer, désirer, mais qui est capable de répondre à la question : « Que ferez-vous dans dix ans » ? Cela implique trop de facteurs. Rien ne se passera réellement comme nous l'avons prévu. Essayez donc d'imaginer au mieux comment votre transformation peut s'opérer, lancez-vous et faites-vous confiance ! Les solutions viennent aussi grâce et au cœur de l'action.

Si la première difficulté est de dépasser nos propres peurs, il faudra aussi considérer l'influence de celles de notre entourage. Il n'est pas rare d'être totalement découragé par les membres de son entourage, pour différentes raisons : ils projettent leur propre peur, ils nous envient, ils nous jalousent, ils pensent que nos changements impacteraient leur vie ou encore ils ont l'impression que nous pourrions nous éloigner d'eux…

■ Quelques clés pour vaincre ses peurs

Derrière la plupart de nos peurs se cache en réalité l'incertitude de pouvoir ou non affronter une situation. Ces peurs sont normales, nous en avons tous. Se confronter à ses peurs est souvent la meilleure solution pour en venir à bout, les dépasser et nous développer. Vous pouvez commencer par les observer et les nommer pour les comprendre et les apprivoiser. Demandez-vous ce qu'il se passerait vraiment si vous faisiez ce qui vous fait peur. Quelles conséquences cela aurait-il pour vous ? Imaginez les pires mais aussi les meilleurs scénarios. Et si ça se passait bien ? Quelles conditions seraient nécessaires pour cela ?

Courage, ne cédez donc pas à vos peurs dès la première menace. En poursuivant votre but, malgré vos peurs, vous pourriez aussi vous rendre compte que la situation n'était pas si terrible et insurmontable qu'elle y paraissait. Vous pourriez gagner en confiance et vous épanouir pleinement dans votre nouveau projet. Souvent, on conseille aux timides d'imaginer leur interlocuteur nu pour calmer leurs peurs et se sentir en position de force. Si vous arrivez à visualiser vos peurs, vous aurez déjà fait la moitié du chemin !

« Il n'y a qu'une chose qui puisse rendre un rêve impossible,
c'est la peur d'échouer. »
■ Paulo Coelho

■ Le bon moment

Nous avons tous des cycles de vie, professionnels et personnels, qui nous poussent à changer. Il faut les détecter et les respecter, car ils sont difficilement contournables. Il y a parfois de meilleurs moments pour agir, mais le moment de l'action sera toujours meilleur que celui de l'inaction. Or, si certaines périodes sont parfois plus favorables, nous prenons le risque, en attendant le « bon moment », qu'il n'arrive jamais et nous échappe à tout jamais ! N'avez-vous jamais fait l'expérience de ne rien faire en attendant le « bon moment » ? Combien de personnes ont réalisé des changements heureux dans des périodes non favorables ? Les plus pessimistes répondront aucune !!! Il y aura toujours des périodes de crise, ce ne sont pas pour autant de mauvais moments pour changer. Au contraire, ce sont parfois les meilleurs. Quand vous en avez vraiment assez, que vous êtes à bout, c'est le ras-le-bol qui pousse au changement et peut vous engager à aller plus loin, à réaliser des projets qui vous ressemblent.

L'important est d'initier l'action, de poser une première pierre à l'édifice de votre changement. L'action appelle l'action, et c'est bien en vous transformant par l'action que vous arriverez à changer.

« N'attendez pas ! Le moment parfait n'existe pas. Débutez là où vous êtes et travaillez avec les outils que vous avez à votre disposition. De meilleurs outils seront trouvés en cours de route ! »

■ Napoléon Hill

■ L'« erreur » : un mal nécessaire ?

Vous avez peur de faire des « erreurs » ? La réussite vient rarement sans. Aussi, l'« erreur » est parfois salutaire dans la concrétisation d'un projet. Elle est source d'apprentissage et permet de savoir ce qui ne vous convient pas. Il y a toujours un bon chemin, vous finirez par y arriver ! Il est nécessaire d'apprendre de ses « erreurs » et surtout de ne pas rester bloqué afin d'allez vers ce qui fait sens. Nous avons tous besoin de nous confronter au réel et de « sentir » pour nous rendre compte.

Heureusement, nous pouvons faire et même très bien faire du premier coup. La difficulté serait de considérer l'« erreur » comme une finalité et non comme une étape du changement. Ne vous bloquez pas sur les « erreurs », elles font partie du processus. Elles montrent que vous êtes dans l'action et l'action est centrale dans votre épanouissement personnel et professionnel.

Saviez-vous par exemple que Bill Gates ne recrutait comme managers que des personnes qui avaient déjà eu un échec professionnel ? Il savait ainsi qu'ils avaient l'énergie et la capacité de repartir !

« Un échec est tout simplement la possibilité de recommencer plus intelligemment. »

■ Henry Ford

 **Autodiagnostic : à vous de jouer !**

Première étape : ai-je vraiment envie de changer de boulot ?

Petit tour d'horizon de l'intérêt que vous portez à votre travail. Si vous répondez « oui » à une majorité de questions, il devient urgent d'agir et de dévorer cet ouvrage pour clarifier votre avenir professionnel !

Questions à me poser concernant mon boulot actuel	Oui	Non
1. Chaque matin je vais au travail à reculons, à contre-cœur		
2. Je cumule les arrêts de travail		
3. Je suis très stressé dans mon travail et cela commence à me poser des problèmes de santé (sommeil difficile, prise de poids, envie de rien…)		
4. Je n'ai aucune initiative possible et cela me gêne		
5. Je n'ai plus de temps pour vivre ma vie personnelle, le travail occupe tout mon temps et mes pensées		
6. Je ne sais plus à quand remonte ma dernière vraie satisfaction professionnelle		
7. J'ai du mal à me concentrer et à m'intéresser à ce que je fais au travail		
8. Les lundis matin sont de plus en plus pénibles, l'idée de recommencer encore une nouvelle semaine me déprime d'avance		
9. Je suis à plus de dix ou vingt ans de la retraite, mais j'ai hâte d'y être		
10. Le simple fait d'entendre le nom de mon entreprise me hérisse		
11. J'éprouve de la pitié pour les nouvelles recrues		
12. J'ai de plus en plus de mal à me contenir vis-à-vis de mes supérieurs, mes collègues		
13. Je suis tombé dans la routine et j'agis presque comme un robot pour faire mon travail		
14. Je ne fais plus que le minimum syndical, histoire d'avoir la paix		
15. Le matin, il se passe bien une heure avant que je ne commence réellement mon travail (café, lecture de mes e-mails, papotage avec des collègues…)		
16. Je ne me rappelle pas la dernière fois que mon travail m'a stimulé(e), intéressé		
17. Mon travail n'est plus qu'un simple boulot alimentaire		
18. Je n'ai plus de plaisir à mon travail, les contraintes sont trop lourdes		
19. Je perds mon sens de l'humour à l'entrée de mon travail		
20. Je suis de plus en plus individualiste, j'ai pris trop de coups		

Questions à me poser concernant mon boulot actuel	Oui	Non
21. Je n'ai plus confiance en mes supérieurs, voire en certains collègues		
22. Les tâches à réaliser me fatiguent, je les trouve sans intérêt		
23. Je m'ennuie : j'ai appelé dix fois ma mère dans la semaine		
24. J'ai changé de nombreuses fois mon fond d'écran et les plantes vertes de mon bureau moisissent car je les ai trop arrosées		
25. Je connais toutes les histoires drôles de mes collègues		
26. J'ai augmenté considérablement mon nombre d'amis sur Facebook		
27. J'ai l'impression de n'être plus qu'un numéro à mon travail		
28. J'attends la fin de la semaine avec impatience, j'y pense dès le lundi matin		
29. Je me demande souvent à quoi sert ce que je fais, si c'est utile		
30. Je fais de plus en plus de tâches sans savoir à quoi ça sert		
31. Je ris de plus en plus rarement, même mes sourires se font rares		
32. Lorsque je me couche, je n'ai plus la sensation d'avoir passé une bonne journée		
33. Je n'ai plus aucun projet professionnel ou même d'activité		
34. Je prends régulièrement des jours de repos ou d'arrêt pour cause de stress		
35. Le matin je passe de plus en plus de temps à rêvasser, à lire les nouvelles, mes e-mails personnels plutôt que de me mettre au travail		
36. Je ne fais que travailler, je laisse très peu de place à la détente		
37. Je me rends compte que je ne fais que suivre le mouvement		
38. Je n'arrive plus vraiment à m'impliquer dans mon travail		
39. J'arrive à regretter ma vie d'étudiant qui pourtant n'était pas rose		
40. Lorsque je pense à mon travail, je déprime		

Si vous avez répondu « oui » à plus de cinq questions, il est temps de réfléchir à un horizon professionnel plus épanouissant !

Si vous avez répondu « oui » à plus de dix questions, vous êtes en train de dépérir, il y a urgence ! Prenez des vacances et faites le point sur votre vie. Vous avez besoin d'un changement radical !

Témoignage

Alexandre des Isnards[1], agir pour changer !

Quel travail avant le changement ?

Avant « le changement », je travaillais en Web agency et en agence médias dans le secteur Internet. Je gérais des projets de création et d'animation de sites Internet.

J'y gagnais ma vie, mais sans envie. Je pensais juste à « poser mes RTT » ou à quitter l'open space sans me faire remarquer. Les quelques satisfactions venaient de la satisfaction du client. En interne, la reconnaissance était rare. Je sentais que je n'utilisais qu'une partie de mon potentiel et que je « subissais mon travail ». Je trouvais aussi qu'il y avait un écart énorme entre ce que je faisais et la façon dont mon métier était vendu (passionnant, enthousiasmant, des défis à relever). Des problèmes de sens aussi. Tant d'effort pour prendre une part de marché à l'autre, alors qu'on pourrait tous utiliser nos forces à faire des choses utiles ensemble. Même si je ne savais pas comment les formuler, plein de choses me gênaient. Je racontais tout ça à mon compère Thomas Zuber qui remarquait des choses similaires. On se le racontait sans cesse par e-mail et au téléphone, puis on interrogeait les autres pour voir si nous n'étions pas les seuls. Et en grattant, on n'était pas les seuls ! Et on s'est dit que l'on pouvait faire un livre plutôt que garder ça sur nos messageries.

Le déclic ?

Le déclic, c'est le contrat d'édition avec Hachette Littératures signé en février 2008. À ce moment, j'étais entre deux boulots. Je quittais ma Web agency pour une agence médias mais entre les deux j'avais quatre mois. Il nous avait fallu quatre ans pour rédiger quatorze pages. Nous avions donc quatre mois pour rédiger le reste du livre. Je suis entré en fonctions chez Universal McCann en août 2008, le livre est sorti un mois après et a explosé dans les médias. C'est là que j'ai compris que je pouvais faire quelque chose avec *L'open space m'a tuer* et que j'avais la possibilité de gagner ma vie grâce à l'écriture (en partie car l'écriture nourrit peu) et l'animation des thèmes de ce que j'avais écrit. J'ai quitté Universal McCann en 2009 et démarré l'écriture d'un second livre avec Thomas Zuber.

Quel travail après ?

Depuis *L'open space m'a tuer*, je travaille sur plusieurs projets : chroniqueur au magazine trimestriel *Office & Culture* ; écrivain : *Facebook m'a tuer*, *L'open space m'a tuer* et un ouvrage en cours de rédaction ; conférencier sur les usages des réseaux sociaux et sur le lien entre environnement de travail et management ; planner stratégique en agence de publicité (en

---

1. Auteur de *L'open space m'a tuer* (Hachette Littératures, 2008) et *Facebook m'a tuer* (NIL, 2011).

indépendant) ; professeur de management du master RH de Sciences-Po...
Un *slasher*[1] comme on dit !
Cette notion de *slasher* est amusante mais donne l'impression que ces
activités se juxtaposent, alors qu'elles se complètent et se nourrissent...
Je ne sais pas si toutes ces nouvelles activités me rendront « épanoui » dans
ma vie professionnelle. Elles demandent une motivation intérieure qu'il faut
aller puiser chaque jour. Parfois, c'est facile, parfois, moins. Mais ça a du
sens pour moi et, tant que j'arriverai à gagner ma vie ainsi, je continuerai.

1.3. Clé 3 : la confiance en soi

✓ Le manque de confiance serait-il mon excuse pour ne pas agir ?
✓ Développer ma confiance pour changer.

« Les succès ne frappent jamais au hasard : ceux qui réussissent,
ceux qui gagnent, sont d'abord ceux qui ont cru en eux. »

■ Dominique Glocheux

■ Avoir confiance en soi

Avoir et développer une bonne et juste estime de soi pose les bases
de la confiance. Avoir confiance en soi, c'est se connaître, c'est
croire en ce que l'on est et à ce que l'on sait faire, en ses capacités
et son potentiel !

Elle passe également par la confiance que vous renvoient les
autres : la manière dont vous faites confiance aux personnes que
vous rencontrez et la confiance qu'ils vous renvoient.

Le travail de confiance en soi est un travail d'introspection. La
confiance en soi se développe et n'a de cesse d'évoluer au cours
d'une vie. Quelqu'un qui se connaît, et qui sait s'accepter, aura
une confiance en lui plus importante qu'une personne qui remet
constamment en question ses capacités et ses besoins.

Chacun d'entre nous peut connaître au cours de sa vie un manque
de confiance en lui qui peut s'exprimer à travers de sentiments
comme la timidité ou le manque d'assurance. Il arrive parfois

------

1. Désigne celui qui a plusieurs activités.

qu'un événement ou une situation puisse affaiblir notre confiance de manière passagère.

La confiance en soi est un élément déterminant dans un changement professionnel. Il est important de travailler votre confiance afin que votre projet soit en accord avec ce que vous voulez et surtout ce que vous êtes.

D'après la psychothérapeute Isabelle Filliozat[1], quatre étapes sont indispensables au développement de la confiance en soi.

Elle s'acquiert grâce :

- à une **sécurité intérieure**, la sensation d'être à sa place et bien dans son corps. C'est la confiance de base (**je suis**) ;
- à une **affirmation** de ce dont nous avons **besoin**, la capacité à dire non, à s'opposer et choisir ce qui est le mieux pour nous. C'est la confiance en nos désirs et nos besoins (**je ressens**) ;
- au fait de se sentir capable de faire quelque chose, de réaliser et d'apprendre à faire. C'est la **confiance en ses compétences** (**je fais**) ;
- enfin, à **une reconnaissance par les autres**, le fait d'être accepté et d'être quelqu'un de bien. C'est la confiance sociale ou relationnelle (**je suis reconnu**).

■ Renforcer sa confiance

Les 4 visages de la confiance !			
1	2	3	4
Confiance de base Sécurité intérieure	Confiance et affirmation en nos désirs et besoins	Confiance en ses compétences	Confiance relationnelle, confiance sociale
JE SUIS	JE RESSENS	JE FAIS	JE SUIS RECONNU

Le modèle de Filliozat permet d'identifier les étapes et les éléments clés d'une bonne confiance en soi sur lesquels nous pouvons agir pour la recouvrer ou la développer.

Il arrive parfois que notre niveau de confiance nécessite un important travail sur soi avec l'aide d'un professionnel. Nous ne serions

---

1. Isabelle Filliozat, *Fais-toi confiance – Ou comment être à l'aise en toutes circonstances*, J.-C. Lattès, 2005.

que trop vous conseiller ce type de démarche si vous pensez que votre confiance en vous est un élément déterminant, voire bloquant, dans la concrétisation de votre projet personnel et professionnel.

Il n'en reste pas moins que chacun d'entre nous peut agir par lui-même, au quotidien, pour développer sa confiance. Voici cinq attitudes et comportements liés à la confiance qui nous permettent à la fois d'évaluer et de renforcer notre niveau de confiance.

Les attitudes pour développer sa confiance en soi !				
L'estime de soi Développer une bonne image de soi	L'aisance, la spontanéité Lâcher prise, avoir confiance en son ressenti	L'optimisme L'enthousiasme, voir le « bon côté » des choses	La volonté, sa capacité à agir Ne pas baisser les bras	L'envie, d'affirmer ses désirs et ses besoins, les exposer

◼ L'action source de confiance

Au lieu de fixer son attention et son énergie sur sa confiance ou sur ce qui n'est pas possible, on peut envisager la situation d'une autre manière. Interrogez-vous sur les possibilités et les moyens d'agir et de parvenir à votre objectif !

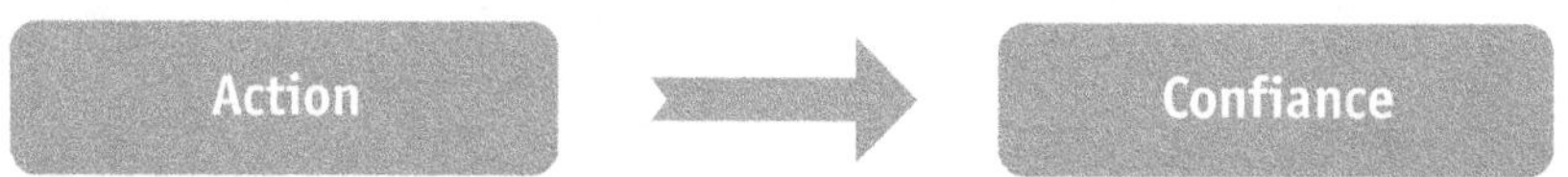

Votre action vous permet de vous investir dans votre projet et développe votre confiance en vous. À son tour, votre confiance vous permet d'agir à nouveau sur l'environnement qui vous donne confiance et ainsi de suite.

Nos actions produisent des effets positifs sur l'environnement qui nous encouragent à agir de nouveau. Ces actions nous permettent de nous construire et de nous affirmer personnellement mais aussi par rapport à notre projet professionnel.

Dans votre travail, vous devez favoriser un environnement permettant de vous épanouir à travers vos actions. Vous devez donner un sens à vos actions et agir pour une cause qui est la vôtre.

> *« Notre existence devient impossible si l'on n'a pas un minimum confiance.*
> *En soi, dans les autres, dans la vie. »*
> ◼ Frédéric Lenoir

■ Soignez vos relations avec votre entourage

Afin de créer et de développer des relations de confiance avec votre entourage, voici quelques pistes à explorer d'actions qui vous permettront de retrouver confiance en vous et de gagner la confiance de vos pairs, partenaires, collègues, clients et de tout votre entourage.

- **Soyez fidèle à vos convictions** : « Faites ce que vous dites et dites ce que vous faites », cela devrait être simple, il suffit d'agir en rapport avec ses idéaux et ses valeurs.

- **Relativisez**, notamment vos peurs afin de les comprendre, de les apprivoiser et donc de les dépasser.

- **Tenez toutes vos promesses**, même les plus simples : envoyez dans l'heure l'e-mail avec les coordonnées que vous avez promises à votre interlocuteur (ou si vous ne pouvez pas tenir ce délai, proposez plutôt de les envoyer le lendemain).

- **Prenez du recul, de l'altitude** : faites la distinction entre ce que vous pouvez changer et ce que vous devez accepter (puisque vous ne pouvez pas le changer). Soyez réaliste, rappelez-vous et listez toutes les situations difficiles que vous avez surmontées. Écoutez davantage les informations positives. Enfin, recentrez-vous sur ce que vous ressentez personnellement.

- **Arrivez à l'heure** : c'est une marque de respect, on sait que l'on peut avoir confiance en vous, vous respectez vos engagements. Pour les éternels retardataires, arrivez vingt minutes plus tôt à chaque rendez-vous et prenez un livre, levez-vous plus tôt et profitez d'une terrasse pour prendre un café et préparer votre rendez-vous, vous serez en avance, et détendu.

- **Soyez exemplaire** dans vos tâches, missions, attributions, quelles qu'elles soient, de photocopier un dossier en passant par planter un rosier ou remporter un gros marché financier !

- **Apprenez à dire « non » et à négocier** : le non donne du poids au oui. Comment faire ? Dites à votre interlocuteur que vous entendez ce qu'il veut, mais que vous, vous voulez autre chose !

- **Soignez votre réputation**, à tous les niveaux. Nous avons une réputation, et de plus en plus une e-réputation qui est redoutable ! À ce sujet, pensez de temps en temps à vous « googliser » et à faire le ménage sur la Toile de vos vieilles photos peu flatteuses !

- **Soyez vous-même**, tôt ou tard le masque tombera, et la confiance de votre interlocuteur avec (chronique d'une situation annoncée).

Soyez authentique et sincère, recentrez-vous, détendez-vous et soyez fier de vous, de chaque petit pas !

- **Recréez du lien autour de vous.** Profitez des réseaux sociaux pour également voir vos amis, partenaires, anciens collègues, autour d'un café, à l'occasion d'un dîner ou d'un brunch. Le lien social est essentiel pour retrouver sa confiance.

- **Faites dans la simplicité** : évitez notamment de jargonner, de complexifier les messages, de faire des détours pour expliquer quelque chose, allez plutôt droit au but.

 **Autodiagnostic : quatre visages de la confiance**

Répondez spontanément par « oui » ou par « non » à chaque question.

Questions	Votre sentiment, en général	Oui	Non
1	J'ai peur de ne pas être aimé des autres		
2	Je connais mes besoins		
3	Je sais quoi dire dans les discussions		
4	J'ai du mal à dire « non » même si cela ne me convient pas		
5	Je suis bien dans ma tête et dans mon corps		
6	Je sais développer mes connaissances		
7	Je n'aime pas les conflits, ils me font peur, m'angoissent		
8	Je me sens bien et en sécurité avec moi-même		
9	Je n'ai pas de talents		
10	Je ne supporte pas d'être seul(e)		
11	J'essaie de vivre selon mes envies		
12	Je n'ai pas les capacités		
13	J'ai la sensation de ne pas être à ma place		
14	Je laisse souvent les autres décider à ma place		
15	J'ai confiance en mes compétences		
16	Je n'ai pas peur du regard et du jugement des autres		

Ce diagnostic vous permet de déterminer votre niveau global de confiance en vous puis d'identifier les éléments qui pourraient être renforcés. La confiance en soi n'est pas linéaire, nous pouvons avoir plus ou moins confiance en nous suivant les périodes de notre vie voire certains moments de la journée.

Vous disposez d'une bonne confiance en vous si vous avez répondu :

- **non** aux questions 1, 4, 7, 9, 10 et 12, 13, 14 ;
- **oui** aux questions 2, 3, 5, 6, 8, 11, 15 et 16.

Sinon, vous pouvez améliorer certains aspects de votre confiance. En reprenant le graphique des quatre visages de la confiance, essayez d'identifier quel est ou quels sont les éléments que vous pourriez travailler : votre confiance de base, vos désirs et besoins, vos compétences ou votre relationnel ?

Chaque question est associée à un des quatre éléments de la confiance :

1. confiance de base : questions 5, 8, 10, 13 ;
2. confiance en ses désirs et besoins : questions 2, 4, 11, 14 ;
3. confiance en ses compétences : questions 6, 9, 12, 15 ;
4. confiance relationnelle ou sociale : questions 1, 3, 7, 16.

Selon vos résultats, vous allez plutôt travailler sur les formes 1 et 2 (de base) en développement personnel, la forme 3 (les compétences) en vous formant, en évaluant ou développant vos compétences et la forme 4 en travaillant **votre aspect** relationnel (communication avec les autres).

La confiance par l'action

Se donner des objectifs :

- réalistes, par rapport à votre personnalité, vos compétences et talents ;
- précis : avec des chiffres, un planning et des étapes ;
- clairs : nul besoin d'aller d'emblée dans les détails, les grandes lignes d'abord !
- motivants : vous en avez vraiment envie, vous le ressentez, vous le savez, sans pouvoir l'expliquer.

Concrètement :

1. Définissez les objectifs, ce que vous désirez.
2. Écrivez-les avec des mots clairs : « je veux… », « je décide de… », « Je me lance le défi de… ».
3. Estimez la probabilité, les risques, les « dangers » afin d'y aller petit à petit sans vous mettre en danger.
4. Donnez-vous les moyens : de réussir, en termes de temps, d'argent, de compétences, etc.
5. Projetez-vous dans ce que vous allez ressentir lorsqu'un objectif sera atteint, ce qu'il vous apportera, imaginez le plaisir que vous aurez pour vous et aussi pour vos proches.
6. Agissez !
7. Récompensez-vous à chaque étape franchie.

« Ils sont capables parce qu'ils se croient capables. »

■ Virgile

1.4. Clé 4 : le courage

✓ Courage, ce n'est que le début !
✓ Je suis libre et je me lance des défis.

> *« Je ne me décourage pas, car chaque tentative infructueuse
> qu'on laisse derrière soi constitue un autre pas en avant. »*
>
> ■ Thomas Edison

■ Être courageux

Le manque de courage est une bonne manière de se justifier pour ne pas agir. Votre projet professionnel a besoin de courage et le mérite.

Le courage, c'est la capacité à surmonter la peur pour faire face à un danger. C'est votre volonté et votre ardeur à braver les épreuves jusqu'à atteindre votre but. Être courageux ne signifie pas être téméraire et s'engager dans des projets inconsidérés. Au contraire, c'est connaître ses peurs et savoir les dépasser !

Pour cela, il est nécessaire de mesurer les risques et les conséquences de vos choix, voire de vous faire accompagner dans vos actions. Plus vous aurez de conseils avisés, plus vous saurez que vous prenez la bonne décision, plus vous trouverez le courage d'aller jusqu'au bout.

Le courage permet :

- de vaincre ses peurs ;
- de supporter la souffrance ;
- de braver le danger ;
- d'affirmer ;
- d'entreprendre des choses difficiles.

Le courage dont vous ferez preuve dans votre volonté de changer sera nécessaire dans la concrétisation de votre projet professionnel. Soyez courageux, soyez le héros de votre vie !

■ Être libre et se lancer des défis !

Il s'agit de choisir et non de subir sa vie en général et sa vie professionnelle en particulier. Être libre, c'est choisir SON chemin et non celui que les autres veulent vous voir emprunter. Être libre, c'est s'affranchir du regard des autres et être soi-même.

Mieux vaut être proactif que réactif, c'est-à-dire décider de ses propres challenges.

- Lancez-vous deux défis atteignables.
- Évaluez vos chances de réussite.
- Pour chacun des défis que vous vous êtes lancés, en avez-vous déjà relevé de similaires auparavant ? Quelles sont les différences, les similitudes ?
- Posez des actions concrètes pour démarrer chaque défi, avec des étapes si le défi est important dans la durée ou l'envergure.
- Quels sont les freins, voire qui sont les freins ?
- Quels sont les soutiens personnels et professionnels sur qui vous pourrez vous appuyer ?

Témoignage

Hervé Moreau, avoir le courage de rebondir : de contrôleur de gestion à entrepreneur solidaire

Quel travail avant le changement ?

J'ai travaillé cinq ans dans une grande entreprise dans la finance, en tant que contrôleur de gestion. Mais le poste ne m'intéressait plus, il ne m'apportait plus rien, j'avais envie d'être utile, de créer.

Le déclic ?

À la fin de mon stage d'étude de DESS finance, j'ai eu un accident sur la voie publique. Après deux ans d'inactivité, j'ai pris un emploi de contrôleur de gestion. Après plusieurs années à mettre des chiffres dans des cases et à ne rien produire de concret, j'ai décidé en 2008 de démissionner pour créer une entreprise.

Quel travail après ?

Fort d'une double expertise entreprise et handicapé, j'ai créé en 2009 mon cabinet de recrutement pour travailleurs handicapés. Je suis content d'avoir créé mon entreprise et d'arriver à trouver du travail aux travailleurs handicapés, tout en aidant les entreprises à appréhender le handicap dans leurs organisations. http://www.objectifavenir.com/fr/index.xml

■ L'audace de l'action

Changer de boulot, c'est aussi avoir le courage d'explorer d'autres possibilités. Imaginez-vous sur une rivière entraîné par le courant. Pour explorer d'autres lieux et rester maître de votre destinée, il vous faudra parfois pagayer à contre-courant, voire vous arrêter en chemin pour explorer la terre ferme. L'audace est un élément important pour amorcer un changement. Il vous faut oser des actions qui vous semblent difficiles, voire braver les idées dominantes.

Oser changer de boulot, c'est savoir :

- saisir les opportunités ;
- dépasser ses peurs du jugement des autres ;
- provoquer la chance, la travailler ;
- essayer, se tromper, revenir et ressayer.

Allez-y, soyez l'acteur de votre vie professionnelle et osez changer de route, prenez un nouvel envol !

Vous souhaitez quitter votre poste ? On ne reste plus toute une carrière dans la même entreprise ou au même poste. Il faut prendre des risques pour réussir sa vie professionnelle.

Vous voulez un challenge et de la polyvalence ? De plus en plus de jeunes actifs souhaitent débuter leur carrière dans une start-up. Il y a tout à faire et cela les motive. Vous travaillez dans un grand groupe ? Votre carrière stagne et vous avez besoin d'un nouveau challenge ? Considérez la jeune entreprise. La réussite, l'épanouissement voire l'argent ne font parfois pas bon ménage avec la sécurité et le confort.

Avoir l'audace de ses ambitions professionnelles, c'est aussi :

- se convertir dans un nouveau métier ou plusieurs nouveaux métiers (*slasher*) ;
- partir travailler à l'étranger (expatrié, VIE…) ;
- créer son entreprise, son association ;
- suivre un manager qui part ;
- investir dans son entreprise actuelle (coopérative, associé…) ;
- refuser une promotion car vous êtes bien là où vous êtes, ou bien parce que vous voulez garder l'équilibre avec votre vie privée.

**Soyez acteur de votre vie professionnelle
en suivant la formule gagnante : $A = MC^2$!**

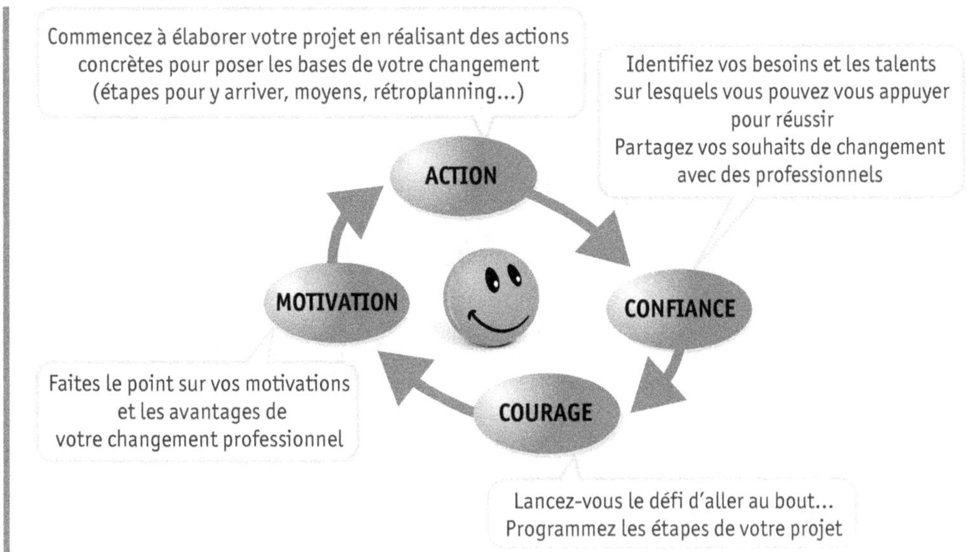

« Il n'y a qu'une façon d'échouer, c'est d'abandonner avant d'avoir réussi ! »

■ Olivier Lockert

Chapitre 2

Qu'est-ce que j'ai envie de faire de ma vie ?

Aller à la rencontre de ses rêves

2.1. Projet de vie ou projet professionnel : connaître ses priorités

✓ S'il veut garder l'équilibre, le funambule doit rester sobre.

✓ Je suis acteur de mes choix.

« Faites que votre rêve dévore votre vie afin que la vie ne dévore pas votre rêve. »

■ Antoine de Saint-Exupéry

■ Projet professionnel : de la subsistance à l'épanouissement

Il n'est jamais trop tard pour changer. Il est bien sûr idéal de pouvoir définir son projet le plus tôt possible, mais mieux vaut changer pour un emploi ou un environnement intéressant même tard dans votre vie.

Dans la réalité, le cadre scolaire et éducatif ne favorise pas toujours un tel positionnement. Votre environnement familial ou social peut faciliter la rencontre avec une vie professionnelle épanouissante ou au contraire vous en éloigner. Très souvent, la réalisation d'un métier est conditionnée par la qualité d'un parcours scolaire et, trop souvent, le système éducatif privilégie les résultats scolaires sur les véritables motivations des élèves. Beaucoup pourront alors se contenter d'un métier « à défaut », au lieu d'en avoir choisi un qui leur convient vraiment. Un bon matheux ne fera pas forcément un bon ingénieur, alors qu'un élève déterminé dans son objectif professionnel trouvera des solutions pour obtenir des résultats en faveur de son but. Certains ont plus besoin de réalité que d'autres. Les parents qui s'inquiéteraient des résultats scolaires de leur enfant pourraient s'inquiéter davantage des motivations personnelles, voire professionnelles, de leur progéniture. Une fois leur projet et leurs motivations mis au clair, le reste pourrait n'être qu'une formalité.

La question de l'épanouissement professionnel est récente, elle n'a encore pas lieu d'être dans de nombreux pays. Demandez à quelqu'un dans un pays pauvre quel est son « projet professionnel », il pourrait vous répondre : « Manger et assurer ma subsistance. »

La question du projet professionnel se pose dès lors que les besoins fondamentaux d'un individu sont assouvis et qu'il a évolué dans un cadre qui lui permet de se poser cette question : au-delà de ma subsistance, que pourrais-je faire qui me plaît ? Au sein même de notre société, il existe de nombreuses injustices sociales quand se pose la question du choix professionnel. Certains peuvent se poser la question, d'autres pas, parce qu'il faut travailler. Et vous, pouvez-vous poser cette question ? Si c'est le cas, estimez-vous heureux et considérez cela comme une chance. Profitez donc de cette formidable opportunité pour vous préparer au mieux au projet professionnel qui transformera votre vie !

Il nous est souvent arrivé de croiser ou d'accompagner des personnes dont les perspectives se limitaient à trouver rapidement un moyen de subsistance quitte à remettre l'intérêt qu'ils pouvaient avoir pour leur métier et à trouver un emploi permettant de payer leurs factures.

Vous pouvez vous permettre de faire ce choix ? Alors foncez, prenez le temps qu'il vous faudra pour vous offrir l'une des plus importantes choses de votre vie : votre bien-être professionnel !

 **Autodiagnostic : que ferais-je de ma vie si je gagnais au loto ?**

À première vue, la question pourrait paraître saugrenue, mais à y regarder de plus près, elle peut nous faire réfléchir à la question de ce que nous souhaitons réellement faire de notre vie. La rémunération, l'argent est une question importante dans votre choix de carrière. Au-delà du sens, de la reconnaissance et de l'épanouissement que nous pouvons tirer de notre emploi, nous avons aussi besoin de gagner notre vie. Certains pourront en faire la question principale, d'autres voient à travers l'argent un moyen de répondre à leurs besoins fondamentaux (nourriture, logement, famille) sans en faire une priorité.

Il n'en reste pas moins que nous avons besoin de vivre. Une fois la question de l'argent écartée (gagner au loto), la question du sens est centrale. En considérant que le temps passé à travailler occupe une bonne partie de notre vie, quel sens souhaiteriez-vous trouver dans votre travail, quel sens souhaiteriez-vous donner à votre vie ?

Voyager ? Mais que feriez-vous pendant vos voyages ? Visiteriez-vous des musées ? Vous investiriez-vous dans des œuvres caritatives ou dans un projet d'entreprise ? Vendriez-vous des pizzas ? Comment occuperiez-vous chaque heure de la journée ?

Demandez-vous si votre poste ou votre métier actuel est en rapport avec ce que vous feriez si vous n'aviez pas le souci de gagner votre vie. Vous souhaitez être cuisinier ou manager ? Vous êtes-vous déjà renseigné sur ces métiers ? Comment pourriez-vous envisager une telle évolution ou reconversion aujourd'hui ? Non sans réalité et sans compromis, mais il existe toujours des solutions à votre épanouissement personnel et professionnel. Vous êtes convaincu, mais vous n'y arrivez pas tout seul ? Faites-vous aider (voir chapitre 8) !

Maintenant imaginez-vous grand gagnant du loto et demandez-vous :

- Ce que vous feriez de votre temps ?
- À quoi ressemblerait une journée type (listez vos actions dans le détail) ?
- Ce que vous ne feriez plus ?

■ Bien dans son projet

L'identité est une sorte de sentiment d'harmonie entre nous et l'environnement. La reconnaissance de ce que nous sommes par nous-mêmes et par les autres. On pourrait subdiviser l'identité en trois sous-parties qui seraient l'identité personnelle, sociale et professionnelle. Dans une vision parfaite, l'identité est équilibrée si les trois parties sont égales. Chacune est interdépendante et peut être compensée si l'autre vient à manquer.

Si l'une des identités vient à être dominante, par exemple l'identité sociale, l'équilibre est rompu et il y a danger pour l'individu. Une perte de contact avec l'environnement extérieur, l'isolement social pourrait entraîner un déséquilibre de l'ensemble. Le seul moyen de compenser serait de réinvestir les sphères personnelles et/ou professionnelles.

Il y a des choix ou des facteurs qui impliquent des conséquences sur chaque autre partie.

Par exemple, si je travaille beaucoup, au détriment de ma vie de famille, je risque d'être fragilisé si je perds mon emploi. Comment pourrais-je rééquilibrer l'ensemble si mon identité professionnelle venait à s'appauvrir ?

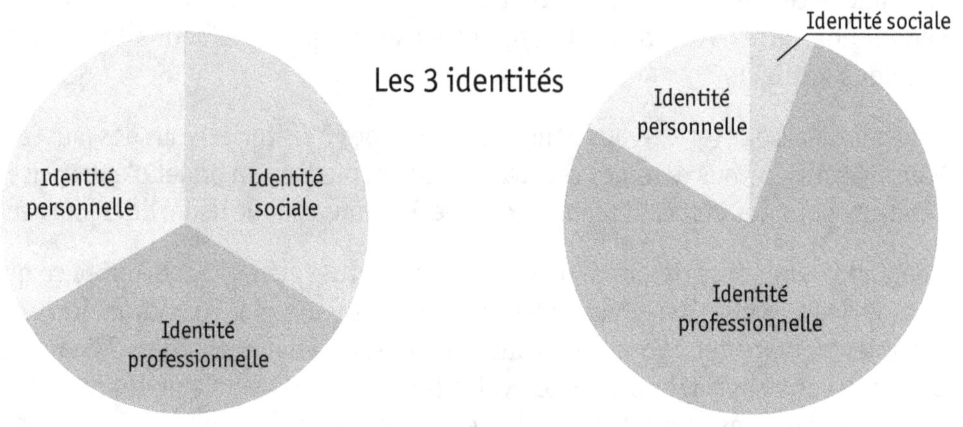

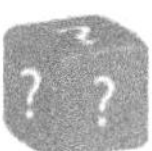 ### Exercice : la roue de la vie

La roue de la vie est issue du bouddhisme. Elle est très utilisée en coaching pour déterminer la façon dont s'équilibre notre vie ; ce qui doit davantage être développé et ce qui doit l'être moins. Il s'agit de trouver un équilibre général afin d'avoir une vie harmonieuse.

Qu'est-ce qui me manque ? Quelles sont les petites actions que je peux mener dès aujourd'hui pour tendre vers mon monde idéal ?

Dans chacun des domaines de votre vie, positionnez-vous sur l'échelle de la roue suivant que vous vous sentez très satisfait (10) ou pas du tout satisfait (1) par rapport à votre vie aujourd'hui.

Reliez tous les points de la roue entre eux et indiquez la date. Dans quelque temps, lorsque vous la remplirez à nouveau, il sera intéressant d'observer votre évolution !

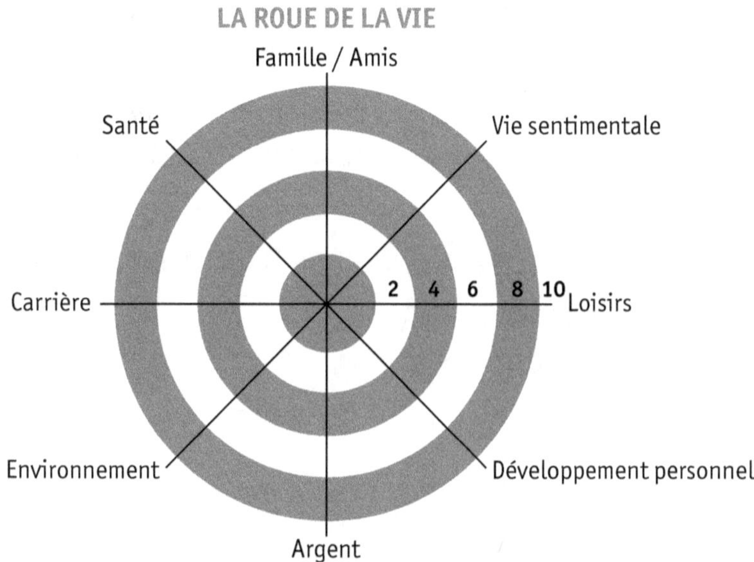

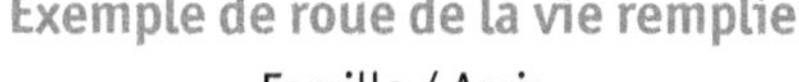

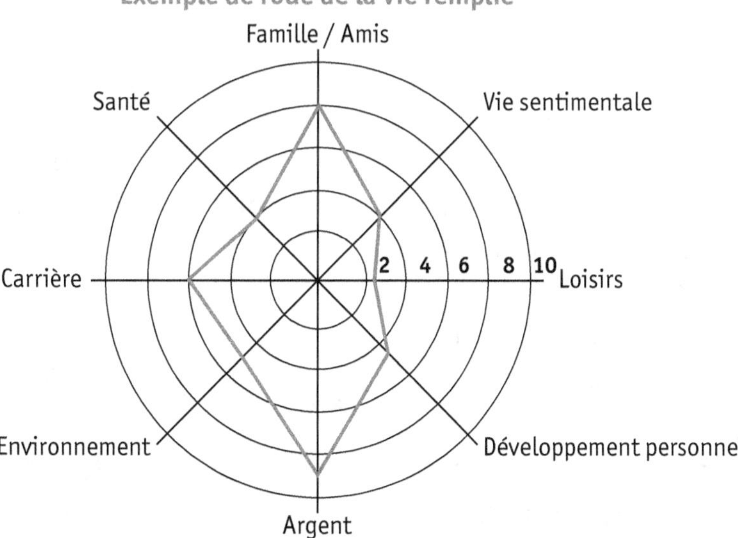

> Notez pour chaque domaine de vie les actions que vous souhaiteriez réaliser, afin de passer à un niveau supérieur, puis classez-les par ordre de facilité de mise en œuvre.
>
> Listez en priorité trois actions simples qui vous aideraient à progresser dans les domaines où votre satisfaction est la plus faible.
>
> 1. ....
>
> 2. ....
>
> 3. ....

La réussite propre à chacun

Dans la vie personnelle comme dans la vie professionnelle, la « réussite » est le fait d'arriver à un « bon résultat », d'avoir du succès, d'être fier de ce que l'on a pu obtenir.

Le modèle social dominant de la réussite fait souvent référence à des éléments précis comme le statut, l'argent, les responsabilités et la charge de travail.

Or, la notion de réussite est propre à chacun et peut signifier :

- gagner beaucoup d'argent ;
- s'enrichir de nouvelles connaissances ;
- participer à une grande cause ou aider les autres ;
- être reconnu ;
- avoir du pouvoir ;
- trouver du sens au travers de réalisations personnelles ;
- construire une famille ;
- etc.

Il n'y a pas une manière de réussir mais autant de manières que d'individus ! L'important est de trouver votre propre voie de réussite, celle qui vous permettra de vous sentir – VOUS – en accord avec vos valeurs et vos motivations.

Quelques exemples de réussite en entreprise

Exemple 1 : la « promotion transversale »

Au niveau professionnel, on peut associer la réussite à un statut, un salaire, des responsabilités… Cette réussite est très souvent liée à une progression verticale. Ainsi, le fait d'être promu à un poste supérieur apporte des gratifications que l'on peut allier à la réussite.

Or, la réussite professionnelle n'est pas forcément synonyme de progression hiérarchique pour tout le monde. Elle peut être associée, par exemple, à de nouvelles tâches ou un nouvel environnement de travail (changement de service, nouveau secteur d'activité…) sans progression verticale. Quitte à repartir de « zéro », autant choisir un métier qui nous plaît.

Il est important de vous demander ce que vous voulez : progresser dans la hiérarchie ou vous orienter sur un nouveau métier ? Ces orientations n'impliquent pas la même stratégie de carrière.

Quelle que soit la « promotion », verticale ou **transversale**, vous apprendrez toujours de nouvelles choses. Mais si dans l'une vous restez sur des compétences métiers identiques, l'autre vous en fera découvrir de nouvelles.

Exemple 2 : le refus de promotion

Il existe une autre voie : le **refus de promotion**. Il est souvent choisi par les femmes, notamment afin de maintenir un équilibre entre leur vie privée et leur vie professionnelle.

On peut souhaiter rester à son poste, parce qu'on l'aime et qu'on le fait bien. Au pire, cela nous évite de nous perdre dans un poste qui ne nous convient pas et, comme le dit le principe de Peter, de nous élever à notre plus haut niveau d'incompétence. L'équilibre entre votre vie privée et votre vie professionnelle peut aussi vous garantir une belle promotion, synonyme de réussite et d'épanouissement !

Exemple 3 : lorsque la vie personnelle s'en mêle !

Alors que certains privilégient la réussite professionnelle, d'autres vont davantage se concentrer sur leur réussite familiale et personnelle. Ces préférences peuvent évoluer tout au long de la vie. L'arrivée d'un enfant peut remettre en question vos objectifs professionnels. Une fois vos enfants autonomes, vous aurez peut-être envie de remettre votre activité professionnelle au cœur de vos priorités.

Quel travail avant le changement ?

Me réaliser et m'épanouir professionnellement, c'est un challenge que j'ai voulu relever après avoir été mère de trois enfants et femme au foyer pendant quinze ans.

Faire des études, préparer des examens, ce n'est pas une mince affaire quand il faut aller chercher la petite à l'école, amener la grande chez le médecin et la cadette à son cours de danse. J'ai pourtant obtenu mon DESS après une parenthèse de quinze ans dans ma vie professionnelle.

Le déclic ?

Ayant pour seule motivation la volonté d'exister socialement, j'ai quitté les fourneaux pour les bancs de la fac, et à ma plus grande surprise j'ai constaté que c'était possible. Il suffit de s'organiser, d'y croire et d'agir.

Quel travail après ?

J'ai fondé le cabinet Carrières Conseils qui vient de fêter ses dix ans. Je prends à cœur l'orientation des personnes qui, comme moi à un tournant de ma vie, se posent à un moment donné des questions sur leur avenir professionnel, qui hésitent à changer pour améliorer leur situation ou qui n'arrivent pas à définir un projet en adéquation avec leur personnalité et leurs motivations.

Mon épanouissement passe par la réussite des candidats qui font appel à moi pour leur orientation et par la reconnaissance sociale que je tire de mon métier.

Une étude de l'Apec de mars 2007[1] montre que les femmes cadres de 40 ans essaient de concilier au mieux leurs ambitions professionnelles et leur vie personnelle. Elles choisissent leur cursus de formation plutôt par plaisir et privilégient les tâches à accomplir plutôt que le métier.

Les femmes semblent davantage privilégier l'épanouissement dans leur travail quitte à choisir des carrières transversales, alors que les hommes tendent à privilégier les progressions hiérarchiques.

Les femmes auraient tendance à piloter leur carrière au feeling, au gré des opportunités. Le premier poste entre rarement dans le

---

1. Étude Apec, « 40 ans : femmes et cadres », mars 2007, réalisé par TNS-Sofres en janvier-février 2007.

cadre d'une stratégie à long terme. Les femmes recherchent plutôt l'équilibre entre leur sphère personnelle et leur sphère professionnelle. Autrement dit, une harmonie avec elles-mêmes, leurs projets, leurs désirs, leurs ambitions, l'atteinte des objectifs qu'elles se sont fixé – quels qu'ils soient – et le besoin d'être reconnues.

2.2. Mes valeurs et moi

✓ Dis-moi quelles sont tes valeurs, je te dirai qui tu es.

✓ Être en accord avec soi.

> *« Ce qui fait la vraie valeur d'un être humain,*
> *c'est de s'être délivré de son petit moi. »*
> ■ Albert Einstein

■ Les valeurs, c'est quoi ?

Les valeurs sont des principes qui régissent notre manière d'être et d'agir. Nous considérons ces principes comme bien pour nous, ils nous motivent, comme un idéal, qui rend désirables et estimables les personnes qui les partagent. La liberté, la générosité, le respect, la combativité, le courage, l'amitié sont des exemples de valeurs.

Nos valeurs permettent d'orienter nos actions en nous fixant des buts, des idéaux et de nous construire une éthique personnelle.

■ Une théorie des valeurs

Le psychosociologue Shalom Schwartz a développé une théorie sur l'existence de dix valeurs universelles, communes à toute l'humanité[1].

Ce modèle décrit l'ensemble des relations d'antagonisme et de compatibilité entre valeurs.

---

1. D'après Shalom Schwartz, « Les valeurs de base de la personne : théorie, mesures et applications », traduction Béatrice Hammer et Monique Wach, *Revue française de sociologie*, Ophrys, 2006/4, volume 47, p. 929-968.

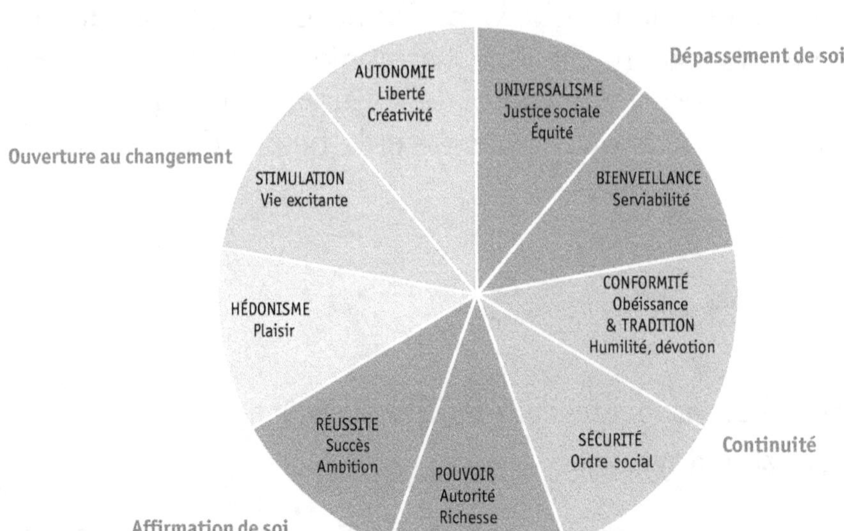

1. Une première dimension oppose l'ouverture au changement et la continuité. Cette dimension rend compte du conflit entre les valeurs qui mettent en avant l'indépendance de la pensée, de l'action et des sensations ainsi que la disposition au changement (autonomie, stimulation), et celles qui mettent l'accent sur l'ordre, l'autolimitation, la préservation du passé et la résistance au changement (sécurité, conformité, tradition).

2. Une seconde dimension oppose l'affirmation de soi (il s'agit de poursuivre ses propres intérêts sans tenir compte de ceux des autres – y compris si c'est à leur détriment) au dépassement de soi. Ainsi, il s'agit là de dépasser ses propres intérêts et de faire passer les intérêts des autres avant les siens propres. Cette dimension rend compte du conflit qui oppose les valeurs qui mettent en avant le bien-être et l'intérêt des autres (universalisme, bienveillance) aux valeurs qui mettent au premier plan la poursuite d'intérêts individuels, la réussite personnelle et la domination (pouvoir, réussite). L'hédonisme relève à la fois de l'ouverture au changement et de l'affirmation de soi.

Nos valeurs guident nos actions

Nos valeurs guident nos attitudes et nos comportements. Par exemple, aller à la messe peut exprimer et promouvoir des valeurs comme la tradition, la conformité et la sécurité, au détriment des valeurs d'hédonisme ou de stimulation. L'arbitrage entre des valeurs pertinentes et rivales est ce qui guide les attitudes et les comportements (Schwartz, 1992, 1996).

■ Quelles sont mes valeurs ?

Il est utile et important de connaître vos valeurs car elles constituent les fondements de vos décisions et de vos actions. Elles donnent un sens à votre vie en guidant vos actions.

Aussi, demandez-vous si votre poste et votre environnement professionnel (collaborateurs, entreprise, secteur…) sont en cohérence avec ces valeurs.

 Autodiagnostic : à vous de jouer !

Essayez de déterminer vos valeurs les plus importantes et celles dont vous êtes satisfait lorsque vous réalisez une action. Pour cela, vous pouvez vous aider du tableau suivant[1].

Évaluez vos valeurs personnelles en cochant « 1 » quand vous considérez la proposition peu importante, et « 6 » lorsqu'elle est primordiale pour vous.

VALEURS PERSONNELLES RELATIVES AU TRAVAIL	1	2	3	4	5	6
DIRECTION – Le travail doit donner l'occasion de diriger les autres et de veiller à ce que les opérations soient bien planifiées et bien exécutées						
ESTHÉTIQUE – Le travail doit fournir l'occasion de créer de belles choses ou encore d'aménager l'environnement d'une manière harmonieuse						
AVANTAGES MATÉRIELS – Le travail permet avant tout de gagner de l'argent et de satisfaire des besoins matériels						
DIVERSITÉ – Le travail doit permettre de répondre à un besoin de variété et de changement. Il devrait donner l'occasion de faire beaucoup de choses différentes						
SÉCURITÉ D'EMPLOI – Ce qui compte dans le travail, c'est d'être assuré d'un emploi stable, surtout en période de crise économique						
STIMULATION INTELLECTUELLE – Le travail doit donner l'occasion de résoudre des problèmes, d'apprendre par soi-même et de penser						
PRESTIGE – Le travail devrait fournir l'occasion d'être admiré par les autres et de les impressionner favorablement						

▶▶|

---

1. Extrait de la collection « Éducation des choix », association TROUVER/CRÉER.

VALEURS PERSONNELLES RELATIVES AU TRAVAIL	1	2	3	4	5	6
AIDER LES AUTRES – Le travail doit être considéré surtout comme un moyen de rendre service aux autres et d'être utile dans son milieu social						
ENVIRONNEMENT PHYSIQUE AGRÉABLE – Le travail, pour être satisfaisant, doit se faire dans des conditions physiques plutôt agréables et, surtout, ne comporter aucun risque						
COLLABORATION – Le travail doit fournir l'occasion de travailler avec des gens que l'on apprend à connaître et à apprécier						
INDÉPENDANCE – Le travail doit permettre un certain degré d'autonomie, de faire les choses à sa manière et d'être soi-même						
TEMPS LIBRE – Le travail doit laisser un temps libre suffisant pour la vie personnelle						
TECHNICITÉ – Le travail doit donner l'occasion d'utiliser des équipements scientifiques et techniques						
CONTACTS AVEC LE PUBLIC – Le travail doit permettre d'avoir des contacts fréquents avec le public (accueil, rapports commerciaux, conseils, etc.)						
SIMPLICITÉ – Le travail doit être simple, s'effectuer à partir de directives claires et ne pas exiger un fort investissement intellectuel						
VOYAGES – Dans le cadre du travail, il est important d'avoir des occasions de déplacements fréquents en France ou à l'étranger						
ACTION SUR LA SOCIÉTÉ – Le travail doit être l'occasion de faire évoluer la société en fonction de certaines valeurs morales						
POSSIBILITÉ DE S'ISOLER – Il est important d'avoir la possibilité d'être seul pour faire son travail quand on le souhaite						
EXERCICE PHYSIQUE – Le travail doit être l'occasion de s'épanouir à travers des activités physiques						
EXPRESSION – Le travail doit donner la possibilité de s'exprimer par la parole ou par l'écrit						

Inscrivez ci-dessous cinq valeurs très importantes pour vous et auxquelles vous avez accordé les notes les plus élevées (la note la plus élevée étant « 6 »).

1. ....

2. ....

3. ....

4. ....

5. ....

Témoignage

**Hélène G., de profession libérale
à salariée à temps partagé !**

Quel travail avant le changement ?

Durant vingt ans, j'ai œuvré en tant que formatrice en bureautique indépendante. Mon rôle de formatrice et mon statut me convenaient bien, j'y trouvais un sens et un réel équilibre dans cette position de « transmetteur de savoir ». Progressivement la matière à enseigner m'a fait arriver à saturation. Il me fallait trouver un autre pôle d'intérêt pour pouvoir m'épanouir à nouveau.

Le déclic ?

À un moment donné, ma vie personnelle a changé : je me suis mariée. Le moment opportun que j'attendais pour organiser ma reconversion était arrivé ! Je pouvais provisoirement interrompre mon activité professionnelle pour me consacrer à mon cheminement de réflexion – choix de nouvelle orientation, acquisition de nouvelles compétences.

Mais... les choses de la vie... Malgré un accord validé sur le sujet, la situation a subitement changé : la séparation fut décidée ! J'avais à ce stade le choix de revenir en arrière sur mon terrain connu de formatrice, dans mes anciennes compétences, ce qui pour moi signifiait l'échec par rapport à mon désir profond d'évolution et ma décision de changement. Ou bien je devais m'adapter à de nouvelles solutions de « rattrapage » en prenant le premier job venu pour avoir un salaire et assurer ma survie. Ce que je fis en intégrant un poste d'assistante marketing durant 18 mois. Ensuite se sont enchaînées cinq années alternant chômage et petits boulots. En tant que « seniorette », non identifiée dans de nouvelles compétences, il n'est pas question de faire la difficile, la priorité est la survie ! L'apprentissage théorique m'étant inaccessible par manque de moyens personnels d'une part, et par le refus de Pôle emploi de prise en charge de formations d'autre part, j'ai choisi de progresser avec un apprentissage directement sur le terrain : la « pratique rémunérée » !

Quel travail après ?

Aujourd'hui, depuis deux ans, à bientôt 55 ans, je suis enfin intégrée et je gagne ma vie dans une branche qui me convient, où j'ai le sentiment d'être à ma place. Pendant ces cinq années de parcours de combattante, je me suis rapprochée de mes valeurs : nutrition, diététique et bio, attitude équitable, développement durable, écologie, et me suis autoformée avec l'aide d'Internet, de bouquins, en assistant à des conférences, en visitant tous les salons bio, en rencontrant des personnes dans ce milieu, en découvrant leurs produits, leurs approches... Puis un jour il y a eu un déclic avec une entreprise qui exposait au salon Marjolaine !

Aujourd'hui je me partage entre deux employeurs pour qui je vends des produits bio complémentaires. Je baigne dans un univers qui me correspond !

2.3. En rêver ne suffit pas

✓   J'en ai rêvé mais je ne l'ai pas fait !

✓   J'agis pour concrétiser mes rêves.

Où sont passés vos rêves d'enfant ? Vous souvenez-vous de vous petite fille ou de ce petit garçon : « Quand je serai grand(e), je serai… » ? Êtes-vous devenu ce que vous rêviez de devenir ? Danseuse ? Médecin ? Jardinier ? Combien suivent les rêves de leurs parents ou de leurs proches ! Mais qu'en est-il de vos rêves à vous ? N'oubliez pas, réussir sa vie, ce n'est pas réussir la vie que les autres veulent vous voir réussir, c'est réaliser celle que vous avez choisie, celle qui vous correspond, qui vous colle à la peau !

Témoignage

Myriam Ferville, du rêve à la réalité !

Quel travail avant le changement ?
DGA chez Publicis durant dix ans, puis présidente d'une société audiovisuelle jusqu'en 2010. Une expérience très « enrichissante », dans tous les sens du terme.

Le déclic ?
Après quinze ans de communication et l'arrêt des activités de ma dernière société, j'ai fait le constat suivant : j'ai 42 ans, une vie personnelle heureuse, des idées plein la tête, un peu de trésorerie… Je me suis dit : c'est maintenant ou jamais ! J'ai toujours voulu écrire, alors je me suis lancée !

Quel travail après ?
Je suis auteure pour écrire la vie, le monde, les autres, et surtout imaginer. Un boulot ? Un plaisir !
J'écris pour le théâtre, nous venons de terminer une comédie satirique sur la religion (*Soulève ta cornette*) coécrite avec Nathalie Olivier. J'achève actuellement un roman de fiction, le début d'une trilogie.
Une chance ? Celle de vivre de mon rêve chaque jour. En chinois, crise et opportunité ont le même idéogramme, j'ai choisi mon camp !

▉ Le rêve, moteur du changement

Le rêve est essentiel à votre épanouissement professionnel. C'est un élément déterminant de votre motivation et de ce qui vous pousse à agir. Nos rêves nourrissent notre motivation qui elle-même nourrit notre action. On peut rêver d'être reconnu, d'être mieux payé, de changer de boulot pour échapper à une réalité souvent contraignante. Changer c'est possible, mais cela nécessite impérativement une vision claire de son projet et des étapes pour y parvenir. Vos rêves doivent s'accompagner d'actions concrètes pour les transformer en réalité.

Rêver d'un meilleur avenir est donc essentiel mais ne suffit pas à la réalisation de votre projet. Il est parfois plus facile de s'en convaincre que de passer à l'action, et nombreux sont ceux qui retourneront à la besogne à laquelle leur parcours les a amenés. Mais le rêve n'est confortable que pour un temps seulement. Revient bientôt le moment où l'imaginaire s'éteint au profit d'une réalité plus pesante. Ne négligez pas vos envies, ne négligez pas vos rêves, ils pourraient vous amener bien plus loin que ce que vous imaginez, dans un mieux-être au quotidien et dans le respect de vos valeurs et de vous-même. Continuez donc à rêver et faites de vos rêves votre vie !

Trop de réflexion nuit à votre projet professionnel

À quoi va servir l'action ? À mettre en œuvre votre projet et à vous éviter la sclérose. À force de cogiter, sans réalisation et retour concret, vous abîmez votre confiance en vous et développez votre névrose de l'inaction. Prenez donc soin de vous en mettant de l'action dans votre vie. Trop réfléchir peut nuire à votre épanouissement personnel et professionnel. On ne construit pas sa confiance en soi et son épanouissement en restant chez soi, il faut pouvoir agir sur le monde, bouger. Identifiez vos intérêts et vos motivations, planifiez leur mise en action, leur adaptation aux réalités du travail puis essayez, provoquez le changement.

La méthode de Jean-Pierre Lauzier[1]

1. Réfléchissez aux « pourquoi » : faites une liste de toutes les raisons pour lesquelles vous désirez réaliser vos buts et gardez-les précieusement dans votre mémoire active, car ce sont vos éléments de motivation les plus importants. Plus vos motifs sont forts et profonds, plus vos chances de réaliser vos buts augmentent.

---

1. Auteur du *Cœur aux ventes* (Un monde différent, 2011), Jean-Pierre Lauzier est conférencier international, formateur et président de JPL Communications. Il est reconnu pour son dynamisme, son sens de la motivation et son approche pratique qui permet de ne jamais se laisser abattre par les échecs, mais plutôt de les utiliser pour les transformer en réussites.

2. Faites ce qui vous passionne : vous devez accomplir des activités que vous aimez, qui vous stimulent et qui vous animent, sinon vous risquez d'abandonner rapidement en cours de route.

3. Fixez un rêve, un objectif ou un but : est-ce un objectif qui vous tient vraiment à cœur ? J'espère que oui, sinon l'application de la stratégie des « petits pas » sera difficile à réaliser de façon rigoureuse. N'ayez pas peur d'affirmer votre rêve, même s'il peut vous sembler trop grand ou trop important.

4. Sortez juste assez de votre « zone de confort », mais pas trop : la plupart des gens savent ce qu'ils doivent faire pour que leur rêve devienne réel, mais ils ne le font pas, car ces actions les obligent à sortir de leur confort. Êtes-vous de ceux-là ? J'espère que non, car ce sont ces efforts qui vous font progresser le plus. N'essayez pas de tout régler et de tout changer en très peu de temps. Un bon dosage entre sortir juste assez de sa « zone de confort » et agir prudemment sans vouloir en faire trop vous récompensera à long terme.

5. N'abandonnez jamais : plus vous progressez vers la réalisation de vos ambitions, plus vous comprenez la profondeur et le vrai sens des mots « travail », « persévérance » et « détermination ».

6. Faites-vous aider : qui peut vous appuyer, vous inspirer et vous soutenir pour aller de l'avant ? Votre meilleur mentor est la personne qui a déjà réalisé ce que vous désirez. Osez communiquer avec elle et, si votre détermination est assez forte, il y a de très grandes chances que cette personne vous épaule dans votre cheminement.

2.4. S'autoriser le changement

✓ Et si ne rien faire était plus fatigant que de changer ?

✓ J'agis pour transformer ma vie.

> *« La seule chose qui ne change pas,*
> *c'est que tout change. »*
> ■ Dalaï-lama

■ Changer avant qu'il ne soit trop tard

« Imaginez une marmite remplie d'eau froide, dans laquelle nage tranquillement une grenouille. Le feu est allumé sous la marmite. L'eau chauffe doucement. Elle est bientôt tiède. La grenouille trouve cela plutôt agréable et continue de nager. La température commence à grimper. L'eau est chaude. C'est un peu plus que n'apprécie la grenouille ; ça la fatigue un peu, mais elle ne s'affole pas pour autant. L'eau est maintenant vraiment chaude.

La grenouille commence à trouver cela désagréable, mais elle est aussi affaiblie, alors elle supporte et ne fait rien. La température de l'eau va ainsi monter jusqu'au moment où la grenouille va tout simplement finir par cuire et mourir, sans jamais s'être extraite de la marmite. Plongée dans une marmite à 50 °C, la grenouille aurait immédiatement donné un coup de pattes salutaire pour se retrouver dehors[1]. »

Lorsqu'un changement se produit d'une manière suffisamment lente, il peut échapper à notre conscience et ne susciter aucune réaction ni aucune opposition. Même si ce changement est néfaste pour nous. Certains changements ou situations peuvent affecter notre santé, nos relations et plus généralement notre évolution et notre épanouissement. Il en va de même pour notre vie professionnelle.

Si, aujourd'hui, vous n'êtes pas encore « à moitié cuit », peut-être est-il nécessaire de vous extirper d'un poste, d'une fonction ou d'un métier qui ne vous convient pas et qui par chance est encore « supportable ». Vous pourriez vous y habituer et finir pas supporter ce qui ne vous convient pas. Il serait alors trop tard pour réagir. Imaginez les mauvaises conséquences que pourrait avoir votre situation professionnelle actuelle si vous ne preniez pas en compte l'inconfort qui s'insinue lentement en vous.

■ Pourquoi est-il nécessaire de changer ?

Le changement est inévitable, il fait partie intégrante de la vie : l'anticiper permet de mieux s'organiser et de prendre les bonnes décisions. Agir autrement n'entraîne pas obligatoirement de faire mieux, mais bien souvent faire mieux implique d'agir autrement !

C'est cette élaboration progressive qui permettra d'avoir une prise de conscience et une réflexion sur sa façon de fonctionner. En plus de la dimension personnelle, nous pourrions ajouter la dimension temporelle : il y a un temps pour changer. Le désir de changer, ça se fabrique !

---

1. Métaphore d'Oliver Clerc (www.olivierclerc.com) extraite du livre *La grenouille qui ne savait pas qu'elle était cuite… et autres leçons de vie* (J.-C. Lattès, 2005).

Les métiers évoluent vite et sous l'influence de facteurs interdépendants que sont les facteurs économiques, démographiques, réglementaires, culturels et sociaux, technologiques et organisationnels.

Votre aptitude à évoluer, à être flexible est nécessaire pour entamer tout changement. L'adaptabilité est une qualité nécessaire pour changer !

■ Tout changer ou changer simplement d'environnement ?

Certains d'entre vous s'interrogent sur un changement radical de métier. Pourquoi ? Est-ce vraiment le métier ou l'environnement qui ne vous satisfait plus ? Beaucoup de personnes pourront ne plus apprécier leur métier simplement à cause d'un environnement contraignant ou de difficultés avec leurs collaborateurs. Ne remettez pas totalement en question votre métier sans vous demander quelle est l'influence de l'environnement sur cette envie de changement. Peut-être en êtes-vous arrivé là car vous avez suivi les recommandations de vos parents ou celles de votre supérieur qui vous a offert une promotion. Votre métier ne pourrait-il pas vous plaire davantage dans un autre cadre de travail ?

Témoignage

Marie-Christine B., de la recherche en laboratoire au service à la personne

Quel travail avant le changement ?
Ingénieur de recherche dans un grand organisme français, depuis presque trente ans. Mais aussi membre du comité d'entreprise, représentante syndicale au CHSCT et ancienne présidente de la commission des retraités.

Le déclic ?
Après toutes ces années de recherche, ce fut l'impossibilité de continuer à me projeter dans ce milieu du laboratoire. J'ai fait un bilan de compétences, suivi d'une première tentative de reconversion dans un service de communication, qui ne correspondait pas à mes valeurs éthiques. Le retour dans un laboratoire est la confirmation du ras-le-bol. Et puis trois heures de transport par jour, ça suffit.

Quel travail après ?

J'ai repris la gérance d'une société de services à la personne en plein déclin et proche de mon domicile. Je réorganise les plannings, mets à plat les contrats de travail, remotive le personnel, remets à niveau des exigences qualité liées à notre agrément, je recrute... bref pas de quoi chômer. Après déjà sept mois les premiers résultats sont là : 4 % d'augmentation par rapport aux six premiers mois de l'année et surtout plus 10 % par rapport à l'année dernière. Et puis quel plaisir de venir travailler le matin !

■ L'échelle d'évaluation des changements

Le changement peut prendre différentes significations selon le degré : il peut être classé sur une échelle allant de l'« immobilité totale » à la « rupture totale ».

Il n'est pas toujours nécessaire de changer de travail ni de tout changer pour s'épanouir, vous pouvez aussi :

- décider de voir votre travail autrement (vous y intéresser vraiment, aller plus loin) ;
- l'améliorer, l'enrichir ;
- le faire à temps partiel ;
- le faire en partie en télétravail ;
- le faire en province ou à l'étranger ;
- etc.

Ne rien changer	• Finalement votre poste n'est pas si mal et vous permet un bon équilibre entre votre vie personnelle et professionnelle.
Changer un peu	• Parce que l'environnement ne vous convient pas (ce qui est une raison très fréquente de changement) ou que vous avez envie de changer de secteur sans changer de métier. • Au contraire, vous souhaitez faire évoluer votre métier dans le même secteur.
Tout changer	• Vous en avez marre de vous mentir, de jouer le jeu. Vous voulez vous épanouir et faire ce dont vous avez toujours rêvé.

Où pensez-vous que votre prochain changement professionnel se situe ?

■ Se remettre en question

Les éléments de blocage au changement sont souvent l'origine d'un manque de remise en question (et d'action) !

Afin de changer, il est nécessaire de se remettre en question pour reprendre le contrôle de sa vie. Rien ne sert de dépenser de l'énergie à maudire les autres ou à implorer le ciel sur sa situation actuelle. Il suffit de se prendre en main et de dépenser de l'énergie sur ce que l'on veut changer. S'armer de courage puis amorcer, étape par étape, le changement nécessaire vers une vie qui vous correspond mieux.

Se remettre en question implique une certaine humilité. Accepter que l'on s'est trompé, prendre du recul, revoir sa position et faire un bilan pour repartir dans un autre sens.

Deux questions essentielles doivent être prises en compte :

- Quels sont vos critères de changement ?
- Quelles sont les raisons qui vous poussent à changer ?

> *« Malheur à l'homme qui au moins une fois dans sa vie n'a pas tout remis en question. »*
>
> ■ Pascal

 **Se remettre en question grâce à la formule gagnante : A = MC^2 !**

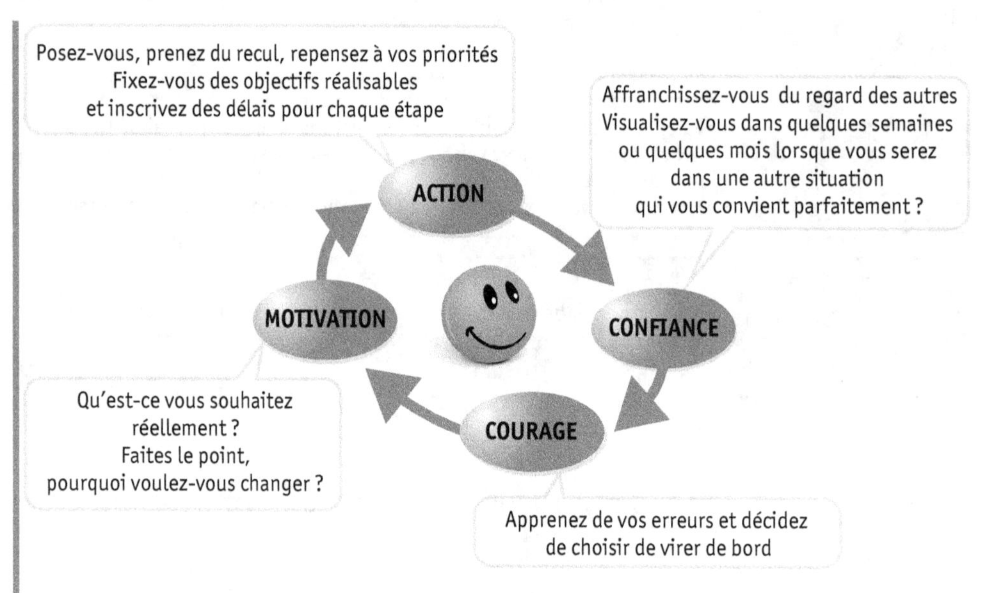

Quel serait votre changement idéal ?

....

....

Quelles sont les raisons de votre changement ?

....

....

Vous voulez changer un peu, beaucoup, passionnément, pas du tout ?

....

2.5. Qui sème aujourd'hui récolte demain

✓ Tout vient à point à celui qui s'en donne les moyens.

✓ Je planifie mon projet.

« On raconte qu'il existe en Chine une variété de bambou tout à fait particulière. Si l'on en sème une graine dans un terrain propice, il faut s'armer de patience. En effet, la première année, il ne se passe rien : aucune tige ne daigne sortir du sol, pas la moindre pousse. La deuxième année, non plus. La troisième ? Pas davantage. La quatrième, alors… Que nenni ! Ce n'est que la cinquième année que le bambou pointe enfin le bout de sa tige hors de terre. Mais il va alors pousser de douze mètres en une seule année : quel rattrapage spectaculaire ! La raison en est simple : pendant cinq ans, alors que rien ne se produit en surface, le bambou développe secrètement de prodigieuses racines dans le sol, grâce auxquelles, le moment venu, il est en mesure de faire une entrée triomphante dans le monde visible, au grand jour[1]. »

____

1. Une autre métaphore d'Oliver Clerc (www.olivierclerc.com), *ibid.*

■ Patience et pugnacité !

Ce n'est pas parce que nous ne voyons rien qu'il ne se passe rien. Les changements brusques ou instantanés peuvent être le résultat d'une lente évolution qui, même si elle n'est pas encore perceptible, s'est déjà certainement opérée en vous.

Apprendre un nouveau métier, **se former, découvrir de nouveaux secteurs d'activité** nécessite de la patience et de l'humilité.

Un temps plus ou moins long est indispensable avant d'aborder une mutation, surtout si le changement qui s'impose vous fait faire le grand écart ! Il y a un temps nécessaire à la maturation et cela est même souhaitable.

Souvent, la case « formation » est incluse dans le programme. Il n'est pas toujours évident de retourner sur les bancs de l'école – qui pour certains ne rappellent pas que de bons souvenirs – après tant d'années. Mais plus votre motivation sera forte, plus apprendre et changer sera un plaisir. Vous avez évolué, votre état d'esprit et votre maturité aussi, et vous avez choisi (et non subi) cette formation, voilà qui fait toute la différence !

■ Des bénéfices d'un travail qui vous plaît !

Pour récolter le fruit de vos ambitions, il est essentiel de mettre en action votre motivation et de développer votre confiance en vous et votre courage.

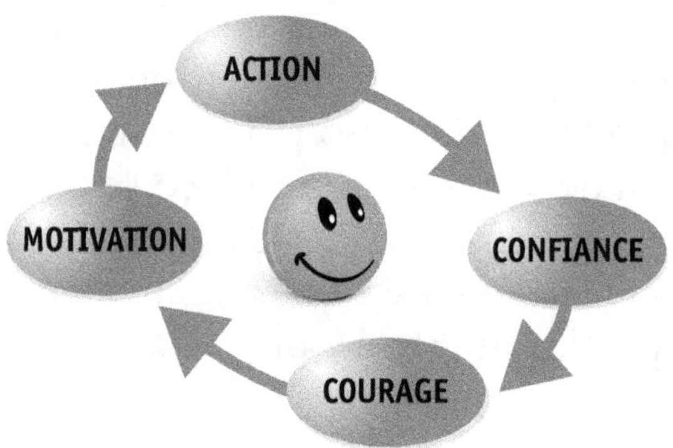

Tout cela ne fonctionne pas si vous n'êtes pas motivé à la base, mais pensez aux nombreux bénéfices d'un travail qui vous plaît vraiment ! Visualisez votre vie de demain ; que voyez-vous ?

- Lien social.
- Construction et coconstruction.
- Partage avec une équipe.
- Liberté et indépendance financière.
- Apprentissage, formations (la personne qui a envie d'apprendre apprend quatre à cinq fois plus vite !).
- Ouverture d'esprit.
- Transmission.
- Contact relationnel.
- Défis à relever.
- Feed-back et développement personnel (effet miroir).
- Plaisir de créer, de monter des projets, de finaliser un produit… d'exercer son travail.
- Satisfaction du travail bien fait (on fait bien ce que l'on aime).
- Maintien et développement de son employabilité.
- Reconnaissance financière, humaine.
- Travail en équipe.
- Sentiment d'être utile.
- Trouver du sens à ce que l'on fait.

Maintenant, ajoutez vos propres bénéfices !

1. ....

2. ....

3. ....

■ Plan d'action et planification

Il s'agit de vous projeter dans votre projet et de poser des jalons ! À chaque étape, vous aurez du plaisir à voir vos actions s'accomplir, vos rêves se réaliser et votre carrière professionnelle renaître !

Pour ce faire, vous pouvez planifier les actions à réaliser, vous fixer des délais et enfin ajuster votre cible en fonction des résultats, tout au long du chemin !

Définissez les étapes de votre plan d'action :

Étapes	Nombre de jours	Personnes impliquées
1. Préparez le changement : lisez ce livre et faites les exercices	7	moi
2. Définissez clairement votre projet et rencontrez des professionnels pour vous aider (coach, pairs...)	30	moi
3. Travaillez votre projet	60	coach et moi
...		
10. Débutez vos recherches pour changer		

Inscrivez ces étapes dans le temps et fixez-vous des délais :

2013	Mars	Avril	Mai	Juin	Juillet
Étape 1	▓				
Étape 2	▓	▓			
Étape 3			▓		
Étape 4			▓	▓	
Étape 5					▓
					▓

Témoignage

**Jean-Yves Bigarré,
Il a réalisé son rêve de môme à la retraite !**

Quel travail avant le changement ?
Policier en qualité de maître-chien, brigadier chef.

Le déclic ?
La retraite à 52 ans et demi, et le souhait de continuer à travailler, avec un impératif : ne pas prendre le travail d'un autre !

Tout petit, j'adorais les animaux et notamment les chevaux de trait. J'avais au moment de ma retraite un cheval de trait depuis plusieurs années. Ayant eu des soucis de santé, je ne pouvais pas effectuer un travail trop physique, j'ai donc pensé à promener des enfants et des personnes âgées en voiture à cheval.

Quel travail après ?

Depuis sept ans, je suis indépendant, je travaille pour les centres aérés, les maisons de retraite, les mairies et les particuliers pour les promenades en calèche.

Parfois, j'apporte aussi des animaux de ma ferme pour en faire profiter les enfants et les personnes âgées : lapereaux, poussins, canetons, chèvres, chevreaux, brebis, agneaux, ânes, oies, et mon cheval Odilon de la Rablais !

Quel plaisir ?

Cette activité me plaît beaucoup, c'est une découverte pour les enfants, et de beaux souvenirs qui reviennent pour les personnes âgées. Ce travail me permet de rencontrer des personnes différentes, d'échanger et de vivre auprès de mes animaux.

Les quatre clés ?

- Motivation : ma femme travaille encore, je ne me voyais pas ne rien faire de la journée ; le plaisir de retrouver mes animaux, les faire travailler et donner un petit moment de bonheur aux gens.
- Action :
  - création de trois calèches : une accessible pour les personnes handicapées ou à mobilité réduite, une pour les enfants et une pour les mariages ;
  - création d'un site Internet : www.idole-promenade.fr ;
  - préparation des repas et soins quotidiens pour tous les animaux.
- Confiance : je suis confiant parce que dès le départ ça a plu aux gens et ça m'a plu à moi.
- Courage : c'est assez physique, tous les jours il faut s'occuper des animaux, pas question de vacances, il faut gérer l'activité commerciale, apprendre le métier d'entrepreneur.

« Découvrez très vite que plusieurs mauvaises habitudes vous empêchent de progresser, faites graduellement place à de bonnes habitudes et transformez votre vie. »

■ Og Mandino
(auteur de *The Greatest Salesman in the World*)

Partie 2

Je fais le tour de mes compétences !

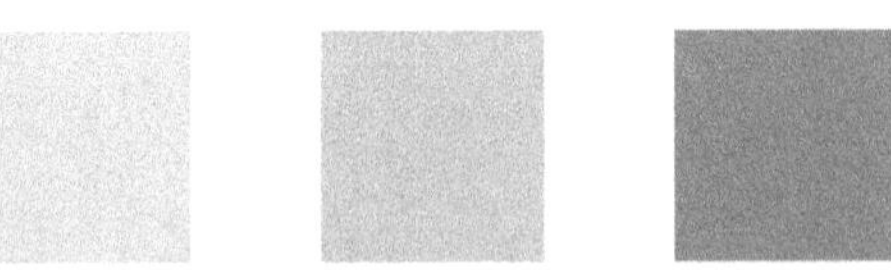

Nous venons de voir quatre clés essentielles à la réussite de votre évolution professionnelle. Vous avez pu vous faire une première idée, à travers les thèmes abordés et les exercices proposés, des points clés qui vont vous mener sur le chemin du métier de vos rêves.

Ces points clés posent les bases de votre motivation et plus généralement de l'attitude que vous devez adopter pour faciliter la mise en œuvre de votre projet. Le reste de cet ouvrage vous permettra d'approfondir de manière encore plus concrète votre projet.

Dans cette deuxième partie, nous allons parler de compétence. Plus précisément des différents éléments qui la composent :

- votre personnalité, vos comportements et vos talents ;
- vos compétences métiers, votre savoir-faire technique ;
- et, pour les managers ou ceux qui envisagent de le devenir, vos compétences managériales.

Faisons maintenant le tour d'horizon de vos compétences et des atouts que vous pourrez mettre en œuvre dans votre projet. Commençons là où tout commence : votre personnalité !

Chapitre 3

Qu'est-ce que ma personnalité vient faire dans l'histoire ?

Les compétences comportementales

3.1. Connais-toi toi-même

✓ Je suis ce que je suis mais j'ai parfois du mal à me suivre.

✓ J'approfondis ma connaissance de moi-même.

Dans l'Antiquité grecque, les acteurs utilisaient le « personna », le masque de théâtre qui servait d'interface entre l'acteur, son rôle et le public. Ce dernier devait pouvoir prédire l'action du comédien suivant l'un des douze masques qu'il portait. Qui se cache derrière le masque que vous présentez aux autres ?

Dans la continuité du chapitre précédent et à la différence des talents, la personnalité est un capital qui s'acquiert, se développe en continu et s'enrichit !

Il y a beaucoup de visions de la personnalité. De manière générale, elle correspond à l'ensemble des comportements qui constituent le caractère unique d'une personne. C'est le noyau relativement stable de l'individu.

Bien se connaître est la base de votre épanouissement professionnel. En comprenant mieux vos besoins, vos talents et vos limites, vous pourrez vous investir dans un métier qui vous convient. Se connaître soi-même, c'est aussi mieux appréhender les autres et, ainsi, pouvoir choisir dans quel environnement et avec qui vous vous sentez le plus à l'aise.

 **Autodiagnostic : à vous de jouer !**

Étape 1 : identifiez vos traits de personnalité

Pour chaque item présenté ci-dessous, identifiez ceux qui vous représentent le mieux (++) et ceux qui vous représentent le moins (--). Il n'y a pas de bonnes et de mauvaises réponses, mais des caractères dans lesquels vous vous reconnaissez et d'autres avec lesquels vous êtes moins à l'aise.

Soyez spontané et sincère avec vous-même.

Principaux traits de personnalité		– –	–	+	+ +
Action (goût pour l')	Esprit d'initiative, enthousiasme, persévérance, sens des responsabilités				
Adaptable/souple	Capacité à moduler son comportement en fonction de l'environnement et des interlocuteurs, à s'adapter aux changements et à percevoir l'intérêt d'opinions différentes et à ajuster sa position et ses stratégies aux changements ou nouvelles informations. Flexibilité				
Aisance relationnelle	Facilité à entrer en contact avec les autres, à établir une communication, à échanger des informations, de l'aide ou des instructions				
Aisance verbale	S'exprime avec facilité et naturel				
Ambition	Désir ardent de réussir				
Analytique	Capable de décomposer un problème ou une situation, d'en discerner les différentes parties et de déterminer les rapports qu'elles entretiennent entre elles (contraire de synthétique)				
Animation d'une équipe	Aptitude à développer le travail en équipe et la coopération, à rechercher la contribution de chacun, à encourager chacun à participer, à trouver des solutions bénéfiques pour tous				
Autonomie	Capacité à décider et à agir par soi-même, sans avoir besoin d'en référer à quelqu'un				
Avant-gardiste	Être en avance sur son temps par son audace et ses recherches				
Calme	Absence d'agitation et de nervosité, tranquillité, maîtrise de soi				
Capacité de travail (forte)	Aptitude à absorber de fortes charges de travail sans perdre en efficacité				
Chaleur humaine	Qui manifeste enthousiasme et cordialité à l'égard d'autrui				
Combativité	Qui est stimulé par la lutte, la compétition				
Communicant	Qui établit aisément une relation, une communication avec autrui, a le sens des contacts humains				
Confiance en soi	Avoir confiance en ses propres talents, capacités et jugements. Exprimer cette confiance en soi par une énergie et une détermination				
Conflit (gestion des)	Capacité à gérer des situations conflictuelles				

▶▶

Principaux traits de personnalité		--	-	+	++
Conseil (aptitude au)	Qui sait guider, orienter les autres par ses recommandations				
Contacts humains (goût pour les)	Qui aime entrer en rapport, en relation avec les autres				
Contrôle émotionnel	Aptitude à dominer ses émotions, même devant l'opposition ou dans des conditions de stress				
Convaincre (capacité à)	Savoir persuader à l'aide d'arguments				
Créativité	Capacité à créer, à inventer, à imaginer des choses et des idées nouvelles et/ou originales, à réaliser une tâche de manière originale				
Curiosité	Désir d'apprendre et de comprendre, aptitude à saisir toutes les occasions d'enrichir ses connaissances et sa réflexion				
Décision (aptitude à la prise de)	Capacité, à partir de l'analyse d'une situation ou d'un problème, à arrêter un choix				
Diplomatie	Qui fait preuve d'habileté, de tact dans les relations avec autrui				
Discrétion	Capacité à ne pas divulguer les informations qui sont confiées				
Disponibilité	À la fois donner son temps et avoir l'esprit dégagé de toute préoccupation				
Dynamisme	Qui fait preuve d'entrain et d'efficacité, qui déborde d'énergie				
Échec (capacité à surmonter un)	Garder sa motivation et son efficacité dans des situations où l'on n'atteint pas les résultats escomptés				
Écoute (capacité d')	Être attentif et réceptif à la parole d'autrui, aptitude à s'oublier pour entendre et comprendre l'autre, à rester ouvert aux préoccupations d'autrui				
Empathie	Capacité à se mettre à la place de l'autre, à l'écouter afin de mieux le comprendre				
Enthousiasme	Aptitude à positiver ce qui arrive, chaque jour, à passer à l'action dans la joie				
Équipe (capacité à travailler en)	Savoir articuler harmonieusement son travail avec celui des autres				
Esprit d'équipe	Esprit de solidarité, aptitude à réaliser son travail en partenariat avec les autres, en échangeant, partageant les outils, le savoir-faire, les informations en vue d'atteindre des objectifs communs sans mettre en avant ses intérêts personnels				

Principaux traits de personnalité		--	-	+	++
Éthique	Qui respecte des règles de conduite conformes à la déontologie				
Excentricité, fantaisie	Personnalité originale, extravagante				
Exigence	Aptitude à rechercher l'excellence pour soi et pour les autres et à la reconnaître				
Fiabilité	À qui l'on peut faire confiance				
Indépendance	Qui aime travailler seul et vit mal les contraintes, la sujétion				
Initiative	Aptitude à saisir les occasions, à agir avec détermination				
Intégrité/éthique	Qualités d'honnêteté				
Intuition relationnelle	Aptitude à comprendre et à interpréter les préoccupations des autres, leurs sources de motivation, leurs sentiments, leurs qualités et défauts				
Leadership	Aptitude à manager des hommes, à les faire évoluer et à les faire monter en compétences en les guidant et en leur fournissant des occasions de développement personnel et professionnel				
Maturité	Parvenu à un plein développement physique, affectif et intellectuel				
Méthodique	Manière ordonnée d'agir, capacité à suivre des étapes, un procédé logique pour réaliser une tâche ou parvenir à un résultat				
Négociation	Capacité à mener des discussions, des pourparlers pour aboutir à un accord				
Ordre	Capacité à classer, à ranger et à assurer la précision, la qualité du travail et de l'information; attention portée au détail				
Organisation	Capacité à préparer et cà oordonner pour maintenir un bon fonctionnement ou atteindre un but précis, aptitude à planifier des tâches et les priorités				
Ouverture d'esprit	Être réceptif aux idées, aux opinions des autres				
Perfectionnement (désir de)	Cherche en permanence à s'améliorer, à progresser				
Perfectionniste	Recherche la perfection, exigeant dans les détails				
Persévérance	Demeure ferme et résolu face à une décision ou une action entreprise, quelles que soient les difficultés				

Principaux traits de personnalité		– –	–	+	+ +
Perspicacité	Qualité d'une personne qui comprend et juge avec clairvoyance, sagacité et finesse				
Persuasion (talent de)	Aptitude à convaincre les autres par des arguments logiques, en faisant ressortir les avantages de sa proposition et en utilisant un vocabulaire adapté à son/ses interlocuteur(s)				
Politique (sens)	Aptitude à comprendre les relations de pouvoir et d'influence dans les organisations, à identifier les centres de décision et les personnes clés				
Ponctualité	Qualité d'une personne exacte, régulière, qui arrive à l'heure				
Proactif	Qui anticipe, manifeste de l'énergie, agit efficacement ; contraire du passif qui subit				
Procédures (respect des)	Qui applique les règles et consignes définies				
Rapidité d'exécution	Qui agit avec vivacité et promptitude				
Résistance	Aptitude à affronter les épreuves et les échecs, à dépasser tout découragement et à rebondir				
Responsabilité (sens des)	Aptitude à prendre des décisions et à en assurer les conséquences				
Résultat (sens du)	Qui se fixe et réalise des objectifs ambitieux, qui trouve des solutions meilleures ou plus adaptées, qui s'autoévalue				
Réussir (désir de)	Désir de réaliser ses ambitions				
Rigueur	Grande exactitude et rigueur intellectuelle, refus de tout laxisme, aptitude à respecter une méthode, une déontologie				
Savoir provoquer le changement	Être capable d'impulser et de mettre en œuvre des changements dans une organisation				
Service (sens du)	Avoir le désir de se rendre utile, apporter spontanément une aide aux autres				
Sociabilité	Qui manifeste la faculté d'entretenir de bonnes relations humaines				
Stabilité	Qui manifeste de la constance et de la permanence				
Synthétique	Aborde les situations de façon globale, considère les choses dans leur ensemble. Capacité à aller à l'essentiel				
Ténacité/pugnacité	Aptitude à essayer différentes stratégies pour résoudre un problème, à faire preuve de persistance				

Issu du livre de Nathalie Olivier,
Kit RH pour les PME : 80 fiches pratiques & 1 CD-rom, Eyrolles, 2009

Prenez maintenant un peu de temps pour faire le point sur les traits qui vous caractérisent le plus et ceux qui vous caractérisent le moins.

Parmi l'ensemble des traits dans lesquels vous vous reconnaissez, citez cinq atouts qui pourraient vous servir dans votre projet professionnel :

1. ....

2. ....

3. ....

4. ....

5. ....

Ce que pensent les autres de vos qualités personnelles

Il est parfois difficile d'appréhender soi-même ses qualités personnelles.

Maintenant, sur l'ensemble des items, demandez à cinq personnes de votre entourage professionnel et/ou personnel de vous positionner selon la façon dont ils vous perçoivent.

Comparez ensuite votre perception et celle de votre entourage. Les autres vous voient-ils comme vous vous voyez ? Y a-t-il des différences ? Sont-elles importantes ? Avez-vous des traits que vous ne soupçonniez pas ? Quels sont les caractères qui pourraient vous aider dans votre projet ou au contraire en compliquer la réalisation ?

Étape 2

Utilisez-vous pleinement vos savoir être ? Les missions qui vous permettront de mettre en œuvre vos traits de personnalité seront alors plus faciles à réaliser. Nous avons tous des habilités et des compétences comportementales fortes. Il faut les utiliser car elles nous demandent peu d'efforts et peuvent rendre notre travail plus plaisant. Un exemple : si vous n'êtes pas du tout organisé, toute tâche ou mission où il s'agit d'être très organisé sera un calvaire pour vous. En revanche, si vous l'êtes naturellement, votre travail sera facile et même un plaisir !

Savoir être	J'utilise ce trait de personnalité dans mon métier		
(items ++)	**Souvent**	**Un peu**	**Jamais**
Ex. : organisation	++		

Quels sont les savoir être que vous n'utilisez pas et que vous pourriez utiliser dans votre futur métier ?

Boostez votre confiance ! Développer vos talents dans votre projet va vous permettre de gagner en confiance et d'agir en adéquation avec ce que vous faites le mieux.

ACTION

MOTIVATION

CONFIANCE

COURAGE

3.2 Personnalité et talents !

✓ Je fais sortir le génie qui sommeille en moi !

✓ Comment mes talents façonnent ma personnalité.

> *« Ne cachez pas vos talents. Ils sont faits pour être utilisés.*
> *Qu'est-ce qu'un cadran solaire dans l'ombre ? »*
>
> ■ Benjamin Franklin

Comme Mozart qui, à peine haut comme trois pommes, savait composer une symphonie, nous avons tous, dès l'enfance, des talents que nous avons développés, nourris ou laissés de côté.

Il arrive que l'on ne perçoive pas ce pour quoi on est doué naturellement, car nos talents ne s'expriment que dans un environnement favorable à leur développement.

Le père de Mozart, Léopold, était compositeur à la cour du roi. Il imposait au petit Wolfgang un travail journalier, avec sa sœur elle-même musicienne, qui débutait avant même de prendre son petit déjeuner. Mozart avait certainement du talent pour la musique, mais il est probable que nous n'aurions jamais pu en profiter si son environnement n'avait pas forcé son génie. À l'inverse, il est probable que, même sans talent pour la musique, Mozart aurait été un bon musicien à force du travail que lui imposait son père, mais qu'il n'aurait pas forcément été le génie que nous connaissons. Le talent ne fait donc pas tout, il faut aussi le mettre au travail.

Et vous, quels sont vos talents ? Les avez-vous identifiés ? N'en avez-vous aucune idée ? Votre milieu les a-t-il favorisés ou vous a-t-il démotivé à les exprimer ? Peut-être n'est-il pas trop tard pour les développer.

Le talent, c'est quoi ?

Les talents sont des « aptitudes naturelles particulières » innées. C'est ce que nous faisons sans effort, depuis toujours, parfois sans même nous en rendre compte. Nos talents sont des dons de la nature qui se manifestent très tôt et qui nous différencient des autres. Ce sont des attitudes ou des gestes, dont nous n'avons pas forcément conscience, qui peuvent être évidents pour nous et bien plus difficiles à appréhender pour d'autres.

Marcus Buckingham et Donald Clifton[1] nous offrent une vision plus large. Ils parlent du talent comme « *un mode stable de pensée, de sentiment ou de comportement susceptible d'engendrer des résultats positifs* ». Cela signifie donc que des traits de personnalité que nous pourrions considérer comme négatifs peuvent être considérés comme des talents s'ils sont capables de produire des résultats positifs. Par exemple, l'anxieux pourra être plus à même d'émettre des hypothèses et d'anticiper des situations contraignantes pour élaborer des plans favorables à ses actions. L'impatient sera sujet à passer rapidement à l'action pour faire avancer les choses, ce qui pourra s'avérer positif dans certaines situations.

Nos talents sont nos aptitudes à réussir dans un domaine, quasiment systématiquement, en y prenant du plaisir. Le talent est notre essence, ce que nous sommes au meilleur de nous-mêmes.

Vous pensez ne pas avoir de talent ? Détrompez-vous !

Pourquoi développer ses talents ?

Développer vos talents signifie développer, en priorité, vos atouts plutôt qu'essayer d'améliorer vos faiblesses. Vous avez beaucoup plus à y gagner et vos performances s'en trouveront décuplées. Nous avons tous des points à améliorer. Vous ne vous différencierez pas en essayant d'améliorer des « points faibles » qui, même

---

1. Marcus Buckingham et Donald Clifton, *Découvrez vos points forts dans la vie et au travail*, Village mondial, 2001, p. 53-54.

si vous progressez un peu, resteront probablement toujours des « points faibles ».

Préférez-vous investir dans des actions prometteuses ? Qui fonctionnent bien ? Ou laborieuses ? Ne perdez donc pas votre temps, trouvez des palliatifs à vos faiblesses et misez sur vos talents pour votre projet professionnel !

N'oubliez pas, un des points communs des personnes qui ont réussi est d'avoir misé sur leurs points forts et non d'avoir essayé d'améliorer (péniblement) leurs points faibles. Alors développez vos talents !

Comment identifier ses talents ?

Il est difficile d'identifier seul ses talents parce qu'on les utilise si bien, facilement et naturellement que l'on n'y prête pas attention. Essayez donc d'être attentif à ce que disent les autres sur vos capacités et votre facilité à réaliser certaines actions. Vos facilités vues par les autres sont certainement des talents !

Pour repérer vos talents, vous pouvez également vous interroger sur votre vie personnelle et professionnelle : vos prédispositions innées, vos facilités depuis l'enfance, vos différences notables par rapport aux autres, votre aisance dans certains gestes ou attitudes. Vous pouvez également vous demander quel est le fil conducteur de votre vie, de vos expériences passées.

Il existe un questionnaire qui permet d'identifier plus précisément ses talents naturels. Il s'agit du *StrengthsFinder*[1]. L'idée de Donald O. Clifton est que nous avons trop l'habitude de travailler nos faiblesses alors que seules nos forces peuvent nous faire avancer et nous épanouir dans notre vie.

Le *StrengthsFinder* classe 34 thèmes de talents dans quatre grandes familles :

- les talents relatifs aux EFFORTS :
  - **réalisateur** : vous avez un besoin constant de réaliser des choses tangibles. Votre feu intérieur vous anime et vous

---

1. http://sf1.strengthsfinder.com (version n° 1 en français). Ce questionnaire a été mis au point par Donald O. Clifton avec Tom Rath et une équipe de scientifiques de la Gallup Organization. Il existe depuis 2007 une deuxième version uniquement en anglais (http://strengths.gallup.com).

pousse à l'action. Vous appréciez particulièrement d'être occupé et productif,

- **activateur** : « Que pouvons-nous commencer ? » Vous êtes souvent impatient d'agir. Vous savez que seule l'action engendre des résultats et qu'elle est la meilleure école pour progresser,

- **convaincu** : vous êtes guidé par des convictions et des valeurs qui donnent un but précis à votre vie. Votre travail doit avoir du sens et être en harmonie avec votre système de valeurs,

- **importance** : vous voulez être reconnu et vous vous distinguez des autres pour vos qualités uniques. Vous êtes indépendant et vous souhaitez vous élever au-dessus de la moyenne,

- **discipline** : vous aimez les univers prévisibles, structurés et sans surprise. L'ordre, les habitudes, les plannings et les structures bien établies vous permettent d'avoir les choses bien en main,

- **assurance** : vous avez confiance en votre jugement et vos capacités à gérer votre propre vie. Vous savez quelles décisions sont les bonnes et vous ne vous laissez pas facilement influencer par les autres,

- **adaptabilité** : vous répondez facilement aux sollicitations du moment même si elles vous distraient de vos plans d'action. Vous êtes une personne « de l'instant », qui prend les choses comme elles viennent, et vous découvrez votre avenir petit à petit,

- **focalisation** : vous êtes orienté vers un objectif précis et mesurable. Vous pouvez prendre une direction, vous y tenir et apporter les corrections nécessaires pour maintenir le cap. Vous établissez d'abord des priorités et agissez ensuite,

- **restauration** : vous aimez résoudre des problèmes identifier leur origine, les éliminer et rétablir l'ordre naturel des choses. Vous trouvez ce qui ne va pas et savez comment y remédier ;

■ les talents relatifs à la RÉFLEXION :

- **analyste** : vous recherchez les motifs et les causes. « Prouvez-le. Montrez-moi pourquoi ce que vous prétendez est vrai. » Vous aimez les chiffres et vous cherchez à établir des tendances et des rapports entre les choses. Vous êtes capable d'envisager tous les facteurs d'une situation donnée pour mettre à nu les véritables causes,

- **arrangeur (ou organisateur)** : vous aimez jongler avec les situations complexes pour obtenir la formule la plus productive. Vous êtes doué pour l'organisation, tout en sachant faire preuve de souplesse,

- **prudent** : vous êtes vigilant et ne prenez de décisions qu'après mûre réflexion. Vous identifiez, évaluez et réduisez au maximum chaque risque pour anticiper les obstacles. Vous savez que le monde est imprévisible et vous abordez les choses avec une certaine réserve,

- **connexion** : vous êtes convaincu qu'il existe des liens entre toute chose. Vous croyez peu aux coïncidences et pensez que les événements sont très rarement le fruit du hasard,

- **équité** : vous traitez tout le monde de la même façon et de manière équitable. Vous n'aimez pas les privilèges et vous estimez que les règles doivent être les mêmes pour tous,

- **futuriste** : vous vous inspirez de l'avenir et de ce qui pourrait être. « Ce serait fabuleux si… » Vous insufflez aux autres votre vision de l'avenir,

- **studieux** : vous aimez apprendre et voulez sans cesse vous améliorer. Le processus d'apprentissage vous stimule davantage que le résultat,

- **collection (ou *input*)** : vous êtes curieux et collectionneur. Vous voulez toujours en savoir plus. Vous aimez recueillir et archiver toutes sortes d'objets et d'informations. Tout peu servir,

- **intellectualisme** : vous aimez réfléchir et adorez les « nourritures intellectuelles ». Vous êtes introspectif et appréciez les discussions ou les moments propices à la réflexion,

- **contexte** : vous aimez réfléchir au passé pour comprendre le présent et prédire l'avenir. Vous avez besoin de comprendre l'origine d'une situation présente,

- **stratégique** : confronté à une situation donnée, vous entrevoyez rapidement des schémas et questions pertinents afin de trouver le meilleur itinéraire pour avancer. Vous prévoyez plusieurs façons d'agir,

- **créatif (ou idéation)** : vous êtes fasciné par les idées. Vous cherchez sans cesse des liens et des connexions entre des phénomènes qui, *a priori*, n'en ont pas. Chaque nouvelle idée vous dynamise ;

- les talents relatifs aux RAPPORTS :
  - **harmonie** : vous recherchez le consensus. Vous n'aimez pas le conflit et cherchez davantage les terrains d'entente,
  - **communication** : vous aimez expliquer, décrire, accueillir les autres, parler en public et écrire. Vous n'avez généralement aucune difficulté à exprimer vos idées, que vous embellissez avec des exemples, des métaphores et des expressions percutantes. Vous brillez dans les conversations et faites un bon présentateur,
  - **empathie** : vous savez vous mettre dans la peau des autres pour comprendre ce qu'ils ressentent et partager leurs visions des choses,
  - **englober** : vous voulez inclure les gens et leur donner un sentiment d'appartenance au groupe. Vous avez conscience de ceux qui se sentent exclus et faites votre possible pour les considérer,
  - **individualisation** : vous êtes intrigué par les qualités uniques de chaque individu. Les généralisations, les regroupements et les « types » vous agacent. Vous avez un don pour faire collaborer efficacement des personnes différentes,
  - **relationnel** : vous aimez entretenir des relations étroites avec les autres. Vous voulez comprendre leurs sentiments, leurs objectifs et leurs peurs, et qu'ils comprennent égalememt les vôtres,
  - **responsabilité** : vous vous sentez moralement tenu de respecter vos engagements, quelle que soit leur importance. Vous êtes quelqu'un de loyal et sur qui l'on peut compter ;
- les talents relatifs à l'INFLUENCE :
  - **compétition** : vous mesurez vos projets par rapport aux performances des autres. Vous visez la première place et participez volontiers aux concours et autres épreuves,
  - **commandement** : votre autorité naturelle vous incite à prendre les choses en main. Vous savez prendre le contrôle d'une situation et prendre des décisions,
  - **développeur** : vous décelez le potentiel des autres. Pour vous, chaque individu recèle toujours de nombreuses possibilités et vous aimez aider à réussir,

- **positivité** : vous êtes doué d'un enthousiasme contagieux. Vous êtes optimiste et savez communiquer de manière positive,
- **maximisation** : vous vous concentrez sur les points forts comme moyens pour stimuler l'excellence personnelle et celle du groupe. Votre objectif : transformer quelque chose de bien en quelque chose d'excellent,
- **charisme** : vous aimez rencontrer de nouvelles personnes, gagner leur amitié et les rallier à votre cause. Ce qui vous plaît, c'est briser la glace et créer des liens.

« Nombreux sont ceux qui transforment leur vie en cimetière en enterrant leurs talents et leurs dons. »

■ John L. Mason

 **À vous de jouer !**

Maintenant, essayez d'identifier cinq de vos talents parmi les items ci-dessus, puis trouvez, dans votre vie personnelle ou professionnelle, des exemples concrets qui illustrent ces talents.

Que disait votre entourage pour vous décrire quand vous étiez petit ? Que dit votre entourage aujourd'hui ? Retrouvez-vous les mêmes qualificatifs lorsque l'on parle de vous ?

Talents	Exemples concrets dans votre expérience
Ex. : empathie	Mon entourage et mes collègues aiment se confier à moi parce que je sais me mettre à leur place et ressentir ce qu'ils ressentent C'est un mot qui revient toujours dans la bouche de mes proches pour parler de moi depuis mon enfance

Maintenant que vous avez identifié certains de vos talents, vous devez les faire fructifier afin qu'ils deviennent des atouts dans votre carrière. Pour cela il est nécessaire de bien vous reconnaître en observant les moments de votre vie où vous les utilisez.

Par exemple, demandez-vous quels talents vous utilisez lorsque vous faites quelque chose qui vous réussit à tous les coups ou quelque chose dont vous êtes fier.

Une fois vos talents révélés, vous allez pouvoir les **modéliser** : c'est-à-dire les reproduire et créer des passerelles entre les domaines de votre vie personnelle et professionnelle. Vous avez un talent flagrant dans une activité de loisir, pourquoi ne pas l'utiliser pour votre métier ? Ne laissez pas filer vos talents, ils s'amenuisent lorsque l'on ne s'en sert pas. Démultipliez vos talents et prenez du plaisir !

Témoignage

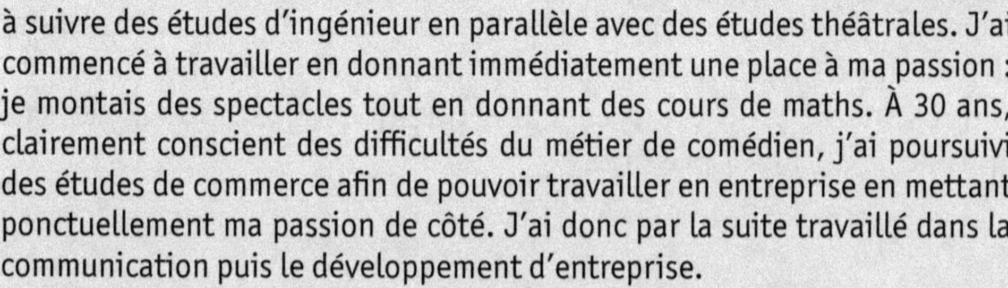

Franck A.,
il a conjugué talents, passion et carrière professionnelle !

Quel travail avant le changement ?

J'ai toujours été passionné par le métier de comédien. La connaissance des aléas du métier m'a néanmoins conduit à suivre des études d'ingénieur en parallèle avec des études théâtrales. J'ai commencé à travailler en donnant immédiatement une place à ma passion : je montais des spectacles tout en donnant des cours de maths. À 30 ans, clairement conscient des difficultés du métier de comédien, j'ai poursuivi des études de commerce afin de pouvoir travailler en entreprise en mettant ponctuellement ma passion de côté. J'ai donc par la suite travaillé dans la communication puis le développement d'entreprise.

Le déclic ?

Comme une vraie passion, ou plutôt une conviction, ne se met pas facilement de côté, j'ai compris au bout de quelques années d'expérience en entreprise que cette vie ne me convenait pas. J'ai donc dû, pour être en accord avec moi-même et mes aspirations, donner sa véritable place à mon métier d'acteur.

Quel travail après ?

Fort de mes expériences dans le théâtre, le cinéma et l'entreprise, j'ai pris un peu de temps pour réfléchir, rencontrer des professionnels, faire le point et j'ai créé ma société de conseil en communication. Je propose maintenant des missions basées sur la communication interpersonnelle par le théâtre. C'est un domaine où mon approche me permet de dégager un chiffre d'affaires honorable, qui reste en accord avec ma passion et qui me permet d'avoir de plus en plus de temps pour travailler en tant que comédien, et produire mes spectacles et mes films dans de bonnes conditions.

■ Tu ne feras jamais rien de ta vie ! Et pourtant...

Les bons élèves ne sont pas forcément ceux qui réussissent le mieux dans la vie. Combien de mauvais élèves ont su, contre toute attente, réaliser de grandes choses alors qu'on leur prédisait le pire ? Il y a donc un autre facteur qui entre en jeu dans la réussite professionnelle. Vous vous inquiétez au sujet des résultats scolaires de vos enfants ? Penchez-vous davantage sur ce qu'ils aiment faire, sur leurs talents, et sur ce qu'ils souhaiteraient faire comme métier. Même si posséder un bagage peut être important pour les préparer à s'adapter à leur future vie professionnelle, la vie n'est pas qu'une histoire de diplômes, c'est aussi une question de personnalité et de talents !

Même si la formation est importante, elle n'est pas suffisante. Vous pourriez tout aussi bien réussir sans diplôme, en particulier dans les métiers comme le commerce, le social, l'art, le sport ou l'entrepreunariat. Méfiez-vous donc des « bons conseils » en matière de diplôme. Avec ou sans, l'important est plutôt de vous donner les moyens de réaliser vos rêves. Ayez donc le courage de vous affirmer dans ce que vous êtes et ce que vous voulez faire. La formation, le diplôme reste un moyen et non une fin. Il y a d'autres manières de réussir. Faire quelque chose de sa vie sans diplôme, c'est aussi possible !

3.3. Personnalité et intelligence émotionnelle

✓ Mes émotions sont-elles bien raisonnables ?

✓ Je développe mon intelligence émotionnelle : le meilleur chemin vers la réussite !

L'intelligence émotionnelle est un élément clé de votre personnalité !

■ Le fabuleux cas Phineas Gage

Au milieu du XIXe siècle, Phineas Gage dirige la construction d'une ligne de chemin de fer dans le Vermont (États-Unis). En 1848, un accident va changer le cours de sa vie. À la suite d'une mauvaise manipulation, une barre de fer lui perfore le crâne et endommage les lobes frontaux de son cerveau. Malgré la gravité de ses blessures, il survit miraculeusement à l'accident en conservant ses principales facultés physiques et intellectuelles. Il parle et marche bien et n'a aucune paralysie.

Or, sa personnalité a changé. Jusque-là considéré comme sociable et responsable, Phineas devient irritable, irrespectueux, grossier et vulgaire. Incapable d'organiser sa vie et d'envisager l'avenir, il perd alors son emploi et son statut sociale et mène une existence instable.

■ Qu'en disent les spécialistes ?

Le neuro-anatomiste Antonio Damasio émet **l'hypothèse que les émotions jouent un rôle dans la prise de décision**. En 1994, Damasio et sa femme Hanna montrent que la lésion cérébrale de Gage ne lui permettait plus de faire le lien entre raison et émotion et qu'il avait perdu le contrôle de lui-même.

Dans *L'Erreur de Descartes*, Damasio[1] montre l'importance capitale des émotions dans les processus de prises de décision rationnelle, ces processus conditionnant fortement notre capacité à nous projeter dans l'avenir en tant qu'être social. Dans la préface du même ouvrage, Jean-Pierre Changeux écrit : « *L'émotion participe à la raison, et elle peut assister le processus de raisonnement au lieu de nécessairement le déranger, comme on le supposait couramment.* » En partant du cas Gage et de l'observation de patients atteints de lésions similaires, Damasio dresse le portrait d'un homme aux capacités émotionnelles extrêmement réduites, incapable d'organiser sa vie en fonction de sa libre volonté, inapte à s'insérer dans un environnement social complexe et qui devient comme un spectateur distant et désintéressé de ses propres déboires, de sa tragique destinée.

La suite des travaux de Damasio montrent qu'une lésion du cortex préfrontal entraîne :

- une difficulté à prendre des décisions ;
- un déficit émotionnel : peu d'émotions ressenties dans des situations chargées en émotions (par exemple, jugement froid et absence de réaction physiologique face à un accident).

Comme le dit Descartes, les émotions et la raison sont-elles vraiment incompatibles ? Faut-il vraiment faire taire ses émotions pour prendre de bonnes décisions ? Les neurosciences semblent démontrer le contraire. Sans émotion, nous n'arriverions pas à prendre de décisions rationnelles et adaptées au contexte.

---

1. Antonio Damasio, *L'Erreur de Descartes*, Odile Jacob, 1995.

L'émotion est liée à la motivation ! Les mots « émotion » et « motivation » viennent tous les deux du latin *movere* qui signifie « mouvement ».

Paul Ekman identifie quatre familles d'émotions fondamentales et d'autres secondaires, que l'on retrouve notamment dans les expressions du visage. Ces émotions sont reconnues dans le monde entier, elles sont universelles.

- La peur : anxiété, appréhension, nervosité, inquiétude, consternation, crainte, circonspection, énervement, effroi, terreur, épouvante, voire phobie et panique.
- La colère : fureur, indignation, ressentiment, courroux, exaspération, tracas, acrimonie, animosité, mécontentement, irritabilité, hostilité, voire haine.
- La tristesse : chagrin, affliction, morosité, mélancolie, apitoiement sur soi-même, solitude, abattement, désespoir, voire dépression.
- Le plaisir : bonheur, joie, soulagement, contentement, félicité, délectation, amusement, fierté, plaisir sensuel, ravissement, satisfaction, euphorie, extase.

On retrouve aussi :

- l'amour : approbation, amitié, confiance, gentillesse, affinité, dévotion, adoration, engouement ;
- la surprise : choc, ahurissement, stupéfaction, étonnement ;
- le dégoût : mépris, dédain, répulsion, aversion, répugnance, écœurement ;
- la honte : sentiment de culpabilité, embarras, contrariété, remords, humiliation, regrets, mortification, contrition.

Quelles sont les émotions que vous ressentez le plus ? Et celles qui vous feront avancer ? Laissez tomber les émotions toxiques et privilégiez les émotions positives et épanouissantes.

Une définition de l'intelligence émotionnelle

L'intelligence émotionnelle est « l'habileté à percevoir et à exprimer les émotions, à les intégrer pour faciliter la pensée, à comprendre et à raisonner avec les émotions, ainsi qu'à réguler les émotions chez soi et chez les autres » (Mayer & Salovey, 1997[1]).

Daniel Goleman[2], psychologue et journaliste scientifique, définit l'intelligence émotionnelle selon quatre concepts :

Intelligence émotionnelle

La conscience de soi	• la capacité à percevoir et à comprendre ses propres émotions, à déterminer leur cause et à reconnaître leur influence, à les réguler et à les utiliser pour guider nos décisions
La maîtrise de soi ou l'autorégulation	• la capacité à maîtriser ses émotions, notamment dans les situations stressantes, à exprimer vos sentiments de manière appropriée et à agir sereinement, selon le contexte ou les personnes présentes
La conscience sociale ou l'empathie	• la capacité à s'imaginer à la place de l'autre, dans son univers interne, pour mieux comprendre, partager ses sentiments et agir en conséquence. L'empathie nécessite une écoute active et attentive
La gestion des relations	• la capacité à inspirer et à influencer les autres tout en favorisant leur développement. Mais également à gérer les conflits au sein du groupe et à désamorcer les tensions latentes dans le but de maintenir l'harmonie

Goleman inclut un ensemble de compétences émotionnelles correspondant à chacun de ces concepts. Les compétences émotionnelles ne sont pas des talents innés, mais plutôt des capacités apprises qu'il faut développer et perfectionner. Ces compétences se renforcent réciproquement.

L'intelligence émotionnelle favorise la réussite professionnelle et privée, et peut permettre de prendre de meilleures décisions.

---

1. P. Salovey et J.D. Mayer, « Emotional intelligence », *Imagination, Cognition, and Personality*, 1990, 9, 185-211.
2. Daniel Goleman, *L'Intelligence émotionnelle. Comment transformer ses émotions en intelligence*, Robert Laffont, 1997.

Cinq étapes pour développer vos compétences émotionnelles

Vous pouvez améliorer vos compétences émotionnelles en développant votre capacité à agir sur vos propres émotions. L'intelligence émotionnelle est la capacité d'identifier ses émotions, de les comprendre, de les exprimer, de les réguler et de les utiliser à bon escient, dans sa vie personnelle et professionnelle.

1. Identifier ses émotions

Il est essentiel de savoir identifier ce que l'on ressent pour pouvoir gérer et non subir nos affects.

Certaines personnes distinguent aisément leurs différentes émotions alors que d'autres auront plus de mal à les reconnaître et se sentiront simplement « bien » ou « mal ». Selon la psychologue Lisa Bellinghausen, trois voies au moins permettent d'identifier ses émotions : la reconnaissance de ses pensées, celle de ses tendances à l'action et celle de ses bouleversements physiologiques ou sensations. Comment ? En prenant du recul par rapport à soi et en observant comment vous réagissez sous l'effet d'une émotion afin de l'identifier et de la nommer. Par exemple, vous devenez agressif lorsque vous êtes en colère, vous transpirez lorsque vous avez peur, vous frissonnez lorsque vous ressentez de l'engouement, etc.

Les bénéfices ? Mettre des mots sur ses émotions permet d'agir et de les réguler. Il a été démontré que le simple fait de mettre par écrit le contenu de ses affects réduit l'impact négatif qu'ils peuvent avoir sur la santé. Savoir identifier ses propres émotions permet également de mieux détecter les réactions d'autrui.

2. Comprendre ses émotions

Il s'agit là de comprendre les causes et les conséquences des émotions identifiées. Comprendre ses émotions, c'est comprendre sa relation au monde. Les émotions s'enracinent dans des besoins qui sont ou ne sont pas satisfaits, et sont déclenchées par des événements qui ont un lien avec ces besoins. Comprendre le sens de ses émotions, c'est évaluer ses besoins et leur satisfaction. Lorsqu'une émotion vous submerge, la question à se poser est : quelle est la cause profonde de cette manifestation ? Par exemple, si une toute petite chose nous rend heureux, c'est souvent parce qu'elle concrétise un état sous-jacent d'épanouissement.

3. Exprimer ses émotions

Parfois les émotions sont difficiles à exprimer. Que ce soit oralement ou par écrit, cet exercice est bénéfique : il réduit l'impact des émotions négatives. L'expression des émotions va de pair avec le partage social des émotions, il est naturel de parler de ce que nous ressentons, de se confier. Ce partage social des émotions entraîne un resserrement des liens sociaux entre le narrateur et l'auditeur, la communication est facilitée et les antagonistes se soutiennent et s'apprécient davantage ! Le psychologue James Gross (université de Stanford) a constaté que les personnes ayant tendance à dissimuler leurs émotions vivent moins d'émotions positives et font état de plus d'expériences émotionnellement négatives lors d'un échange verbal avec autrui. L'« inhibition émotionnelle » prolongée peut même altérer le fonctionnement du système immunitaire ! Ainsi, mettre des mots sur ce que vous sentez et partager ses affects est essentiel pour vous sentir bien.

4. Réguler ses émotions

Voici des méthodes pour réguler ses émotions et surtout réduire ses émotions négatives :

- la *réévaluation cognitive* : comprendre que nos émotions négatives ne sont pas causées par une situation, mais par l'évaluation que nous en faisons. Forts de ce constat, nous pouvons modérer l'émotion négative en recherchant une autre façon de l'envisager. Pour ce faire, il est intéressant d'adopter le point de vue d'autrui, cette remise en perspective entraîne un ressenti différent ;
- autre piste : le *renforcement du lien social*. Aller vers les autres, les rencontrer permet de partager ce que l'on ressent, afin de renforcer les liens sociaux ou de renouer avec des liens sociaux négligés pendant un moment. L'isolement favorise les émotions négatives d'angoisse ou de tristesse.

Comment prolonger les émotions positives ? Commencez par la régulation physique ! Exprimez au maximum avec des gestes, des paroles, des sourires, des expressions du visage votre joie et votre bonheur, lorsque par exemple vous avez terminé un projet excitant ou qu'un ami vous fait une surprise... Pourquoi ? La perception d'un sentiment s'enracine en grande partie dans l'expression corporelle associée. Si vous demandez à une personne de sourire, elle exprimera ensuite des émotions plus positives qu'une personne qui adopte une expression neutre.

5. Utiliser ses émotions

Nos émotions sont un réel atout dans nos relations si l'on sait les utiliser. Si les émotions négatives sont capables d'entraîner des maladies, certaines émotions positives peuvent être à double tranchant. Elles peuvent parfois nous conduire à percevoir et à juger des situations avec plus d'enthousiasme que de raison. Par exemple, vous tombez amoureux, vous allez accepter une mutation professionnelle inintéressante car vous avez envie de dire « oui » à tout le monde ! Il s'agit de faire la part des choses. En distinguant ce qui relève d'un jugement objectif et ce qui est influencé par nos émotions, nous pouvons minimiser les erreurs que les émotions peuvent nous faire commettre et favoriser plutôt leurs bons côtés.

L'intelligence émotionnelle au travail[1]

Si auparavant les tests d'intelligence étaient davantage liés à l'intellect (QI), aujourd'hui, découvrir et développer son « quotient émotionnel » (QE) est devenu essentiel. L'intelligence émotionnelle donne un avantage dans tous les domaines de la vie aussi bien dans les relations affectives et intimes que dans l'appréhension des règles implicites qui régissent la réussite au travail (management, leadership, gestion des ressources humaines, entrepreunariat et

---

1. Daniel Goleman, Richard Boyatzis, Annie McKee, *L'Intelligence émotionnelle au travail*, Village mondial, 2010.

négociation). Ce n'est que récemment que le monde du travail et en particulier les managers ont pris conscience de l'importance de l'intelligence émotionnelle dans l'efficacité professionnelle. Aujourd'hui les entreprises sont confrontées à la nécessité de cultiver les compétences émotionnelles pour développer la mobilisation et l'épanouissement de leurs salariés. Les personnes dotées d'une bonne intelligence émotionnelle réussissent mieux en société, dans leur travail et en famille !

3.4. Ma personnalité avec les autres

✓ Souriez, vous êtes filmé !
✓ Ma personnalité facilite mes relations professionnelles.

> *« Plutôt que de penser à ce que tu n'as pas,*
> *pense à ce que tu peux faire avec ce que tu as. »*
> ■ Ernest Hemingway

On ne vit pas reclus dans une caverne ! Nous avons tous besoin des autres pour exister et nous épanouir tant sur le plan personnel que professionnel. Nous passons une bonne partie de notre temps au travail entourés des autres. Ce lien social est essentiel à notre développement. Il nous nourrit et nous permet de mieux nous connaître. Plus nos relations professionnelles sont bonnes, plus notre vie aura de chances d'être simple et agréable.

Cette dimension relationnelle est essentielle, notamment :

- pour s'épanouir ;
- pour être reconnu ;
- pour le lien social ;
- pour apprendre ;
- pour ce que l'autre peut nous apporter sur notre connaissance de nous-mêmes ;
- pour un bon équilibre de vie en général.

◼ L'importance de bien communiquer

La communication est la base de notre relation aux autres. L'harmonie et l'efficacité du travail reposent avant tout sur l'aptitude à pouvoir bien communiquer. Elle permet de mieux recevoir et partager l'information, de définir et comprendre les objectifs, et d'éviter les effets pervers du conflit et de la confusion. Une bonne communication favorise les rapports, renforce les liens, promeut la confiance en soi et a un effet positif sur l'environnement de travail.

Comment communiquer ?

Avec un peu d'effort et d'attention, vous pouvez apprendre à transmettre vos messages, à en souligner l'importance et à encourager les commentaires productifs. Dès que vous aurez commencé à mettre en pratique les règles de base de la communication, vous constaterez rapidement ses effets positifs sur votre journée de travail.

Voici quelques conseils pour vous aider à communiquer avec clarté et efficacité :

- **soyez totalement disponible** pour l'autre pour favoriser la qualité de l'échange. Accordez toute votre attention à votre interlocuteur lorsqu'il parle, sans l'interrompre ou finir ses phrases ;

- **écoutez attentivement** : écoutez votre interlocuteur pour bien comprendre le message. Durant la conversation, essayez de poser quelques questions ouvertes, de sonder délicatement et de vérifier périodiquement que vous comprenez bien ce qu'il dit ;

- **montrez-vous intéressé** : faites preuve d'empathie, essayez de comprendre la réalité de ce que vit ou ressent votre interlocuteur. Essayez de vous incliner légèrement vers lui afin de démontrer votre intérêt à l'égard de ce qu'il vous dit et ce geste sera perçu comme une forte réplique non verbale signifiant « bien dit » ;

- **surveillez votre expression corporelle.** Nous communiquons de manière verbale, mais également non verbale, par nos gestes ou nos expressions physiques. Votre posture peut avoir un effet sur la façon dont les gens perçoivent ou réagissent à votre message. Vous connaissez certainement l'exemple des bras croisés qui sont perçus comme une attitude défensive. Si les mots peuvent tricher, le corps, lui, ne ment jamais !

- **prenez du plaisir à l'échange** : si votre interlocuteur sent que vous vous ennuyez, la communication sera bloquée ;

- **paraphrasez, recadrez et synthétisez les échanges** : cela permettra de préciser les attentes de chacun, de régler toute perception erronée et à chacun de mieux se comprendre. Reformulez les échanges afin de valider la compréhension mutuelle ;

- **respectez l'espace vital des autres personnes.** Durant une conversation en face à face, il est très important de respecter l'espace et le périmètre vital de l'interlocuteur. Si vous êtes trop près, votre interlocuteur peut se sentir mal à l'aise ; si vous êtes trop loin, il pourrait s'imaginer qu'il vous intimide. Trouvez un juste milieu où chacun sera à l'aise ;

- **affirmez-vous** : accordez-vous la permission d'exprimer vos besoins, vos désirs, vos sentiments et vos opinions d'une façon directe et honnête. C'est aussi fixer des limites et en informer votre interlocuteur ;

- **essayez d'exclure tout jugement.** En connaissant le point de vue d'une autre personne, vous pourriez voir la situation sous un nouvel angle et vous découvrir des terrains d'entente.

 **Autodiagnostic : à vous de jouer !**

Mon style de communication

Quelle est la perception que vous avez et que les autres ont de vous au sujet de votre communication ? Répondez de façon sincère et voyez quels sont vos points forts.

Mes atouts pour communiquer	Faible	Moyen	Bon	Très bon
Capacité d'écoute				
Empathie				
Charisme				
Sens de l'humour				
Souplesse				
Aisance d'expression				
Communication écrite (courrier, rapports...)				

▶▶

Mes atouts pour communiquer	Faible	Moyen	Bon	Très bon
Communication Web (e-mail, forum, réseaux sociaux...)				
Pédagogie				
Aptitude à négocier				
Assertivité				
Capacité de persuasion				
Sens de la repartie				
Goût du travail en équipe				
Discrétion				
Émotivité				
Maîtrise de soi				
Tact				
Politesse				
Savoir remercier				
Non-jugement (préjugé, *a priori*...)				

■ Développez votre enthousiasme

L'enthousiasme est contagieux. Votre énergie est essentielle pour l'alimenter. L'énergie qui se dégage de vous influence beaucoup vos actions, le regard des autres et l'envie de travailler avec vous. Qui a envie de travailler avec une personne amorphe ou blasée ?

Voici les sept règles d'or pour favoriser votre bonne énergie :

1. Envie de réalisation.

2. Novation.

3. Esprit positif.

4. Résistance à l'échec.

5. Gaieté.

6. Inspiration.

7. Enthousiasme.

? ? **Autodiagnostic : à vous de jouer !**

Voici le portrait-robot d'une personne positive. Vous retrouvez-vous dans ce schéma[1] ?

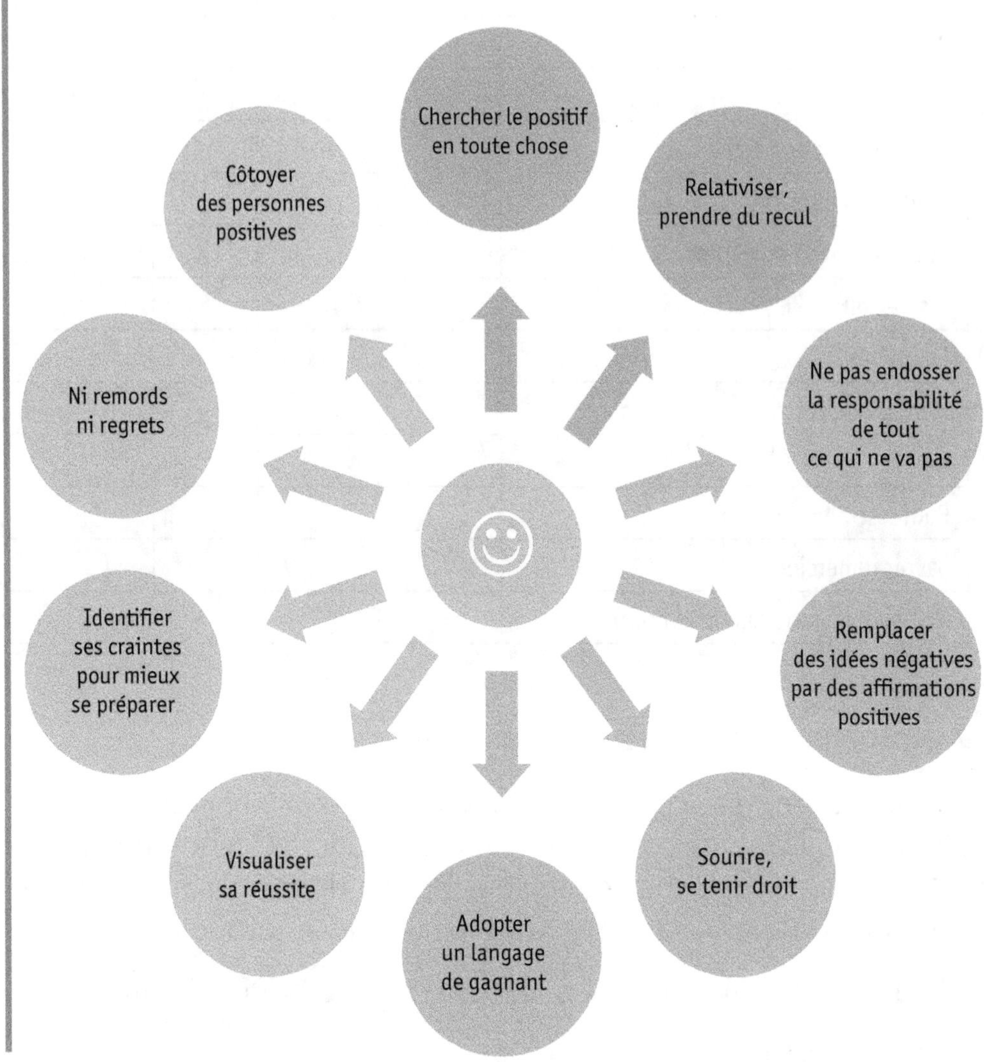

---

1. Nathalie Olivier, *Kit RH pour les PME : 80 fiches pratiques & 1 CD-ROM*, Eyrolles, Éditions d'Organisation, 2009.

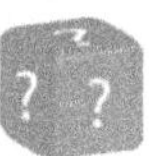

Développez vos relations, en suivant la formule gagnante A = MC²

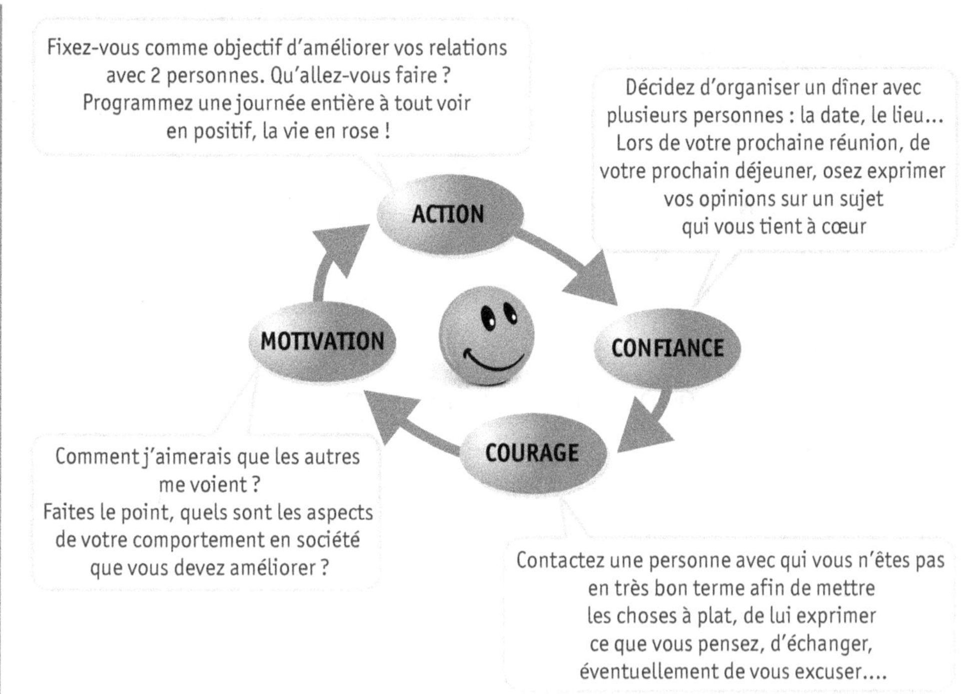

■ Les métiers du savoir être

Le savoir être est une des composantes principales de certains métiers. Un commercial, un manager, un éducateur ou encore un politicien devront nécessairement, en plus des compétences propres à leur métier, avoir développé d'importantes qualités relationnelles et de communication. D'autres métiers, au contraire, font moins appel à la relation avec les autres, même s'ils supposent nécessairement, à un moment ou à un autre, de communiquer et d'échanger.

Il est donc nécessaire de vous interroger sur les savoir être et les compétences relationnelles du métier que vous visez.

Attention aux idées reçues

On entend souvent que le métier de comptable, par exemple, n'est pas celui qui nécessite le plus de communication et d'échanges avec les autres. Il n'en est rien. Suivant le contexte dans lequel ce métier sera exercé, notamment en cabinet, il pourra être nécessaire d'avoir développé de bonnes qualités relationnelles afin, par exemple, d'échanger avec un client ou de participer à un projet collectif. Le savoir être est un élément essentiel à la bonne et complète réalisation d'un métier, aussi bien dans les métiers où l'attitude et la personnalité seront en première ligne que dans les métiers où elles seront moins sollicitées.

Parmi les métiers qui valorisent beaucoup le savoir être, on peut citer :

- le commerce et le marketing (vendeur, acheteur, ingénieur d'affaires, chef de produits…) ;
- le management (toutes les fonctions nécessitant la gestion d'individus et d'équipe) ;
- la communication et les médias (consultant en communication, attaché de presse, présentateur TV…) ;
- le social (éducateur, psychologue, assistante sociale…) ;
- les métiers d'indépendant (artisan, profession libérale, commerçant…) ;
- ceux de la politique et des dirigeants.

L'évolution du savoir être

On ne change pas fondamentalement ce que l'on est : nous pouvons facilement apprendre à utiliser un logiciel, mais il est beaucoup plus difficile d'apprendre à être ou à devenir quelqu'un d'autre. Même si elles se façonnent au cours de notre existence, les bases de notre caractère se construisent dès notre plus jeune âge et restent les mêmes tout au long de notre vie. Nous ne changeons pas fondamentalement, nous progressons, nous mûrissons. Le savoir être fait partie intégrante des compétences d'une personne. Il est essentiel pour bien réaliser son travail. Si vous êtes dans un métier dont le savoir être nécessaire est trop éloigné de vous, il faut envisager de changer de métier !

Chapitre 4

Qu'est-ce que je sais faire ?

Les compétences métiers

4.1. Savoir et savoir faire son métier

✓ Comment faire une soupe aux asperges ?
✓ Focus sur les compétences.

■ Un peu de théorie

La notion de compétences est une combinaison de plusieurs « savoirs » qui interagissent entre eux. Ces différents savoirs sont interdépendants et ne s'entendent que dans leurs interactions, sur le terrain, dans la réalisation d'une tâche ou d'une activité.

Ces « savoirs » peuvent s'organiser selon les deux domaines de compétences suivants :

- les compétences comportementales (que nous venons de voir) : savoir être et savoir travailler ensemble (le travail collaboratif) ;
- les compétences métiers : les savoirs (théoriques) et les savoir-faire (techniques ou pratiques).

Le schéma suivant illustre de manière dynamique la mécanique des savoirs mis en œuvre dans les tâches de votre quotidien, au travail, à la maison et dans l'ensemble de vos activités.

Les compétences dans une situation, à un moment donné

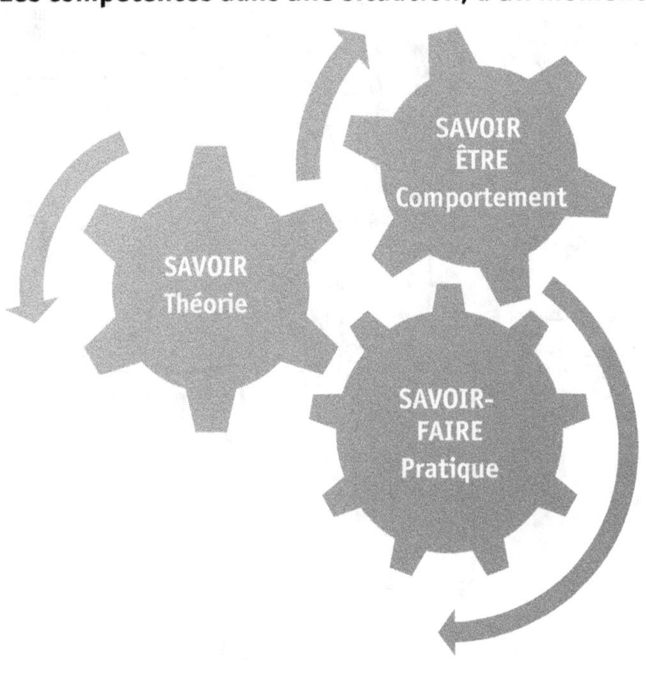

■ Faire le point sur ses compétences actuelles

Il est essentiel de prendre en compte vos **compétences actuelles**. Depuis notre plus tendre enfance, nous emmagasinons de nombreuses informations (savoir) et des pratiques (savoir-faire) que nous perdons si nous ne les entretenons pas. Hélas… car sinon nous serions toujours incollables sur les rois d'Égypte et les fleuves du monde !

Ainsi, il faut **faire le deuil de vos compétences** devenues obsolètes dont vous n'auriez, d'ailleurs, peut-être plus besoin dans votre futur projet professionnel. Par exemple, les langues étrangères que vous auriez apprises au lycée sans les travailler ou les développer par la suite…

Vous hésitez à les mettre sur votre CV ? Enlevez-les si vous ne pouvez pas les mettre en pratique dans votre activité professionnelle future.

Ce qui est certain, c'est que vous ne pouvez plus prétendre à présenter une compétence technique que vous n'avez pas entretenue. C'est particulièrement vrai dans les métiers de l'informatique où tout va très vite. Il est donc important de vous former régulièrement (nous y reviendrons au chapitre 7) et de réaliser des veilles pour actualiser vos connaissances et vos compétences tout au long de votre vie professionnelle.

Si vous refaites votre CV, regardez quelles sont, aujourd'hui, vos principales compétences techniques. Si vous ne les maîtrisez pas et qu'elles sont nécessaires pour votre projet, il devient urgent de les réactualiser !

■ Pariez sur votre potentiel

Les **compétences** s'inscrivent dans le présent. C'est la capacité de transformation d'une connaissance ou d'un savoir en un résultat probant et observable.

En revanche, le **potentiel** – dans un futur plus ou moins proche – est la capacité d'une personne à acquérir de nouvelles compétences et, par ricochet, sa capacité à transposer ses compétences sur des enjeux et des contextes différents.

Le potentiel est plus subjectif : un ressenti, un pari sur l'avenir. Ce que l'on n'a pas encore développé, ce que l'on pourrait développer si l'on était mis dans telles ou telles situations. Pour déterminer le potentiel, chacun a sa méthode :

- des traits de caractère, une personnalité, une culture (vivacité, sensibilité) ;
- la motivation, et surtout l'envie ;
- le parcours professionnel et le parcours personnel. Avoir une passion peut entrer dans le potentiel. Un engagement aussi, associatif notamment.

Identifier un potentiel ne suffit pas, il faut lui créer un espace d'entraînement. La formation peut vous aider pour transformer votre potentiel en compétences.

■ Focus sur le savoir !

Le « savoir » est l'ensemble des connaissances théoriques, techniques et générales pouvant être requises dans une situation professionnelle et acquises par une personne, par la formation, validée ou non par un diplôme et/ou l'expérience.

Le savoir acquis lors de votre formation initiale ne suffit pas. Il doit être développé tout au long de votre vie professionnelle par de nouvelles formations, et appliqué en situation professionnelle et en savoir-faire concret sur le terrain.

Exemples de connaissances théoriques (savoirs)

- Pour s'exprimer : avoir les connaissances grammaticales et orthographiques suffisantes pour s'exprimer à l'oral et à l'écrit.
- Pour cuisiner : connaître les ingrédients et les étapes d'une recette de cuisine.
- Pour écrire un courrier sur Word : connaître les différentes fonctionnalités du logiciel, l'emplacement des boutons/icônes et ce qu'ils permettent afin d'écrire le document.
- Connaître le code éthique de son entreprise.
- Pour vendre : maîtriser les techniques de vente.

■ Focus sur le savoir-faire métier ou technique !

Le savoir-faire métier englobe des savoir-faire spécifiques à chaque métier. C'est l'ensemble des connaissances pratiques maîtrisées, l'habileté professionnelle, produisant un résultat observable dans une situation de travail donné. Il est exprimé en termes de « *être capable de…* ».

Exemples de savoir-faire

- Pour un commercial (techniques de vente) : prospecter par téléphone et sur le terrain, négocier un contrat lors d'un entretien, fidéliser ses clients par des actions d'information sur leurs problématiques.
- Pour un contrôleur de gestion : être capable de construire un budget prévisionnel annuel.
- Pour un responsable : être capable de mener et d'animer une réunion.
- Pour une assistante : organiser plusieurs agendas et les mettre à jour.
- Pour un sculpteur : savoir utiliser les bons outils pour créer des formes sans casser le marbre (ou la pierre).

 **Autodiagnostic : à vous de jouer !**

Exercice 1 : identifiez vos savoir-faire

Vous allez maintenant identifier vos savoir-faire par domaine d'activité. Pour vous aider, voici quelques exemples de savoir-faire que vous pouvez compléter par d'autres.

Exemples de savoir-faire de réflexion	Exemples de savoir-faire de réalisation
Analyser des besoins	Recueillir des informations, des idées
Analyser (faits, données, concepts, systèmes)	Consulter des informations techniques
Examiner un processus	Classer, archiver
Établir un diagnostic	Faire un inventaire
Proposer des solutions	Organiser, aménager, arranger
Préconiser, recommander	Réaliser un sondage
Évaluer un coût, des dépenses	Établir et utiliser des statistiques
Élaborer un budget	Utiliser des méthodes
Auditer des données financières	Appliquer des procédures
Analyser des besoins de formation	Respecter des délais
Élaborer un plan de formation	Corriger des épreuves
Élaborer une démarche d'enquête	Contrôler, surveiller
Élaborer un questionnaire	Faire une démonstration
Élaborer un plan de communication	Commercialiser un produit, un service
Évaluer le potentiel d'une équipe	Gérer l'information et la communication
Élaborer un plan d'action	Gérer le plan de formation
Élaborer des règles, des procédures	Gérer une logistique
Déterminer une stratégie	Planifier une production
Prévoir les nouvelles tendances	Répartir des moyens
Innover, inventer	Gérer des stocks

Exemples de savoir-faire de réflexion	Exemples de savoir-faire de réalisation
Concevoir (projets, démarches, idées) Concevoir des slogans publicitaires Conceptualiser, modéliser	Suivre un budget Coordonner des actions Conduire un projet, une action Développer et diriger une structure Promouvoir le changement Préparer et accompagner le changement Définir des rôles, répartir des tâches

1. Prenez un Stabilo et surlignez dans le tableau ci-dessus tous les savoir-faire que vous possédez.

2. Listez par ordre de préférence vos savoir-faire.

3. Les utilisez-vous dans votre métier actuel ?

4. Quels sont les métiers dans lesquels ces savoir-faire sont nécessaires ?

5. Vous situez-vous davantage dans des savoir-faire de réflexion ou de réalisation ? Pour vous donner une idée, voici des exemples de métiers plutôt dans l'un ou dans l'autre :

- **réflexion** : conseil, finance, analyse, diagnostic, chercheur, communication ;
- **réalisation** : bâtiment, vente, dirigeant, exécutant, ouvrier ;
- **dans les deux** : dirigeant, consultant.

Exercice 2 : identifiez vos savoir-faire au travers de vos réalisations

Prenons, par exemple, le cas d'un responsable commercial qui recrute des commerciaux et des gestionnaires.

1. Quelles compétences lui ont permis de remplir ses missions ?

- Définir un profil de poste.
- Rédiger une annonce et sélectionner les candidatures.
- Réaliser des entretiens de sélection.

2. Comment s'y est-il pris ? Quelles étaient ses méthodes, les étapes...

- Il définissait scrupuleusement un profil de poste en échangeant avec les personnes de son équipe.
- Il rédigeait une annonce dans les règles de l'art.
- Il sélectionnait les candidatures.
- Il menait des entretiens téléphoniques afin de valider de part et d'autre si le poste pouvait correspondre au candidat et si les motivations de celui-ci correspondaient à ses attentes.

- Il préparait des mises en situation à faire passer lors de l'entretien de recrutement.

3. Quelles étaient ses connaissances ?

- Connaissance du poste et de son environnement.
- Maîtrise des techniques de recrutement, questionnement.
- Connaissances en psychologie.
- Droit du recrutement.
- Obligations légales liées à l'embauche.
- Gestion de la période d'essai.

À votre tour, répondez à ces trois questions sur chacune de vos principales compétences.

1. Quelles compétences m'ont permis de remplir mes missions ?

- ....
- ....

2. Comment m'y suis-je pris ? Quelles étaient ma méthode, les étapes...

- ....
- ....

3. Quelles étaient mes connaissances ?

- ....
- ....

Autodiagnostic : récapitulatif de vos savoir-faire

Notez dans le tableau ci-dessous vos savoir-faire et vos réalisations associées en précisant si vous aimez ou non cette compétence.

Mes compétences (savoir-faire)	Mes réalisations associées	J'aime	Je n'aime pas

4.2. Des compétences, encore des compétences !

✓ Recherche candidat trilingue maîtrisant l'informatique.

✓ J'explore tous mes domaines de compétences.

Un certain nombre de compétences sont communes à toutes les familles professionnelles. Les langues étrangères, l'expression écrite et orale, l'utilisation de l'informatique sont des exemples de compétences qui deviennent incontournables dans de nombreux métiers.

Les qualités d'organisation, de synthèse, ou d'analyse, la capacité à travailler en équipe peuvent s'acquérir ou se développer au sein de votre activité mais également au cours d'activités que vous feriez en dehors de votre travail, vos passions ou vos loisirs.

L'évolution du marché du travail montre que l'on demande de plus en plus de compétences variées et complémentaires :

- la baby-sitter qui parle anglais ;
- le commerçant qui saisit ses comptes sur ordinateur ;
- le directeur qui réalise ses courriers et envoie ses e-mails ;
- l'ingénieur qui sait manager ;
- le technicien qui commercialise…

Les métiers évoluent tous. Certaines missions de secrétaire ont été modifiées depuis l'arrivée de l'informatique. La plupart des secrétaires (poste purement d'exécutante) ont évolué vers des métiers d'assistante, poste avec davantage d'autonomie et plus de responsabilités.

Aujourd'hui beaucoup de cadres et d'employés ont un ordinateur qu'ils utilisent de façon autonome, et une assistante pour les aider dans les tâches plus complexes.

■ Focus sur les compétences en informatique

Pratiquement tous les métiers dépendent d'une manière ou d'une autre de l'informatique. De l'ouvrier au dirigeant, de l'hôtesse de caisse au pêcheur, maîtriser l'outil informatique devient vital pour travailler et pour se réorienter. Outre les exigences des entreprises, ce sont des outils qui vous permettent de gagner en efficacité et de résoudre de nombreux problèmes. À moins que l'informatique devienne elle-même un problème, car mal maîtrisée, elle handicape lourdement votre travail et peut souvent vous écarter de l'essentiel par un excès de temps passé à résoudre des difficultés qui ne sont pas directement liées à votre activité. Si vous travaillez dans un bureau, et ce quel que soit votre métier, vous devez au minimum maîtriser un traitement de texte et un tableur, ainsi qu'une messagerie et Internet. C'est une base incontournable, comme savoir lire et écrire… voire parler !

Les jeunes, appelés avant génération Y, sont maintenant décrits comme la génération C pour « *connected* ». Ils sont champions des réseaux sociaux, beaucoup savent programmer, créer un site Web ou un blog, et ce n'est certainement que le début.

Et vous, où en êtes-vous de vos compétences informatiques et Web ? Avez-vous un ordinateur pour pratiquer chez vous ?

Focus sur les compétences linguistiques

À commencer par sa langue maternelle, la maîtrise de l'écrit comme de l'oral est un passage obligé pour bien vivre en entreprise.

Pour le français, la certification Voltaire (http://www.certification-voltaire.fr) offre la possibilité de tester et de mettre en avant votre bonne maîtrise de l'orthographe, une denrée qui se fait rare en situation professionnelle !

Après notre langue maternelle, l'anglais devient presque un passage obligé aujourd'hui, d'autant plus si vous occupez un poste à responsabilité ou si vous entrez dans une grande entreprise.

Il arrive même de plus en plus que l'anglais soit un critère de sélection des candidats même s'il n'est pas utilisé dans la fonction.

Pour améliorer votre anglais : rien de mieux que l'immersion. Si vous en avez les possibilités, un petit séjour outre-Manche pourra vous faire faire bien plus de progrès qu'une formation en France. Vous pouvez également :

- vous autoformer à moindre coût en consultant, par exemple, les cours en ligne gratuits de la BBC (www.bbc.com) ;
- réaliser des échanges conversationnels (site d'échanges linguistiques comme le Fusac) ;
- travailler avec une méthode d'anglais ;
- regarder des films en anglais, de préférence sous-titrés en anglais.

Pour évaluer votre niveau d'anglais, une référence mondialement connue : le TOEIC, qui permet de certifier son niveau professionnel. Un total de 750 points minimum est souvent exigé à l'entrée de beaucoup d'écoles d'ingénieur et de commerce, et lors de recrutements dans de grandes entreprises.

Pour vous ouvrir à de nouvelles opportunités, vous pouvez également vous pencher sur les langues des pays émergents. Les « BRIC » (Brésil, Russie, Inde, Chine) sont susceptibles de jouer un rôle de premier plan dans l'économie mondiale dans un futur proche. Maîtriser une de ces langues sera un atout pour de nombreuses entreprises et de nombreux métiers.

 Développer son anglais grâce à la formule gagnante : $A = MC^2$

Notez vos aptitudes et compétences linguistiques actuelles, sur une échelle de 1 à 5.

Langue	Compréhension orale	Compréhension écrite	Participer à une discussion	S'exprimer oralement	Écrire
Ex. : anglais					

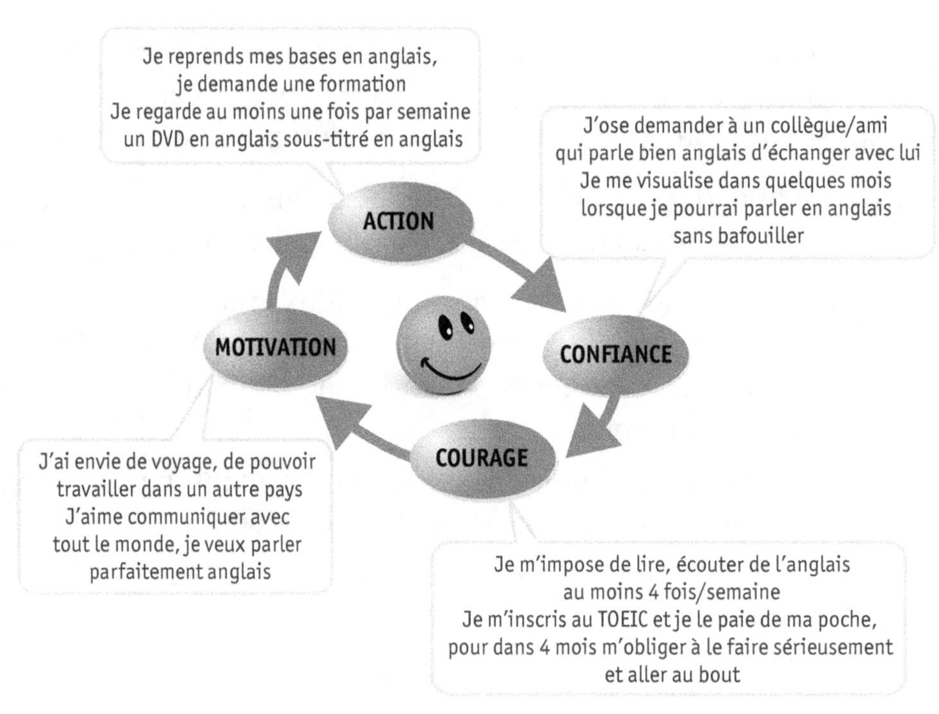

■ Comment vos « compétences du week-end » prolongent celles de la semaine

Les connaissances que vous développez pendant vos loisirs et lors d'activités extraprofessionnelles sont des compétences à part entière. Elles peuvent être dans le prolongement de vos compétences professionnelles, ou au contraire être complètement différentes, mais il existe souvent des liens avec votre activité professionnelle.

Par exemple, si vous administrez une association sportive ou si vous êtes capitaine d'une équipe de handball, il est probable que vous pourrez mettre en œuvre des compétences de gestion ou de management dans votre vie professionnelle. Une mère de quatre enfants aura nécessairement de nombreuses compétences liées à un emploi dans le secteur de la petite enfance. Une activité d'artiste peintre pourra permettre à un architecte de développer des atouts supplémentaires.

Il est donc important de considérer vos centres d'intérêt et vos activités extraprofessionnelles dans la définition ou la validation même de votre projet professionnel. Même si vous n'êtes pas rémunéré pour cela, vous avez peut-être développé de réelles compétences dans les métiers ou secteurs qui vous tiennent à cœur. Aussi, il est possible que vous développiez des talents dans vos activités de loisir que vous n'utilisez pas dans votre cadre professionnel. Vous devez alors vous demander si ces compétences pourront vous servir dans votre projet.

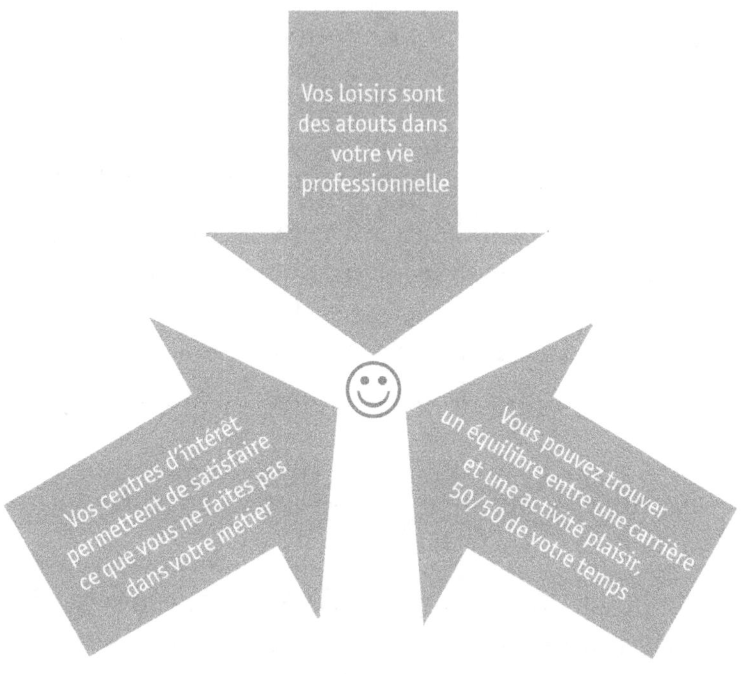

Ces talents extraprofessionnels peuvent avoir une autre utilité : ils pourront vous apporter un équilibre et vous aider à vous épanouir personnellement si vous ne les utilisez pas dans votre vie professionnelle.

Exemples de « compétences du week-end »

Voyons maintenant à quoi peuvent vous servir des compétences extraprofessionnelles dans votre vie professionnelle.

Les compétences artistiques

- Faire du théâtre : parler et avoir de l'assurance en public, vendre un produit.
- Dessiner : réaliser les plans d'une maison, d'un paysage.
- Lire une partition : renforcer sa mémoire et sa concentration.
- Participer à la réalisation d'un court-métrage : gérer des problèmes techniques et logistiques.

Témoignage de Véronique : « *J'ai été recrutée par mon employeur car il souhaitait une personne possédant une bonne écoute et des facilités à s'exprimer en public. J'ai expliqué en entretien que j'avais plusieurs années de théâtre derrière moi et qu'outre mon emploi précédent, j'avais en plus travaillé cette compétence dans une activité extraprofessionnelle.* »

Les compétences sociales

- Faire du bénévolat dans une association caritative : aider les autres, développer son empathie et sa motivation dans la relation à l'autre.
- Apprendre aux autres à utiliser un outil : faire de la formation.
- S'occuper d'une famille de trois enfants : devenir assistante maternelle, développer son organisation.

Les compétences sportives

- Manager une équipe de foot : manager une équipe de professionnels.
- Faire de l'athlétisme : pouvoir se dépasser, être endurant dans l'effort.
- Faire du yoga ou de la plongée sous-marine : contrôler ses émotions et gérer son stress.

Focus sur les permis de conduire ou de piloter

On trouve également des compétences dans de nombreuses autres activités comme la conduite de véhicules qui sera essentielle dans tous les métiers des transports de personnes ou de marchandises. Que ferait un commercial sans permis à part déménager dans une grande agglomération bien desservie par les transports en commun ? Même à Paris de nombreux commerciaux ne peuvent envisager leur métier sans un permis auto ou moto.

Parmi les plus connus :

- le permis voiture : par exemple pour les métiers du commerce (commercial, VRP), du transport de personnes (ambulancier, taxi), formateur ;
- le permis moto, taxi : gendarme mobile, raid touristique ;
- le permis camion : transport de marchandises ou de personnes ;
- le permis bateau : métiers des transports maritimes, tourisme fluvial, formateur ;
- le permis avion : métiers du tourisme aérien, formateur ;
- CACES (certificat d'aptitude à la conduite en sécurité) : transport de marchandises en entrepôt, rayonnage en super-marché.

 **Exercice : à vous de jouer !**

Inscrivez les activités de loisirs significatives que vous exercez (bénévolat, sport, activité artistique...), puis identifiez les compétences en relation avec ces activités.

Activités extraprofessionnelles	Compétences associées

4.3. Identifier ses compétences métiers

✓ J'aimerais bien l'faire, mais j'sais point !
✓ Je fais le point sur mes compétences métiers.

 **Autodiagnostic : à vous de jouer !**

En vous aidant de cette liste de verbes, décrivez les actions liées à chacune de vos missions afin d'identifier vos compétences métiers. Il peut y avoir plusieurs actions, tâches ou missions que vous avez réalisées dans le cadre de votre travail ou lors d'activités extraprofessionnelles.

Pour vous aider, et afin de n'oublier aucune compétence, pensez à ce que vous faites (ou faisiez) lors d'une journée type mais aussi de manière plus marginale.

ACTION			
Accroître	Construire	Implanter	Réaliser
Acheter	Contrôler	Importer	Réceptionner
Adapter	Coordonner	Innover	Rechercher
Administrer	Créer	Installer	Recruter
Aider	Définir	Interpréter	Renforcer
Analyser	Déléguer	Interviewer	Rentabiliser
Anticiper	Développer	Lancer	Réparer
Animer	Diriger	Manipuler	Représenter
Appliquer	Écouter	Mettre en œuvre	Résoudre
Arbitrer	Élaborer	Monter	Réunir
Augmenter	Encadrer	Motiver	Sélectionner
Budgéter	Enquêter	Négocier	Stocker
Classer	Entraîner	Organiser	Surveiller
Commercialiser	Établir	Orienter	Synthétiser
Communiquer	Évaluer	Payer	Tester
Composer	Exécuter	Planifier	Traduire
Conceptualiser	Exploiter	Préparer	Transmettre
Concevoir	Exporter	Présenter	Trier
Conclure	Fabriquer	Prévoir	Trouver
Conduire	Fidéliser	Produire	Vendre
Conseiller	Former	Promouvoir	Vérifier
Consolider	Guider	Prospecter	Visiter

Vous allez maintenant évaluer votre niveau sur chacun de vos savoir-faire en les listant tout en indiquant votre niveau de compétence actuel.

Classer ces compétences en niveaux, en vous aidant de la légende ci-dessous :

Notions	Simple information sur la technique ou le domaine
Connaissances	Compréhension des différents objectifs, des méthodes, des problèmes, des sous-ensembles et de leur réalisation
Pratique	Expériences dans la mise en œuvre de principes théoriques
Expertise	Concevoir, innover, mettre en œuvre une connaissance dans un contexte nouveau

Savoir-faire	Niveau			
	Notions	**Connaissances**	**Pratique**	**Expertise**
Ex. : recruter des commerciaux				

Vous allez maintenant évaluer votre motivation pour chacune de ces compétences sur une échelle croissante de « - - » (intérêt très faible) à « + + » (intérêt très fort).

L'échelle du tableau suivant représente votre motivation pour la compétence citée, ainsi que votre niveau de maîtrise pour cette même compétence (selon le tableau précédent).

Pour cela, reportez pour chaque compétence votre niveau de maîtrise par un point noir (par exemple, « pratique » dans la colonne « + ») et votre intérêt (vous aimez ou pas) par un point rouge (par exemple, « j'aime beaucoup » dans la colonne « + + »). Si, par exemple, ces deux points se retrouvent dans la même colonne, cela signifiera que vous aimez beaucoup une compétence pour laquelle vous avez également une grande expertise.

Enfin, pour chaque compétence, comparez votre intérêt (rouge) à votre niveau de compétence (noir). L'idée ici étant de bien identifier ce que l'on aime faire, ce que l'on doit garder ou pas.

Compétence métier	J'aime faire/COMPÉTENCE			
	− −	−	+	+ +
Exemple : recruter des commerciaux			●	●

Notez qu'il est fort probable que vous ayez un bon niveau de satisfaction et de plaisir sur les compétences que vous maîtrisez le mieux. Eh oui, « on fait bien ce que l'on aime bien » !

Chapitre 5

Quand je serai grand…
je serai chef !

Les compétences managériales : développer les compétences des autres

Depuis votre plus jeune âge, vous êtes un meneur et vous souhaitez mettre en pratique ce don dans votre projet. Avez-vous développé durant votre carrière les capacités pour devenir un manager, voire un leader ?

Le management est un métier à part entière. Les compétences du manager également. Être manager, c'est mettre au service d'une équipe des compétences relationnelles et techniques. C'est une fonction du savoir être ! C'est aussi aller au-delà de ses propres compétences pour développer celles des autres.

Le manager a deux métiers : le premier est « technique », le second est relationnel. Il met en œuvre ces deux aspects au travers des **compétences de savoir faire faire et de savoir faire être**. Plus il y aura de personnes à manager dans l'équipe, plus il devra passer du temps pour et avec son équipe, et moins sur les aspects techniques, voire plus du tout.

Il existe quatre manières différentes d'utiliser ses compétences managériales :

1. Le management hiérarchique (ou classique) : pilote une équipe sous sa responsabilité.

2. Le management transversal : coordonne une équipe dans des fonctions transverses sur laquelle il n'a pas de pouvoir hiérarchique pour un objectif limité dans le temps.

3. Le management de projet : donne des objectifs et fournit des moyens à une équipe dont il a la responsabilité dans le cadre d'un projet spécifique. Il travaille sur un même projet avec des équipes qui changent.

4. Le management de transition : dirige, de manière provisoire, une entreprise ou un service pour amorcer ou accompagner un changement dans l'entreprise. C'est un expert sur des missions de haut niveau avec une capacité opérationnelle et d'adaptation forte.

Explorons maintenant les spécificités du métier de manager, pour découvrir ou redécouvrir cette fonction, explorer d'autres pistes et trouver le projet professionnel qui vous conviendra le mieux !

5.1. Les compétences principales du manager

✓ Manager, manager... est-ce que j'ai une tête de manager ?
✓ Les deux casquettes du manager.

■ Manager, celui ou celle qui développe des compétences tournées vers les autres !

Un manager a deux rôles : celui de professionnel de son domaine et celui de manager. L'aspect relationnel est l'élément primordial du métier de manager. Un bon professionnel ne fera pas forcément un bon manager et inversement !

C'est le manager qui donne du sens, est le vecteur privilégié de la communication, convainc, encadre... Le management est un processus quotidien. Il nécessite de la part de tous les responsables d'accompagner quotidiennement l'ensemble des collaborateurs dans la réalisation de leurs tâches afin d'en augmenter les chances de succès.

Manager demande une bonne dose d'énergie, d'enthousiasme, d'empathie et de charisme, et peut aussi apporter de grandes satisfactions sur le plan humain.

La majorité des problèmes de management provient d'un rôle qui n'est pas reconnu comme tel et d'un management qui n'existe pas : pas ou trop peu de temps consacré à son équipe. *« Je n'ai pas le temps, il faut que je travaille, moi ! »*

En réalité, le temps passé à manager n'est pas du temps perdu, au contraire, il va permettre d'en gagner. Comme pour la formation, c'est un **investissement** nécessaire au développement d'une équipe pour la bonne réalisation d'un projet.

L'efficacité managériale est proportionnelle à la capacité d'un individu à s'adapter :

- aux personnes à manager ;
- aux situations et aux objectifs à mettre en œuvre ;
- aux évolutions et aux progrès de ses équipes.

Compétences du manager et des savoir être associés

COMPÉTENCES ou APTITUDES			
MISSIONS/TÂCHES		**SAVOIR ÊTRE ASSOCIÉ**	
PILOTER/ANTICIPER			
Analyser Anticiper Conduire des projets Contrôler	Organiser Planifier Recruter	Adaptable Compréhension (des attentes et des objectifs) Leadership	Organisé Prospectif Sens des négociations Vision globale
MENER/DÉVELOPPER			
Décider Définir les missions Déléguer Évaluer	Former Gérer les conflits (recadrer) Mener des entretiens	Coaching Empathie Exemplarité	Faire confiance Pédagogie Sens de la décision
COMMUNIQUER/MOBILISER			
Accompagner/ soutenir Communiquer/ informer Conduire des réunions	Entretenir la moti- vation Faire adhérer Fédérer Féliciter/sanctionner	Animation Assertivité Coaching Communiquant	Écoute active Équitable/juste Exemplarité Intelligence émotion- nelle et relationnelle

■ Y a-t-il un manager idéal ?

Le modèle le plus viable est le modèle associatif. Si vous souhaitez être un « vrai » manager, sur le long terme, et non pas un « chefaillon » qui aura rapidement son équipe sur le dos et des conflits à gérer, il est nécessaire d'établir une relation de confiance avec vos collaborateurs sur un modèle participatif.

Plutôt que de donner des ordres, favorisez la situation de coopération : demandez en cherchant un accord, en rappelant l'intérêt commun qui vous lie, dans un état d'esprit « gagnant-gagnant ».

Pour cela :

- ■ exposez des fais précis, chiffrés ;
- ■ présentez des résultats concrets et mesurables ;
- ■ démontrez les conséquences positives (et négatives) tant pour le collaborateur que pour le manager et l'entreprise.

 **Autodiagnostic : à vous de jouer !**

Quel type de manager êtes-vous ou seriez-vous ?

Regardez le schéma des quatre modèles de manager ci-après et répondez en toute honnêteté. Quel est le profil qui vous ressemble[1] ?

<table>
<tr><td colspan="4" align="center">Les différents modèles de management</td></tr>
<tr><td rowspan="7">Monologue</td><td colspan="2" align="center">Autorité</td><td rowspan="7">Dialogue</td></tr>
<tr><td align="center">Le modèle autocrate</td><td align="center">Le modèle associatif</td></tr>
<tr><td>* Je décide tout seul, et contrôle tout a priori
* Organigramme pyramidal au cordeau et qui doit être respecté quoi qu'il arrive
* Procédures définies d'en haut, précises et militaires (chacun sait ce qu'il a à faire, rien de plus, rien de moins)
On n'agit que par réaction aux événements</td><td> Je décide après avoir consulté
* Je délègue mon pouvoir dans certains domaines bien identifiés
* Les salariés participent à la mise en place des procédures de travail
* Je contrôle par sondage et a posteriori
* On anticipe les évolutions de marché et le modèle d'organisation change en même temps que l'entreprise s'adapte</td></tr>
<tr><td align="center">Le modèle déprimé</td><td align="center">Le modèle copain</td></tr>
<tr><td>* Je laisse faire et m'enferme dans mon bureau
* L'organigramme est figé mais non respecté (chacun se débrouille en l'absence d'instructions précises)
* On ne change rien aux procédures créées par l'habitude, on conserve ce qui s'est toujours fait
* On subit les événements extérieurs sans réagir ni s'adapter</td><td>* Je prends l'avis de tout le monde et ne décide pas, car je ne veux contrarier personne
* Les organigrammes, ça ne sert à rien car tout le monde est là pour s'entraider
* Je fais confiance aux collaborateurs et ne contrôle pas leur travail
* On répond, au jour le jour, aux sollicitations des clients qui ont toujours raison</td></tr>
<tr><td colspan="2" align="center">Soumission</td></tr>
</table>

Tout le monde n'est pas fait pour être manager. Si votre profil est clairement le modèle autocrate, copain ou déprimé, il semble plus raisonnable de réinterroger vos motivations, ou de vous tourner vers votre expertise ou vers un autre métier. Qu'en pensez-vous ?

---

1. Nathalie Olivier, *Kit RH pour les PME : 80 fiches pratiques & 1 CD-ROM*, Eyrolles, Éditions d'Organisation, 2009.

Thomas P., de technico-commercial
à directeur commercial !

Quel travail avant le changement ?

Je travaillais comme technico-commercial dans une PME qui
fabrique des biens d'équipement industriels.

Le déclic ?

En 2008, j'ai réalisé un chiffre d'affaires exceptionnel, j'ai en effet presque
triplé l'objectif de CA qui m'avait été demandé. Cela faisait quatorze ans que
j'occupais ce poste sur un secteur de province puis en région parisienne.
À partir de ce moment, je me suis senti à l'étroit dans le « costume » de
commercial. J'ai donc exprimé mon ressenti à mon patron. Il m'a d'abord
confié un groupe de commerciaux « juniors » à encadrer.

Quel travail après ?

Fin 2011 une crise interne visant la direction est survenue dans l'entreprise.
Une nouvelle opportunité s'est offerte puisque la confiance dont je bénéfi-
ciais déjà s'en est trouvée consolidée.
Aujourd'hui, je suis directeur commercial. J'encadre un service de neuf commerciaux terrain, deux commerciaux sédentaires et deux assistantes. J'ai réorga-
nisé le service et la stratégie commerciale. Une nouvelle dynamique se crée.

Quel type de manager ?

Je suis présent avec mon équipe sur le terrain et au bureau. J'effectue régulièrement des déplacements en province pour garder le contact avec mes
commerciaux terrain et nouer des liens privilégiés. Ces moments sont très
importants car ils me permettent d'écouter, d'informer et de ressentir le
marché local. Au bureau, je partage mon espace de travail avec deux autres
commerciaux sédentaires. Je peux recevoir et traiter toutes les demandes
très rapidement. Il m'est ainsi possible de déléguer ou de répondre directement si nécessaire. Je suis un **manager associatif.**

5.2. Manager, expert ou leader ?

✓ Manager, moi ? Non, visionnaire !
✓ Je repère mes compétences de leader.

■ Expert, manager ou leader ?

La logique constructive du leader, c'est de réussir en faisant réussir l'autre.

Le leader fait preuve d'un courage managérial précieux pour régler des conflits, oser prendre des décisions, influencer (sans manipuler) les équipes pour les amener à relever des défis.

Le chef d'entreprise et ses managers doivent devenir des leaders afin de bénéficier de tous les atouts précieux de ce statut auprès de tous les collaborateurs...

Les trois stades de développement d'un responsable

Selon Vincent Lenhardt[1], le développement d'un manager passe par trois stades : le spécialiste, le manager hiérarchique et le leader ; son identité évolue en intégrant ces trois dimensions ou en se focalisant sur l'une d'entre elles.

Le spécialiste	Le hiérarchique	Le leader
• FAIRE : Quoi et comment faire ? • Focalisé sur la technique et le contenu • Centré sur lui et sur son métier	• FAIRE : Quoi et comment faire faire ? • Focalisé sur les objectifs et les processus • Centré sur son service, son équipe et la relation	• FAIRE AGIR : Pourquoi et pour quoi faire ? • Focalisé sur la stratégie et le sens • Centré sur l'intégration de la stratégie et la transversalité

■ Pour aller plus loin

1. Le spécialiste ou l'expert. Il est plutôt autonome dans sa manière de travailler, aime la précision et aller au fond des choses. Il est doté d'un savoir-faire acquis par l'expérience, est considéré comme rigoureux, ayant un esprit de synthèse et d'analyse doublé d'une parfaite maîtrise des méthodes et outils. Sa curiosité et sa capacité de travail sont énormes lorsqu'il s'agit de faire avancer les projets sur lesquels il est impliqué.

---

1. Dans son livre *Les Responsables porteurs de sens – Culture et pratique du coaching et du team-building* (Insep Conculting, 2002), Vincent Lenhardt décrit les trois stades du développement managérial.

2. Le manager ou le **profil mixte,** entre l'expert et le leader : c'est un manager qui maîtrise tout à la fois son rôle de manager et son métier technique. Il dirige son équipe en mode projet, prend des décisions rationnelles toujours en relation avec les objectifs stratégiques de l'entreprise et en tenant compte des contraintes pratiques du métier.

3. Le **leader,** charismatique, assertif, possède un excellent relationnel et une forte aptitude à la communication. Meneur d'hommes, il sait valoriser leur potentiel, révéler leurs talents en leur proposant des défis motivants.

■ Focus sur le leader

Le mot « leader » vient de l'anglais *to lead* qui signifie mener, indiquer le chemin. Un leader est un chef de file. Le psychologue Roger Lambert[1] le définit comme « une personne ayant une influence démontrable sur l'ensemble du groupe ».

On trouve des leaders dans de nombreux domaines, comme l'entreprise, la politique, la religion... et on peut citer Steve Jobs, Bill Gates, Charles de Gaulle, Winston Churchill, Gandhi, Martin Luther King, sœur Emmanuelle...

D'après une étude réalisée par l'institut OpinionWay[2] auprès de chefs d'entreprise, les principales qualités d'un leader sont :

- les capacités d'écoute (42 % des sondés) ;
- les capacités d'anticipation (40 %) ;
- la vision stratégique (40 %).

Le leader est charismatique. Il parvient à communiquer sa confiance, à fédérer et à mobiliser un groupe de personnes autour d'une action commune. Même si le leadership fait partie intégrante de la nature du leader, le leader peut perdre sa position de leader lorsque le groupe ne le suit plus. Un leader est donc lié au groupe qu'il mobilise.

Les bénéfices du leader

Vous êtes peut-être un leader qui s'ignore. Si vous vous reconnaissez dans ces qualités, vous pouvez creuser cette piste pour votre projet professionnel et mettre en avant vos compétences pour faire progresser votre carrière.

---

1. Chapitre « Autorité et Influence sociale » du tome *Psychologie sociale* (1965) du *Traité de psychologie expérimentale* de Paul Fraisse et Jean Piaget (PUF, 1965).
2. Étude quantitative réalisée par l'institut OpinionWay pour la fondation Prospective et Innovation, auprès d'un échantillon de 300 chefs d'entreprise de 20 salariés et plus, entre le 26 octobre et le 4 novembre 2011.

Les qualités personnelles d'un bon leader, d'après Roger Lambert

- Un fort désir de prendre des responsabilités et de mener des projets à terme.
- De la vigueur et de la persévérance dans la poursuite des objectifs.
- Une originalité, voire une importante prise de risques, dans la résolution des problèmes.
- De l'initiative dans ses relations avec autrui.
- Le sens d'un apport personnel au monde.
- Une indéfectible confiance en lui.
- Une aptitude à faire face au stress.
- Une opiniâtreté et une volonté de poursuivre sa tâche malgré les aléas et les difficultés rencontrés.
- Une capacité à agir sur l'environnement pour ne pas en subir les diverses évolutions.
- La volonté d'être responsable de ses actes.

 Autodiagnostic : à vous de jouer !

Êtes-vous un leader ?

Répondez aux questions suivantes en choisissant « + + » si vous êtes parfaitement d'accord avec la proposition, et « - - » si vous n'êtes pas du tout d'accord. Il n'y a pas de bonnes ou de mauvaises réponses.

LE LEADER	- -	-	+	+ +
J'ai la connaissance et l'expertise				
J'ai la passion de mon travail				
J'ai de la prestance et de l'assurance (charisme)				
Je trouve les solutions sans me plaindre				
J'endosse mes responsabilités				
Je suis à l'écoute de mon équipe				
Je comprends mon équipe				
Je demande sans exiger				
Je manage par l'exemple				
Je développe une « vision »				
Je communique clairement				
Je gagne la confiance des autres				
Je reste calme sous la pression				
Je suis toujours constructif				
Je suis un professionnel exigeant				
Je simplifie les choses				
Je travaille en équipe				
Je fais réussir les autres				
Je suis efficace personnellement				
Je décourage les jeux politiques				
Je suis équitable				

Si toutes vos réponses sont plutôt positives, vous êtes certainement un leader !

Sinon, vous êtes plutôt un expert ou un profil mixte, entre le spécialiste et le leader, le tout étant de se reconnaître...

Tous les profils sont dans la nature, il n'y a pas de « bon » ou de « mauvais » profil, en revanche, pour chacun d'entre nous, il y a celui qui nous correspond et dans lequel nous pouvons nous épanouir, et ceux qui ne nous correspondent pas et qu'il vaut mieux fuir – illustration par un témoignage !

Témoignage

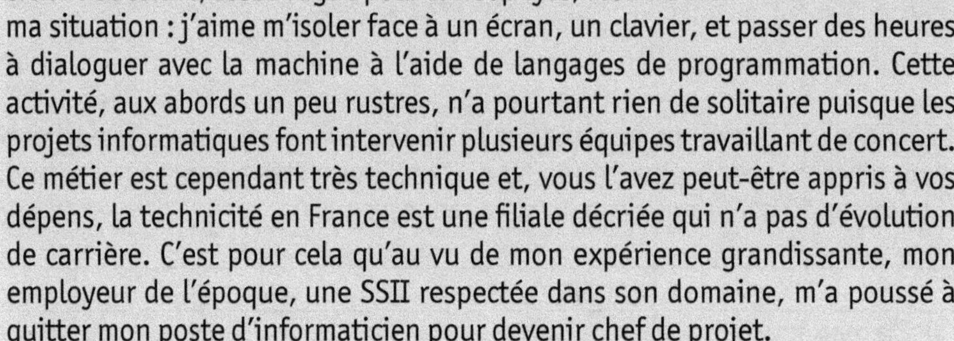

Antonio Goncalves, de manager à expert !

Quel travail avant le changement ?

Mon travail est avant tout ma passion : je suis « informaticien ». Ce terme, assez vague pour le néophyte, résume bien ma situation : j'aime m'isoler face à un écran, un clavier, et passer des heures à dialoguer avec la machine à l'aide de langages de programmation. Cette activité, aux abords un peu rustres, n'a pourtant rien de solitaire puisque les projets informatiques font intervenir plusieurs équipes travaillant de concert. Ce métier est cependant très technique et, vous l'avez peut-être appris à vos dépens, la technicité en France est une filiale décriée qui n'a pas d'évolution de carrière. C'est pour cela qu'au vu de mon expérience grandissante, mon employeur de l'époque, une SSII respectée dans son domaine, m'a poussé à quitter mon poste d'informaticien pour devenir chef de projet.

Le déclic ?

Je me suis donc retrouvé chef d'un projet informatique de sept personnes. Mon quotidien se résumait à assister à des réunions, gérer des plannings dans des feuilles Excel, prendre en compte les vacances et indisponibilités des membres de mon équipe, écouter les états d'âme des uns et des autres, calmer les conflits... bref, j'exerçais une activité qui me déplaisait. Pourtant l'humain me passionnait. J'étais assez proche de mon équipe, nous déjeunions tous ensemble, organisions des soirées... Je prenais donc ce qu'il y avait de bon à prendre dans ce boulot de « chef ». Jusqu'au jour où un manager haut placé m'a demandé de restructurer mon projet. J'étais contre cette décision mais je devais l'imposer à mon équipe qui a vivement riposté. Je me suis donc retrouvé en conflit avec des personnes que j'appréciais pour assouvir une demande hiérarchique dénuée de sens. Fini les déjeuners et les pauses-café avec mon équipe. La camaraderie qui me retenait encore dans mon travail venait de disparaître. J'ai démissionné et je me suis juré de ne plus faire du management et de poursuivre une carrière technique.

Quel est votre travail maintenant ? Êtes-vous plus épanoui ? Pourquoi ?

Difficile d'avoir une longue carrière technique en France. Après avoir écumé les SSII, je me suis rendu compte qu'elles voulaient toutes que mon expérience soit mise au service de la gestion de projet. Une seule solution, créer ma propre entreprise et devenir expert technique. Je me suis fait une identité visuelle, j'ai travaillé mon réseau, écrit deux livres aux éditions Eyrolles, j'ai pris des cours du soir au CNAM, créé un groupe d'utilisateurs dans mon domaine (Paris JUG), une conférence annuelle (DEVOXX France), pour enfin retrouver mes pairs, pouvoir vivre de mon expertise technique et évoluer dans ma carrière.

5.3. Le manager : homme ou projet ?

✓ Et si je faisais déjà du management sans le savoir ?

✓ Que signifie management de projet ou management transversal ?

En dehors du management hiérarchique, si vous ne voulez pas ou plus manager une équipe, d'autres formes de management existent.

Le terme « manager » revêt bien des réalités : petit tour d'horizon et questions de sémantique pour s'y retrouver.

■ Le management hiérarchique

C'est le mode de management le plus « classique », la personne manage souvent plusieurs collaborateurs avec différents niveaux hiérarchiques, par exemple :

- un assistant et un technicien ;
- une équipe de plusieurs personnes ;
- plusieurs managers.

Ce manager est surtout centré sur les aspects humains ; il passe une grande partie de ses journées à s'occuper de son équipe. Il a en fait deux métiers : son métier « technique » et son métier de manager. Le temps consacré au management sera proportionnel à la taille de l'équipe.

■ Le management transversal

Il consiste à mobiliser sur un même objectif et pour une durée déterminée des hommes et des ressources consacrés habituellement à d'autres activités. Il coordonne des personnes et il fait rarement du management hiérarchique.

Les principaux critères du management transversal sont les suivants :

- un objectif précis ;
- une limite dans le temps ;
- une singularité (originalité) ;
- une micro-organisation *ad hoc* non permanente.

C'est un management hors hiérarchie, qui s'exerce sur :

- des individus à temps partiel qui apportent leurs compétences uniquement ;
- des individus ayant parfois des métiers différents ou ignorant tout ou partie des contraintes et caractéristiques des autres individus et métiers.

Ces individus font partie de deux équipes : leur équipe d'origine et l'équipe transversale.

■ Le management de projet

Le management est davantage centré sur le projet que sur les hommes. Un management de projet consiste à gérer des problématiques, faire des reportings, planifier, avec des hommes ou non, selon le métier et le secteur d'activité.

Plus précisément le chef de projet est le pilote opérationnel du projet. Son rôle, ses missions et ses responsabilités sont les suivants :

- définir le chemin pour atteindre les objectifs : planifier, déterminer les contours et les priorités, le budget et les travaux à effectuer ;
- mesurer et recenser les informations sur l'avancement réel du projet : mise à jour des tableaux de bord de performances, coûts et délais ;
- interpréter et anticiper ce qui peut arriver : dérives, aléas et conséquences ;
- être proactif : décider et mettre en œuvre les mesures préventives de l'analyse des risques ;
- réagir : décider et piloter la mise en œuvre des mesures correctives, informer les partenaires, si nécessaire le commanditaire du projet ;
- délivrer le résultat attendu dans les délais et les budgets alloués.

Le management de transition

Il est aussi appelé « intérim management ». Ce métier de manager de transition, assez récent en France, s'adresse aux personnes possédant une expérience professionnelle de plusieurs années. Généralement, elles ont exercé au sein d'un comité de direction, dans divers secteurs d'activité, et elles ont occupé des fonctions de direction et de management d'équipe. Ces missions de transition se font souvent dans l'urgence, le manager de transition doit être tout de suite opérationnel. C'est un métier passionnant et complexe, souvent réservé à d'anciens directeurs généraux, DAF, DRH ou directeurs de site.

Ainsi, vous pouvez exercer votre métier de DG, de DAF, de responsable qualité, de directeur commercial, dans un contexte de croissance et de mutation. Les missions du management de transition sont diverses, voici quelques exemples :

- remplacer ponctuellement un dirigeant ou une personne clé dans l'organisation ;
- répondre à des difficultés ponctuelles, faire face à une situation de crise ;
- réussir une transformation organisationnelle ;
- conduire un projet stratégique ;
- diversifier une activité.

Dans quelle organisation se trouvent ces managers ?

1. **Le manager hiérarchique** : tous types d'entreprises, à partir de la TPE.

2. **Le manager transversal** : toute entreprise qui a un besoin ponctuel voire récurrent de faire travailler ensemble des personnes très différentes sur des structures différentes pour une mission ou un projet.

3. **Le manager de projet** : les modes d'organisation de l'entreprise vont influencer la possibilité d'être orienté ou non projet (traditionnel).

4. **Le manager de transition** : tous types, à partir de la PE (rarement les TPE car cela a un coût en raison de la grande expertise rare des managers de transition), lors d'événements tels que :

- une restructuration (fusion, acquisition, externalisation, fermeture...) ;

- un développement (nouvelle activité, développement international…) ;
- une amélioration des procédures (informatique, RH, finances, commerciales, logistiques…).

 ## Autodiagnostic : à vous de jouer !

Évaluez votre potentiel managérial !

Ce questionnaire reprend les grandes lignes des postes de manager avec leurs différentes facettes. Répondez à toutes les questions (par « non » si vous n'êtes pas concerné) et regardez le résultat. Vous pouvez tout à fait correspondre aux quatre façons de manager ou à aucune pour l'instant. L'important est de trouver le métier qui VOUS correspond !

N°	QUESTIONS	OUI	NON
	Votre parcours professionnel		
1	Vous travaillez depuis moins de 5 ans		
2	Vous travaillez depuis plus de 10 ans		
3	Vous avez exercé uniquement un métier		
4	Vous avez exercé plusieurs métiers à responsabilité		
5	Vous avez déjà participé à un comité de direction		
6	Avez-vous occupé des fonctions de direction ?		
7	Avez-vous déjà travaillé sur des missions spécifiques, courtes ou longues ?		
8	Avez-vous déjà été un manager hiérarchique ?		
9	Si oui, avez-vous aimé ce rôle de manager ?		
10	Vous avez managé moins de 2 collaborateurs		
11	Vous avez managé plus de 2 collaborateurs		
12	Accordiez-vous beaucoup de temps à votre équipe (minimum 20 %)		
13	Avez-vous déjà été un manager transversal ?		
14	Avez-vous déjà été un manager de transition ?		
15	Avez-vous déjà piloté un projet ?		
16	Avez-vous déjà envisagé de travailler en mode projet ?		
17	Avez-vous déjà mené une partie de vos missions en mode projet ?		
	Vos compétences de manager		
18	Êtes-vous autonome ?		
19	Êtes-vous organisé ?		
20	Êtes-vous réactif ?		
21	Savez-vous parfaitement vous adapter à toutes les situations et toutes les personnes ?		
22	Avez-vous une vision systémique ?		
23	Savez-vous anticiper ?		

N°	QUESTIONS	OUI	NON
24	Savez-vous bien gérer votre temps (organisation) ?		
25	Savez-vous remporter l'adhésion de vos équipes, collègues et partenaires ?		
26	Communication : savez-vous bien écouter ?		
27	Communication : votre communication est-elle limpide et claire pour tous ?		
28	Gestion de votre équipe : savez-vous créer un climat de confiance ?		
29	Gestion de votre équipe : savez-vous motiver les autres ?		
30	Gestion de votre équipe : savez-vous créer une vision ?		
31	Gestion de votre équipe : savez-vous solliciter la participation ?		
32	Gestion de votre équipe : savez-vous déléguer ?		
33	Gestion de votre équipe : favorisez-vous le développement des compétences ?		
34	Gestion de votre équipe : savez-vous définir des objectifs ?		
35	Savez-vous gérer les priorités ?		
36	Êtes-vous responsable ? (je tiens mes engagements, je respecte mes délais, je dis ce que je fais et je fais ce que je dis)		
37	Avez-vous l'habitude d'aller rencontrer les autres services dans le cadre de votre travail ?		
38	Pensez-vous qu'il est important d'impliquer tous les acteurs concernés par un projet, peu importe le niveau hiérarchique desdites personnes ?		
Quelle organisation ?			
39	Avez-vous déjà travaillé dans une structure orientée projet ?		
40	Avez-vous déjà envisagé de contacter un prestataire de services de management de transition ?		

Entourez maintenant toutes les réponses « oui » et observez les résultats avec sincérité !

En fonction de vos résultats, de vos points validés ou non, il peut être intéressant d'approfondir certaines pistes ou fonctions, d'envisager de développer vos compétences par une formation complémentaire par exemple.

Selon vous, pour quel type de management êtes-vous fait ? Cochez et analysez le résultat.

Métier	Définitivement non !	Pourquoi pas demain ?	Oui, c'est le cas
Manager hiérarchique			
Manager transversal			
Manager de projet			
Manager de transition			

Partie 3

Je mets en œuvre
mes talents
de manière réaliste

Vous êtes maintenant plus au clair sur vos compétences et vos motivations. Le marché de l'emploi offre une multitude de possibilités pour conjuguer vos objectifs et vos talents. Êtes-vous certain que votre projet est réalisable ? Comment allez-vous pouvoir le concrétiser ?

Deux possibilités au moins s'offrent à vous :

- vous avez déjà une idée précise de votre projet. Vous souhaitez faire évoluer votre carrière sur un emploi semblable ou différent de votre métier actuel ;
- au contraire, vous n'avez pas encore d'idée précise de votre futur poste ou métier, mais vous savez ce que vous ne voulez plus faire ou ce que vous voulez à tout prix conserver !

Dans tous les cas, il vous faut étudier en profondeur les opportunités qui s'offrent à vous pour ne rien regretter une fois le grand saut réalisé.

Voici quelques questions que vous pouvez vous poser :

- Le marché m'offre-t-il des possibilités d'emploi en lien avec mes compétences ?
- Quelles compétences et talents puis-je mettre en œuvre dans ce projet ?
- Dois-je développer mes compétences et m'adapter au marché ou bien créer mon propre poste ?
- Vais-je évoluer au sein de mon entreprise ou proposer mes services dans une autre ?
- Quelle est la culture d'entreprise qui me convient ?
- Mon projet est-il compatible avec mon équilibre de vie personnel ?

Il est généralement plus aisé de transférer ses compétences sur un métier dans la continuité de celui que vous occupez actuellement. Il sera plus facile pour un cuisinier que pour un mécanicien d'être responsable d'un restaurant. C'est, de loin, le cas le plus fréquemment rencontré dans les évolutions de carrière. Votre investissement et vos efforts seront généralement plus importants si vous changez pour un métier totalement nouveau même si vous ne repartirez jamais totalement de zéro. Vous devez être particulièrement attentif à cette phase qui pourra vous éviter d'importants écueils si finalement votre nouveau métier ne vous apportait pas la satisfaction que vous espériez.

Allons maintenant explorer le marché qui s'offre à vous !

Chapitre 6

Et après ?

Les différentes manières de mettre en œuvre ses talents sur le marché du travail

6.1. Choisir son métier

✓ Agent secret ou astronaute ?

✓ Un métier pour mettre en œuvre mes compétences et mes talents.

Pour définir votre projet professionnel, vous devez étudier de près le ou les métiers qui vous intéressent. Plus vous aurez recueilli d'informations sur le métier dans lequel vous souhaitez vous engager, et moins vous risquerez de faire d'erreurs sur ce qui vous correspond vraiment. Quels métiers pouvez-vous envisager avec votre expérience ou vos études ? Le métier que vous envisagez est-il disponible dans votre région ? Est-ce un métier d'avenir ?

■ Description détaillée d'un métier

Pour vous aider, il existe des annuaires qui répertorient les métiers sous forme de « fiches métier ». Ces fiches donnent des informations détaillées sur les métiers qui vous intéressent. Quelles compétences sont nécessaires à l'exercice du métier ? Dans quel cadre s'exerce-t-il ? Quelle formation est nécessaire ? Ces fiches métier vous permettent d'identifier les atouts que vous pouvez mettre en œuvre dans l'exercice du métier et les lacunes sur lesquelles vous devrez travailler.

Une fiche métier vous donnera un premier niveau d'information sur le métier que vous souhaitez exercer. Vous y trouverez notamment :

- une description du métier ;
- les activités et compétences spécifiques ;
- les conditions d'exercice de l'activité ;
- les accès à l'emploi du métier ;
- l'environnement de travail ;
- la mobilité professionnelle (métiers proches et envisageables) ;
- les diplômes et certifications associés.

■ Définir le métier de vos rêves

Internet offre aujourd'hui de vastes ressources d'information sur les métiers. Elles peuvent être complétées par des livres spécialisés en orientation, des référentiels métiers que vous pouvez trouver dans votre entreprise ou encore *via* des fédérations professionnelles.

Un des annuaires métiers les plus connus du grand public et des professionnels de l'orientation est le fichier ROME[1]. Ce descriptif, qui détaille un grand nombre de métiers, est une initiative du ministère de l'Emploi. Il est accessible en ligne sur le site de Pôle emploi[2].

Il permet d'avoir accès à une base de données très complète de l'ensemble des métiers. On y trouve notamment les compétences détaillées par métier, les conditions d'exercice, les formations nécessaires à l'exercice du métier ainsi que les évolutions possibles vers d'autres métiers dont les compétences seraient proches.

Cette base est très complète par le nombre de métiers représentés, mais – revers de la médaille – elle reste souvent généraliste, très théorique, voire parfois inadaptée par rapport aux spécificités de chaque métier.

Elle pourra néanmoins vous servir de point de départ mais devra nécessairement être complétée. Aussi, nous vous conseillons de croiser ces informations avec d'autres descriptifs, plus opérationnels et concrets.

On trouve pléthore d'annuaires métiers sur Internet. Voici quelques exemples de sites à explorer :

Pour les métiers généralistes	Pour les cadres	Plutôt pour les jeunes (mais aussi les autres)
www.onisep.fr (avec des vidéos) www.metiers.info www.pole-emploi.fr	www.apec.fr www.cadresonline.com	www.cidj.com www.letudiant.fr www.studyrama.com

Cette liste est loin d'être exhaustive et nous vous encourageons à rechercher par vous-même d'autres référentiels qui pourraient vous aider dans vos démarches.

---

1. Répertoire opérationnel des métiers et des emplois.
2. http://www.pole-emploi.fr/candidat/les-fiches-metiers-@/index.jspz?id=681
Vous pouvez aussi taper tout simplement « fiche métier ROME » sur Google.

Vous pouvez également trouver des descriptifs métiers plus opérationnels et précis sur les compétences à mettre en œuvre, notamment si l'emploi que vous visez est très qualifié :

- sur des livres ou revues spécialisés ;
- dans le référentiel métier de votre branche voire de votre entreprise ;
- dans les fédérations professionnelles ;
- dans les Observatoires des métiers et des qualifications (depuis la réforme de la formation professionnelle de 2003, les branches doivent mettre en place ces observatoires).

On trouve également des descriptifs métiers directement sur les sites spécialisés dans l'information ou l'emploi pour un secteur d'activité donné. À titre d'exemple, citons celui de l'ANDRH[1], une association spécialisée dans les ressources humaines, celui du LEEM[2], pour les métiers du médicament ou encore celui des JEUDIS[3], premier site spécialisé dans les métiers de l'informatique.

Exemple : extrait d'une fiche métier d'infirmier(ère)[4]

Le métier

Nature du travail

<u>Prévenir, guérir et soulager</u>. L'infirmier effectue des soins de nature préventive, curative ou palliative pour améliorer, maintenir et restaurer la santé. Il collabore avec toute l'équipe soignante et participe au projet global de soin. Tenu au secret professionnel, il assure avec l'aide-soignant les soins d'hygiène, de confort et de sécurité du patient.

<u>Sur prescription</u>. La prescription médicale est le seul lien hiérarchique entre le médecin et l'infirmier. C'est-à-dire que l'infirmier n'intervient que sur ordre et avec l'accord du médecin. En aucune façon, il ne peut définir lui-même un traitement pour le patient. En revanche, il est chargé de surveiller les éventuels effets secondaires ou complications.

<u>Gestion administrative</u>. Surveillance des équipements, gestion des stocks de médicaments et des dossiers... autant de tâches dont l'infirmier doit s'acquitter. Il établit aussi les plannings de soins en fonction des prescriptions médicales. Par ailleurs, il peut organiser des rendez-vous auprès d'autres services (en radiologie, par exemple). Ou s'occuper des formalités d'admission des patients et rédiger les comptes rendus des visites du médecin dans le cahier des soins.

▶▶

---

1. Association nationale des directeurs des ressources humaines (www.andrh.com).
2. Entreprise du médicament (www.leem.com).
3. Premier site d'emploi pour les métiers de l'informatique (www.lesjeudis.com).
4. http://www.onisep.fr/Ressources/Univers-Metier/Metiers/infirmier-iere

---

Compétences requises

Le sens du dialogue. Au sein de l'hôpital, l'infirmier est un maillon important de l'équipe médicale, car il a aussi une fonction d'observation et de dialogue avec le patient. Il recueille des informations pour une prise en charge adaptée. Cela lui permet d'être à l'écoute, de rencontrer les familles, d'assurer un accompagnement et un soutien psychologique.

Une santé de fer. Un bon équilibre et une grande résistance physique sont indispensables. Par ailleurs, la capacité à s'organiser et à analyser rapidement une situation sont des atouts pour s'épanouir dans ce métier. Sur le plan psychologique, la maturité et la capacité à prendre du recul permettent de côtoyer la maladie et la mort en se préservant le mieux possible sur le plan personnel.

Une vigilance élevée. L'infirmier doit savoir interpeller le médecin lorsqu'il identifie une anomalie ou une prescription atypique, afin d'en obtenir confirmation. Cela constitue une des difficultés majeures de la profession. Il doit être en mesure de comprendre chaque prescription pour en déterminer les risques et les surveillances. Ce diagnostic infirmier est complémentaire du diagnostic médical et ne s'y substitue en aucune manière.

Où l'exercer ?

Astreintes et rotations. Dans un cadre hospitalier, les soins sont assurés 24 heures sur 24. Le travail est organisé par rotation des équipes, sur la base de 35 heures par semaine. Ces astreintes sont une des caractéristiques du métier d'infirmier. Les contraintes d'horaires sont cependant assez différentes selon le lieu de travail : hôpital, centre médico-social, dispensaire, Samu social, association, collège-lycée, entreprise...

Surtout à l'hôpital. On compte environ 515 000 infirmiers dont presque 75 % sont salariés d'un établissement de santé public ou privé. Dans ce cadre, le travail s'effectue toujours en équipe, l'infirmier organisant celui des aides-soignants placés sous sa responsabilité.

Dans d'autres structures. Quand il n'est pas salarié dans un hôpital ou une clinique privée, l'infirmier coordonne et dispense des soins dans des structures diverses : maisons de retraite, centres de réadaptation, centres anticancéreux ou de soins palliatifs, centres de santé au travail ou de santé scolaire...

En libéral. Enfin, après un temps d'exercice en qualité de salarié à l'hôpital, l'infirmier peut exercer en libéral pour tout ou partie de son temps de travail. Actuellement, environ 13 % des infirmiers ont fait ce choix.

Carrière et salaire

Salaire du débutant : 1 551 euros brut par mois.

- Plein emploi assuré.
- Évoluer en se spécialisant.
- Des aides pour l'installation en libéral.

Accès au métier

Ce métier nécessite le diplôme d'État d'infirmier, désormais reconnu au niveau bac + 3.

Les auxiliaires de puériculture et les aides-soignants justifiant de trois ans d'expérience peuvent se présenter à un examen d'admission spécifique et bénéficier d'une dispense de certaines unités de formation.

Étudier les offres d'emploi

Une autre manière de comprendre le métier que vous envisagez est d'étudier les annonces d'offres d'emploi. En général, une annonce reprend les informations essentielles que l'on vous demandera pour un poste. C'est un excellent moyen de connaître les compétences demandées, les diplômes plébiscités, les salaires proposés, etc. N'hésitez donc pas à aller consulter les offres sur les sites d'offres d'emploi généralistes ou spécialisés par métier. À titre d'exemple, www.indeed.com, un site portail d'offres d'emploi, propose une offre d'annonces d'emploi parmi les plus importantes du marché.

Avez-vous pensé à interroger des professionnels ?

Se documenter est nécessaire mais n'est pas suffisant pour bien connaître un métier ou un secteur. Mener une **enquête métier** reste un des moyens les plus sûrs pour affiner son projet professionnel. Au-delà de la théorie, un professionnel pourra vous aider à mieux prendre conscience des réalités de votre futur métier et du secteur et vous donner de bons tuyaux pour réaliser votre rêve. Il pourra également vous questionner sur vos représentations et faire tomber certaines idées reçues. Enfin, cela vous permettra de faire connaître votre projet et de commencer à activer de manière judicieuse votre réseau.

Vous pouvez, dans la mesure de vos possibilités, vous immerger dans la profession en vous essayant vous-même au métier.

L'essayer, c'est l'adopter !

Une autre manière d'appréhender un métier peut être tout simplement de l'essayer ! Une immersion d'une journée vaut parfois toute la documentation que vous auriez pu rassembler. Le stage peut être un bon moyen de tester sa motivation pour un métier.

Vous êtes comptable et vous souhaitez devenir fleuriste ? Vous aimeriez bien vous faire une idée concrète avant de vous lancer ? Rien de mieux que de vivre le métier pendant quelques jours !

Même si vous n'avez aucune compétence pour le poste, une immersion vous permettra de vous rendre compte de la réalité du métier et de l'intérêt de tout abandonner pour changer.

Vous pouvez réaliser un stage ou une immersion, donner un coup de main à un ami sur un projet, ou encore faire appel à une société comme Viamétiers[1] qui vous proposera de tester le métier de vos rêves avant de vous lancer !

---

1. www.viametiers.fr

 ## Autodiagnostic : à vous de jouer !

Pour interroger un professionnel, il faut s'y préparer ! Les personnes que vous allez solliciter adorent parler de leur métier, encore faut-il qu'elles n'aient pas l'impression de perdre leur temps. Vous devez donc vous informer en amont sur le métier qui sera évoqué, voire vous renseigner sur le professionnel lui-même afin de préparer des questions pertinentes pour l'interview ! Vous pourrez ainsi tirer pleinement profit de votre rencontre, faciliter l'échange avec votre interlocuteur et apparaître comme un professionnel. Rappelez-vous que c'est vous et non lui qui faites la demande !

Voici un exemple de support pour vous aider dans vos enquêtes. Nous vous conseillons de le personnaliser en fonction des informations que vous souhaitez recueillir.

SUPPORT D'ENQUÊTE MÉTIER

Métier interrogé : ....

Identité et parcours de la personne interviewée : ....

Nom : ....

Métier (*doit exercer ou avoir exercé le métier sur lequel porte l'enquête*) : ....

Ancienneté dans le métier : ....

Formation initiale : ....

Formation complémentaire : ....

Expérience professionnelle : ....

(Cela doit vous permettre notamment d'identifier le parcours pour arriver au métier)

Poste, nom de la société et durée de l'expérience	Réalisations principales (explication succincte)	Intérêt & faits marquants pour le poste	Raison du changement de poste

Salaire net mensuel : ....
Autre (avantages, contraintes, spécificités, etc.) : ....
Détails du métier/poste : ....
Description des principales tâches et réalisations effectuées : ....
....
Principales compétences requises pour exercer le métier concerné : ....
....
Empêchements majeurs pour exercer le métier concerné : ....
....
Évolution de la profession (les 10 dernières et les 10 prochaines années) : ....
....
Particularité du secteur d'activité dans lequel s'exerce le métier : ....
....
Deux contacts de professionnels susceptibles de vous accueillir pour la même enquête :
(Nom, métier, coordonnées) ....
(Nom, métier, coordonnées) ....

 Choisir un métier avec la formule gagnante : $A = MC^2$

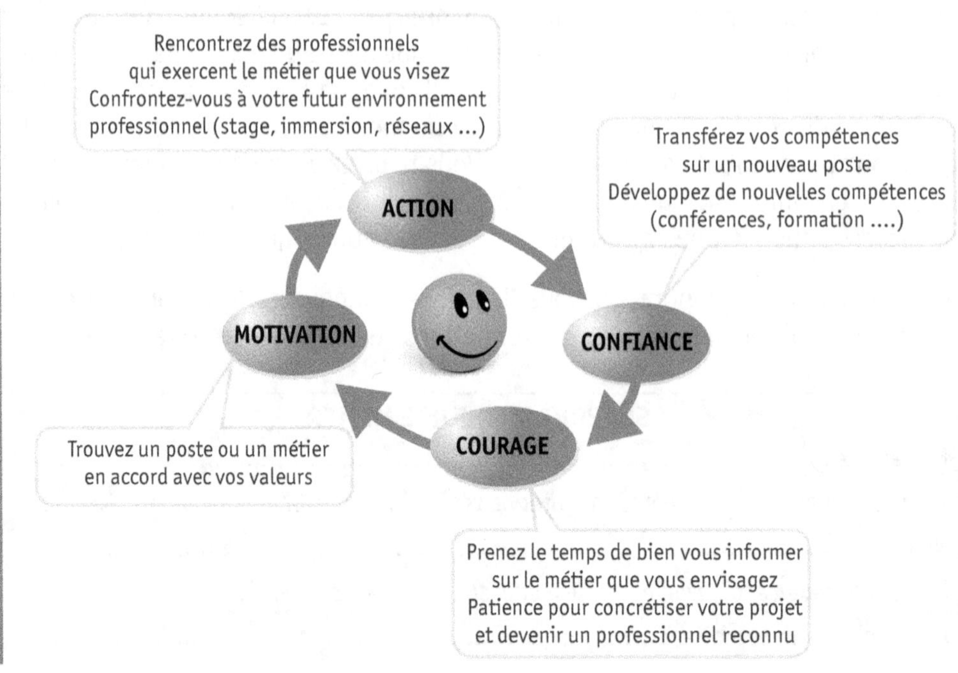

6.2. Le secteur et la taille de l'entreprise

✓ Faire du social, rejoindre les requins de la finance ou intégrer une petite boîte familiale ?

✓ Je trouve mon environnement idéal.

■ Quel secteur d'activité ?

Le secteur d'activité vous permet de vous informer sur le métier mais plus largement sur les valeurs et la culture d'entreprise du métier que vous envisagez.

Quels sont les objectifs du secteur ou du métier ? Sont-ils en cohérence avec vos valeurs et vos motivations ? Êtes-vous au fait des exigences du secteur ? Certains secteurs, comme ceux de la sécurité intérieure ou de l'aéronautique, peuvent exiger certaines capacités physiques ou un casier judiciaire vierge.

Certains métiers sont encore méconnus, d'autres sont très récents ou ont évolué. Certains secteurs se développent et ont besoin de main-d'œuvre. Y a-t-il des secteurs plus prometteurs ?

Les secteurs qui vont créer le plus d'emplois d'ici à 2016

Pour trouver un emploi en France dans les prochaines années, mieux vaut miser sur le conseil, les services aux entreprises ou à la personne que sur la métallurgie ou l'automobile. C'est l'un des nombreux enseignements de l'étude du Centre d'analyse stratégique[1] consacrée aux secteurs d'emploi porteurs.

 Autodiagnostic : à vous de jouer !

Trouvez vos secteurs fétiches…

Afin de connaître les perspectives de votre secteur ou en vue d'une reconversion, essayez d'identifier les emplois porteurs dans les prochaines années et ceux dont les perspectives sont beaucoup plus sombres.

Surlignez les trois secteurs qui vous tentent vraiment pour demain.

Dans l'ordre	Secteur	Nombre d'emplois créés d'ici à 2016
1	Les **services opérationnels**, un large domaine qui regroupe des activités de services aux entreprises, l'intérim, le nettoyage et la sécurité	236 000
2	Le **conseil** et l'**assistance** qui regroupe des métiers variés : informatique, ingénierie, publicité, architecture	155 000
3	Les **services à la personne** (dans cette étude, cette catégorie ne concerne pas la santé, l'action sociale et l'éducation)	96 000
4	Les **activités récréatives, culturelles et sportives**	75 000
5	La **construction** : le secteur du bâtiment et des travaux publics répond à une demande structurelle forte et, par nature, ce secteur se trouve relativement protégé de la concurrence internationale	71 000

---

1. D'après une étude sur « Les secteurs créateurs d'emplois à moyen terme », publiée en 2012 par le Centre d'analyse stratégique (CAS). Le CAS est une institution d'expertise qui aide le gouvernement dans la définition et la mise en œuvre de ses orientations stratégiques en matières économique, sociale, environnementale et technologique (www.strategie.gouv.fr).

Dans l'ordre	Secteur	Nombre d'emplois créés d'ici à 2016
6	La **distribution** : le commerce va demeurer dans les prochaines années un secteur gourmand en main-d'œuvre	70 000
7	La **finance** et les **assurances** : avec une croissance des effectifs des banques et des compagnies d'assurances de près de 8 % d'ici à 2016	64 000
8	Les **hôtels** et **restaurants**, secteur qui se montre peu sensible aux crises, avec une demande relativement stable	56 000
9	Les **services immobiliers** : la promotion, les transactions ou la gestion locative devraient se développer en nombre d'emplois	46 000
10	Les **transports** : les sociétés de ce secteur bénéficient de la tendance profonde des entreprises françaises à se spécialiser dans une seule étape de la production, ce qui se traduit par des besoins croissants en logistique	37 000
11	La **recherche et développement (R&D)** : évolution pour les chercheurs et les ingénieurs, les investissements en R&D permettent à la production française de se différencier et d'accroître sa valeur ajoutée, secteur très stratégique sur la scène internationale	21 000
12	L'**industrie de la viande et du lait** : l'agriculture française est un secteur important de l'économie nationale. Au sein des industries agroalimentaires (IAA), l'industrie de la viande et du lait, celle qui valorise les activités d'élevage, se distingue du point de vue de l'emploi	7 000
13	**Autres industries agroalimentaires** : les IAA ne se limitent pas aux laiteries et aux abattoirs. Le reste du secteur devrait lui aussi connaître une croissance de ses effectifs dans les prochaines années	5 000
14	La **pharmacie**, la **parfumerie** et l'**entretien** : ce secteur bénéficie en France de géants mondiaux, leaders dans leur domaine, qui permettent à toute la filière de poursuivre sa progression	4 000
15	L'**aéronautique**, la **construction navale et ferroviaire** : ce secteur en France bénéficie de la présence de géants mondiaux, tel Airbus, qui dynamisent toute la filière, des donneurs d'ordre jusqu'aux sous-traitants. L'emploi dans l'aéronautique, comme dans la construction navale et ferroviaire, est porté par l'innovation technologique qui maintient ces industries à forte valeur ajoutée compétitives en France	3 000

Le secteur des nouvelles technologies constitue l'un des leviers de la croissance et de la compétitivité française. Entre 2000 et 2008, un quart de la croissance provenait du numérique. En 2011, les réseaux télécoms étaient le premier critère d'attractivité de la France pour les investisseurs étrangers.

De manière générale, on peut imaginer que **les innovations actuelles et à venir faciliteront la croissance dans plusieurs secteurs**, même inattendus. Dans le secteur du BTP ou du développement durable par exemple, avec les innovations concernant l'isolation, la domotique, les consommations d'énergie, la production d'électricité à domicile ou encore la réhabilitation de bâtiment. Dans le secteur médical avec les biotechnologies, les thérapies géniques, les neurosciences ou les nanotechnologies. À titre d'exemple, citons également le textile avec l'apparition des vêtements biologiques, thermorégulateurs ou des tissus antieczémas.

En revanche, voici des secteurs qui vont perdre des emplois.

Secteur	Nombre de pertes d'ici à 2016
Bois et papier	– 8 000 emplois
Automobile	– 10 000 emplois
Produits minéraux	– 12 000 emplois
Composants électriques et électroniques	– 14 000 emplois
Textile, habillement et cuir	– 15 000 emplois
Équipements du foyer	– 17 000 emplois
Eau, gaz, électricité	– 19 000 emplois
Métallurgie et transformation des métaux	– 19 000 emplois
Équipements mécaniques	– 37 000 emplois

Focus sur un secteur d'avenir : l'économie sociale[1]

Concilier performance économique et vocation sociale, est-ce possible ? Oui, en travaillant dans les entreprises sociales. Les entreprises sociales, dont la marque de fabrique est d'agir en s'inscrivant dans une logique économique pour répondre à des besoins sociaux (emploi, logement, accès aux soins, éducation...), ouvrent de nouvelles perspectives pour penser le travail autrement. Les entreprises sociales font l'objet d'un engouement sans précédent et rencontrent les aspirations d'un nombre croissant de citoyens. Jeunes diplômés, salariés et cadres d'entreprise, responsables politiques et institutionnels cherchent des solutions innovantes pour devenir acteurs du changement et construire une société plus juste.

---

1. Écrit par Amandine Barthélémy et Romain Slitine et inspiré de leur ouvrage *Entrepreneuriat social – Innover au service de l'intérêt de général*, Vuibert, 2011.

L'économie sociale rassemble trois types d'organisations qui présentent toutes des caractéristiques communes :

1. les associations ;
2. les coopératives ;
3. les mutuelles.

Ce sont des sociétés de personnes (et non de capitaux) qui ont une gestion démocratique : la règle « une personne, une voix », ce qui signifie que le pouvoir de décision est réparti équitablement entre tous les membres de l'organisation et non pas proportionnellement en fonction du capital détenu. L'économie sociale représente aujourd'hui en France 12 % de l'emploi salarié.

Comme l'indique le Mouvement des entrepreneurs sociaux[1], **les entreprises sociales sont des entreprises à finalité sociale ou sociétale et à lucrativité limitée.** Cela signifie concrètement que les profits sont réinvestis dans le projet, que la rémunération du capital est limitée, et que l'échelle des salaires est encadrée.

Les entreprises sociales s'incarnent dans tous les secteurs de l'économie pour répondre à un vaste prisme de besoins sociaux et environnementaux. À l'origine des innovations sociales, il y a bien souvent une révolte contre l'injustice. Cette lutte pour l'égalité des droits est un moteur qui conduit les entrepreneurs sociaux à lancer de nouveaux projets. Ils sont ainsi des dizaines de milliers en Europe à :

- lutter contre les exclusions ;
- créer des emplois sur des territoires fragiles ;
- garantir un juste revenu aux producteurs ;
- aider les personnes âgées à mieux vivre ;
- protéger l'environnement ;
- répondre à de nouveaux besoins sociaux.

▨ *Travailler dans l'entrepreunariat social, c'est possible !*

L'entrepreunariat social est avant tout en quête de personnes compétentes et engagées. Il est important d'avoir au préalable certains réflexes :

- commencer par un travail sur soi : connaître ses aspirations et ses ambitions est un sérieux atout pour s'engager dans la voie de l'économie sociale. Vous pouvez faire un bilan personnel, portant à la fois sur les compétences acquises au fil de vos expériences et sur vos aspirations et motivations ;
- vous tenir au courant de l'actualité de l'entrepreunariat social, par exemple en consultant régulièrement les informations relayées par les principales têtes de réseau et structures dynamiques, telles que l'AVISE, l'Atelier ou CIDES ;
- privilégier le contact direct, lors d'événements favorisant les rencontres : conférences, échanges avec des entrepreneurs sociaux... L'entrepreunariat social est une affaire de rencontres ;
- rencontrer des salariés de l'entreprise ayant un profil proche du vôtre ou avec lesquels il vous est possible de communiquer plus facilement pour bénéficier de leurs conseils et retours d'expérience ;
- vivre une expérience en tant que bénévole : cela peut également être un bon moyen de découvrir le fonctionnement d'une entreprise sociale avant de se décider à s'engager pleinement dans le secteur.

---

1. www.mouves.org

En résumé, que vous soyez en phase de découverte ou engagé au sein d'une structure, les projets d'avenir se montent à partir de rencontres souvent imprévues, sur des thématiques où l'innovation naît de la confrontation des expériences et des idées, au sein de projets existants ou dans des dynamiques entrepreneuriales qui peuvent aussi naître à la faveur de ces rencontres. Nous ne pouvons donc que vous encourager à échanger pour construire ensemble les initiatives de demain !

◼ *Faut-il des compétences spécifiques pour travailler dans l'entrepreunariat social ?*

Oui, il faut des compétences pour travailler dans l'entrepreunariat social, mais la plupart du temps celles-ci ne sont pas spécifiques. La spécificité du champ de l'entrepreunariat social tient avant tout à l'alliance inédite entre sens et compétence, qui manque trop souvent aux entreprises classiques... Les métiers sont les mêmes, c'est l'engagement qui est différent.

Pour travailler dans l'entrepreunariat social, il est essentiel d'être familier d'une certaine « complexité institutionnelle » et de comprendre les différentes cultures dans lesquelles il s'inscrit. Une **compétence majeure** et transversale est le « **trilinguisme**[1] ». Les entreprises sociales sont en effet à la frontière de trois environnements :

1. Le monde du social.
2. Le monde économique.
3. Celui des partenaires publics.

Retenez donc que votre souhait de contribuer à une meilleure rétribution des producteurs des pays en développement sera une source de motivation forte pour vous et un « plus » indéniable pour le projet, mais que c'est avant tout votre compétence commerciale, logistique ou financière qui peut faire de vous une nouvelle force vive pour l'entreprise. Les seules valeurs ne sauraient donc suffire, il faut faire la démonstration de vos capacités opérationnelles à relever les défis auxquels sont confrontées les entreprises sociales.

◼ *Doit-on sacrifier son salaire pour travailler dans l'entrepreunariat social ?*

À part dans les grandes mutuelles ou coopératives qui proposent des salaires globalement comparables aux entreprises classiques, les rémunérations dans les entreprises sociales sont globalement inférieures au marché.

◼ *Est-il possible, en venant d'une entreprise classique, de trouver un poste dans une structure sociale ?*

Une des caractéristiques de l'entrepreunariat social est sa grande ouverture. Les entreprises sociales sont à la recherche de compétences, qu'elles proviennent d'autres structures sociales ou d'entreprises classiques. Cela participe au mouvement fort de professionnalisation du secteur. Il est donc possible, quand on a été en charge du marketing d'une entreprise, financier dans une banque ou responsable des marchés publics dans une collectivité, de trouver un emploi dans une entreprise sociale.

◼ TPE, PME, ETI ou GE ?

Le projet professionnel qui répond le mieux à vos aspirations commence à prendre forme mais **dans quel type d'entreprise l'exercer ?**

---

1. Selon une expression d'Anne-Claire Pache, professeur à l'ESSEC.

Si l'on prend l'exemple du métier d'assistante, il peut être très différent selon la taille de l'entreprise où il est exercé. Ce poste va énormément varier, selon que l'assistante :

- a un travail autonome et est force de proposition plutôt qu'exécutante ;
- assiste une personne ou plusieurs personnes ;
- est seule dans le service, travaille en binôme ou encore dans un pool d'assistantes ;
- encadre ou non des collaborateurs (stagiaires, secrétaires, agents administratifs…).

Il faudra donc pouvoir appréhender votre futur métier dans son contexte particulier, selon son contenu, ses responsabilités et surtout la taille de l'entreprise où vous pourrez l'exercer.

Quels sont les éléments à prendre en compte pour faire votre choix ?

1. Quelle est la **taille de votre entreprise cible** ? Le travail va être différent selon la culture mais aussi la taille de l'entreprise. Généralement, plus l'entreprise est petite, plus vous aurez une proximité hiérarchique et un poste polyvalent. *A contrario*, plus l'entreprise sera grande, plus le poste sera spécifique et plus vous rencontrerez des jeux politiques importants.

	Sigle	Définition	Taille (effectif)	Points forts les plus souvent cités
PME/PMI	TPE/TPI	Très petite entreprise/Industrie	0 à 19	Proximité relationnelle
	PE/PI	Petite entreprise/Industrie	20 à 49	Souplesse/polyvalence Climat social
	ME/MI	Moyenne entreprise/Industrie	50 à 249	Innovation Croissance Responsabilité Formation
ETI		Entreprise de taille intermédiaire	250 à 4 999	Renommée Structure
GE		Grande entreprise	+ de 5 000	Carrière internationale Avantage sociaux/CE Sécurité/stabilité

2. Quelles sont **vos valeurs** (voir autodiagnostic du chapitre 2.2) ? Celles de votre entreprise (actuelle ou future) sont-elles en corrélation

avec les vôtres ? Que recherchez-vous dans votre travail au-delà de votre activité et de la mission qui vous est confiée ?

3. La **culture** et le « look maison » seront également très différents. Quel est votre état d'esprit ? Entrepreneur ? Visez plutôt une petite entreprise où vous pourrez vous épanouir dans la polyvalence. Vous cherchez un travail stable avec des tâches bien définies ? Favorisez le public ou une grande entreprise.

Par ailleurs, si vous travaillez dans le secteur du luxe ou de l'informatique, dans une industrie, dans un milieu rural ou à la Défense, vous n'irez probablement pas habillé de la même façon. Les codes sont propres à chaque secteur et à chaque entreprise.

Les questions à se poser

Certains métiers se retrouvent dans les entreprises de toutes tailles comme les commerciaux ou les assistantes, en revanche on ne retrouvera des directeurs qualité ou des contrôleurs de gestion que dans les plus grandes entreprises. Plus l'entreprise est de taille importante, plus les postes sont spécifiques, et inversement plus l'entreprise est petite, plus les postes seront variés et diversifiés.

1. Quelle conséquence peut avoir le secteur sur mon métier ? Certains secteurs demandent davantage de compétences métiers spécifiques malgré la taille réduite de l'entreprise. Par exemple, les ressources humaines sont le cœur des métiers du secteur de l'aide à domicile. Une grande partie de l'activité est liée à la gestion des ressources humaines comme recruter, gérer des collaborateurs, mettre en place des formations, gérer les relations avec les personnes aidées. Il y a peu d'activité RH dans une TPE en général, alors qu'il y en aura beaucoup dans une TPE du secteur de l'aide à domicile. Un responsable RH pourra donc avoir son utilité au sein d'une telle structure.

2. Plutôt « monotâche » ou « ultrapolyvalent » ? Généralement, plus une entreprise est petite et plus elle demande de la polyvalence. Mais là encore, cela peut dépendre de l'organisation ; on trouve aussi de la polyvalence dans les grandes entreprises. N'hésitez pas à poser la question avant d'intégrer l'entreprise.

3. Halte aux idées reçues ! Les petites entreprises ont parfois beaucoup d'argent et offrent bien souvent d'excellentes possibilités de carrière (évolutions plus rapides) et même d'importants avantages financiers ! Par ailleurs, les possibilités de postes à responsabilité pour les femmes sont plus nombreuses. Chaque génération nouvelle de PME crée environ 500 000 emplois au bout de quatre ans d'existence. Travailler dans une PME est très formateur, les collaborateurs sont moins « dans une case », ils peuvent aisément créer et évoluer. Les projets prennent forme plus rapidement, nul besoin de quinze signatures et de vingt réunions pour faire avancer un projet : action et réaction !

 Autodiagnostic : à vous de jouer !

En fonction de vos différentes expériences, incluant les stages, les CDD et CDI, les contrats d'intérim et le bénévolat, notez les différentes entreprises pour lesquelles vous avez travaillé et cochez leur taille. Ensuite et pour chaque entreprise, notez votre ressenti par rapport aux éléments mentionnés (autonomie, polyvalence…) selon l'échelle suivante :

1. Ne me convient pas.

2. Me convient moyennement.

3. Me convient un peu.

4. Me convient parfaitement.

Puis, pour chaque entreprise, vous pourrez identifier la taille de l'entreprise qui vous a le plus convenu en fonction des éléments les plus importants pour vous. Cela vous donnera une idée, en partant de votre expérience, du type d'entreprise pour lequel vous êtes fait. Il n'y a pas de bonne ou de mauvaise entreprise, il y a des entreprises qui vous correspondent et d'autres moins !

L'exemple de la première ligne est basé sur une première expérience, en stage.

Société	TPE/TPI	PE/PI	ME/MI	ETI	GE	Autonomie	Mode de management	Évolution possible	Créativité	Polyvalence	Autres éléments
1. Ex. : L'Oréal					X	1	3	4	1	1	…
2.											
3.											
4.											
5.											
6…											

6.3. De la sécurité à la diversité

✓ Plutôt fonctionnaire ou intérimaire ?
✓ J'identifie le contrat qui me correspond le mieux.

Dans vos priorités concernant votre poste idéal, de nombreuses possibilités s'offrent à vous. Il vous faut trouver une solution qui corresponde à vos attentes et à qui vous êtes ! Ne confondez pas cependant le moyen et l'objectif. De notre point de vue, mieux vaut un projet professionnel épanouissant avec un contrat plus précaire que la sécurité de l'emploi avec un métier qui ne vous plaît pas. L'idéal pouvant se trouver entre les deux.

La flexibilité, c'est l'avenir !

Une étude de la société LinkedIn (mars 2012) conclut qu'en France, les facteurs qui contribuent le plus à favoriser le développement d'une carrière sont :

1. Être flexible (65 % des sondés).
2. Savoir exploiter les opportunités (64 %).
3. Maîtriser l'art de la communication (55 %).
4. Avoir un solide réseau (44 %).
5. Apprendre de ses erreurs (41 %).

Petit tour d'horizon des opportunités pour « contractualiser » votre projet.

■ La voie du « public »

Comme dans le privé, il y a de belles opportunités dans le public, avec de nombreuses possibilités d'évolution. Beaucoup de fonctionnaires ont eu la possibilité de changer plusieurs fois de métier au cours de leur carrière.

Lorsque vous aurez établi votre projet, n'hésitez donc pas à regarder du côté de la fonction publique.

En France, il existe trois grandes catégories de fonction publique qui totalisent près de 5 millions de fonctionnaires :

- la fonction publique d'État ;
- la fonction publique territoriale ;
- la fonction publique hospitalière.

Les droits et les obligations des fonctionnaires sont fixés par un statut général commun avec des dispositions particulières pour chaque fonction publique.

Les emplois de la fonction publique sont répartis en trois catégories hiérarchiques. Chaque catégorie est elle-même constituée de plusieurs corps.

L'accès à chacune de ces catégories se fait par concours externe selon le niveau de diplômes.

- Catégorie A : emplois de direction, de conception et d'encadrement (ingénieur, administrateur, conservateur de patrimoine, commissaire ou professeur…), accessible avec un diplôme de l'enseignement supérieur (licence, maîtrise, diplôme d'ingénieur ou doctorat).
- Catégorie B : emplois d'application et de rédaction (secrétaire, technicien, éducateur…). Baccalauréat ou équivalent.
- Catégorie C : emplois d'exécution (agent, ouvrier, surveillant pénitentiaire…). Pas de conditions de diplôme ou en général CAP/BEP ou brevet des collèges.

Par ailleurs, il existe des concours internes, ouverts aux agents justifiant d'une certaine ancienneté. Cela favorise la mobilité et la promotion au sein de la fonction publique.

Pour être titulaire, il faut passer un concours, avec très souvent beaucoup de candidats pour peu de places. Face à une demande écrasante et par besoin de sécurité, de nombreux diplômés à bac + 5 n'hésitent pas à passer des concours de catégorie C, accessibles aux sans-diplôme !

Presque tous les métiers sont représentés, avec souvent moins de pression que dans le privé. Élément non négligeable : en période de crise, les fonctionnaires ne connaissent pas de chômage. Un certain nombre de postes sont également à temps partiel.

Concernant les collectivités, les contrats sont souvent renouvelables et assez dépendants de la politique et des gouvernements.

Vous pouvez également travailler dans le public avec un contrat de travail semblable à celui du privé. Vous serez alors « contractuel ». Vous n'aurez pas la même sécurité de l'emploi qu'un fonctionnaire titulaire, mais vous aurez un pied dans la maison et pourrez faire valoir votre expérience dans le public. Libre à vous de tenter la titularisation par la suite.

Pour vous faire une idée des postes dans le public, allez faire un tour sur la rubrique « emploi » du site www.lagazettedescommunes.com[1].

Pour aller plus loin

- www.fonction-publique.gouv.fr (portail du gouvernement)

- www.emploipublic.fr (site d'emploi du secteur public)

- www.carrieres-publiques.com (dates des concours)

Du CDI au CDD : au-delà du CDI à temps plein !

La forme de votre contrat est un élément important mais ne devrait pas, à nos yeux, être prioritaire par rapport à votre projet professionnel. Serez-vous mieux dans votre boulot avec un CDI ou un CDD ? La question à se poser ici est davantage celle de votre épanouissement professionnel. Si vous êtes bien dans ce que vous faites, vous serez bon, et si vous êtes bon vous n'aurez pas de mal à trouver du travail. Quels pourraient être les avantages et les inconvénients de chacun de ces contrats ?

Le CDI

Selon le code du travail, « *Le contrat de travail à durée indéterminée est la forme normale et générale de la relation de travail* ». Il est conclu à temps complet ou à temps partiel, sans limitation de durée et peut donc être rompu à tout moment à votre initiative ou celle de votre employeur.

L'employeur doit remettre au salarié un document écrit contenant les éléments essentiels de leur relation de travail. Le CDI offre au salarié une certaine pérennité et sécurité dans l'emploi avec un salaire constant. Le salarié en CDI pourra envisager de faire des projets, un crédit immobilier et palier ses soucis financiers périodiques. Néanmoins, il est rare aujourd'hui de faire carrière dans la même entreprise. On change régulièrement d'emploi au cours de sa vie professionnelle. Et le changement est un bon moyen de faire naître de nouvelles opportunités professionnelles. Le marché de l'emploi est mouvant y compris dans les grandes entreprises. Le CDI n'est plus une garantie contre le chômage !

---

1. Site Internet associé au journal d'information sur les communes, les départements et les régions « *La Gazette* ».

Si votre projet est donc de tester un métier, une entreprise, d'acquérir une expérience variée d'un domaine ou encore de rester temporairement dans une région… il peut être intéressant de considérer les avantages d'un CDD !

Cas particulier : CDI ou CDD de chantier ?

Le contrat de chantier est un contrat à durée indéterminée (CDI) particulier qui permet de mettre un terme au contrat de travail lorsque le chantier pour lequel il a été conclu est fini. Et il faut bien que ce soit le chantier qui soit terminé, pas uniquement la mission du salarié.

Son objet : l'accompagnement d'un chantier.

Ce CDI est particulier, car il comporte une clause de rupture prédéterminée : la fin du chantier. Le licenciement est alors soumis à la procédure du licenciement pour cause personnelle.

Ce n'est pas le cas si la mission du salarié est terminée mais que d'autres salariés sont encore en activité sur le chantier.

Il est réservé à certains secteurs comme le BTP.

Le CDD

Le contrat à durée déterminée ne garantit pas la pérennité de l'emploi (et dans l'absolu seuls les fonctionnaires la possède), même s'il peut souvent déboucher sur un contrat à durée indéterminée (CDI).

À l'issue d'un CDD, l'employeur a la possibilité de se séparer du salarié ou de renouveler une fois son contrat pour une durée égale à celle du contrat initial. Dans ces deux cas il doit verser une indemnité de fin de contrat de 10 % du salaire total perçu pendant le contrat.

Le CDD permet à l'entreprise une certaine souplesse pour gérer ses ressources en fonction de son activité, et notamment :

- **d'adapter ses effectifs** en fonction de la charge de travail (surcroît d'activité et variations saisonnières) ;
- de conserver une **marge de sécurité** : afin de pouvoir réduire les effectifs en cas de diminution de l'activité.

Un CDD peut être rompu en cours d'exécution si vous avez trouvé un CDI dans une autre entreprise, mais surtout il vous permet :

- d'acquérir de l'expérience professionnelle sur des postes variés ;
- de découvrir de nouvelles entreprises et de nouveaux secteurs ;
- de « tester » une entreprise.

On peut tout à fait s'épanouir en CDD, comme en intérim ou à temps partagé (multisalariat, pluriactivité, groupement d'employeurs, portage salarial). De nombreux salariés vivent d'ailleurs ces contrats de manière choisie et apprécient de vivre des expériences variées, avec la possibilité de voir autre chose, d'apprendre, d'évoluer et d'enrichir leurs compétences.

CDD senior

Vous avez plus de 57 ans, vous êtes inscrit comme demandeur d'emploi depuis plus de trois mois, vous pouvez signer avec un employeur un CDD senior.

Les particularités de ce CDD senior :

- l'employeur peut pourvoir par un CDD senior un emploi lié à l'activité normale et permanente de l'entreprise ;
- la durée de ce contrat est de 18 mois, renouvelable une fois ;
- à la différence d'un CDD classique, il n'est pas nécessaire d'en préciser le motif.

L'intérim, une mine d'emplois à explorer !

Dans la continuité du CDD, l'intérim offre également de belles opportunités d'emploi et une flexibilité maximale.

Une mission en intérim vous permet :

- d'obtenir un CDI : l'intérim est souvent une forme de pré-embauche très répandue ;
- d'acquérir de l'expérience professionnelle sur des missions variées ;
- de développer une compétence clé : l'adaptabilité ;
- de découvrir de nouvelles entreprises et de nouveaux secteurs ;
- de « tester » une entreprise qui vous convient ;
- pour les jeunes, de trouver une première mission ;
- d'être mieux payé : grâce notamment à la prime de précarité de 10 % ;
- d'obtenir plus facilement une avance si vous êtes dans la panade.

Les ETT (entreprises de travail temporaire) sont très au courant du marché de l'emploi, des profils recherchés et bon nombre de postes en CDI s'obtiennent suite à une mission en intérim. N'hésitez donc pas à rencontrer les gestionnaires et à vous inscrire.

Il y a de plus en plus d'agences spécialisées par métier, par secteur, et même pour les cadres. Les intérimaires ont accès à bon nombre de droits, y compris à la formation continue.

En conclusion

Début 2012, près de 70 % des actifs de 15 à 64 ans étaient en CDI alors qu'environ 10 % occupaient un poste en CDD[1]. C'est non seulement le contrat classique mais aussi celui que préfèrent les Français.

Le CDI est-il plus rassurant ? Pourtant à la différence du CDD, on ne sait jamais quand ça va s'arrêter et on a tendance à penser que ça pourrait durer pour toujours. Cependant, tout le monde ne cherche pas forcément une relation « illimitée » avec son employeur. Surtout si ça se passe mal. Certes (et malheureusement) avec un CDI, il est plus facile d'obtenir un crédit bancaire pour l'achat d'un logement par exemple. Mais le CDD offre une visibilité sur la date de fin du contrat et la possibilité d'anticiper sur son évolution professionnelle, pour expérimenter, découvrir un secteur, un métier et trouver ce qui vous plaît. L'épanouissement professionnel a parfois des goûts de rupture et de changement.

■ Au-delà du temps plein : temps partiel et temps partagé !

Le travail à temps plein est la forme la plus répandue des contrats. En France, la durée du travail à temps plein est fixée par la loi ou par la convention collective de l'entreprise. Elle est en général de 35 heures par semaine.

Dans les faits, beaucoup d'actifs travaillent plus. Les heures supplémentaires sont alors payées, transformées en temps de repos ou encore en « reconnaissance » de votre employeur pour vos bons et loyaux services !

Le temps partiel, y avez-vous pensé ?

Selon la *Revue internationale du travail*[2], le travail à temps partiel a tendance à augmenter depuis les années 1980. On constate également une volonté politique de faciliter voire d'encourager cette

---

1. D'après les résultats de l'enquête emploi de l'INSEE réalisée au premier trimestre 2012 « Chômage au sens du BIT et indicateurs sur le marché du travail ». Information rapide n° 142, 7 juin 2012. Lien Internet : http://www.insee.fr/fr/themes/info-rapide.asp?id=14
2. *Revue internationale du travail*, volume 136, n° 4, 1997/4.

forme d'emploi, surtout dans les pays où le niveau de chômage est très élevé. Le travail à temps partiel jouit d'une bonne popularité auprès des pouvoirs publics : il irait dans l'intérêt des travailleurs et des employeurs tout en contribuant à réduire le chômage.

Les avantages du temps partiel :

- un meilleur équilibre entre la vie professionnelle et les responsabilités familiales, ou le temps consacré à d'autres activités telles que les loisirs ou la formation ;
- il peut aussi faciliter l'entrée dans la vie active, pour concilier premier emploi et études, ou le départ à la retraite ;
- le salarié à temps partiel bénéficie, comme le salarié à temps plein, de ses cinq semaines de congés payés et des congés pour événements familiaux (mariage, naissance, enterrement...) ;
- dans le cadre d'une rupture de contrat, l'indemnité de congés payés est déterminée en fonction des salaires perçus et l'indemnité de licenciement est proportionnelle à la durée de travail. La durée et la rémunération de son ancienneté sont calculées comme si le salarié à temps partiel avait été occupé à temps plein ;
- le salarié à temps partiel a le droit de voter comme les autres et peut se présenter à l'élection des délégués du personnel, des membres du comité d'entreprise ou du comité d'hygiène et de sécurité (CHSCT).

Le temps partiel aura un goût de miel s'il est choisi, en revanche il pourra avoir un goût amer s'il est subi, notamment à cause d'une rémunération moins importante et d'un plan de carrière plus aléatoire.

Côté recherche d'emploi, les temps partiels sont moins nombreux que les temps pleins. En fonction des métiers, il est parfois très difficile d'en trouver un. Par expérience, il est plus fréquent et facile de passer d'un temps plein à un temps partiel au sein d'une entreprise que de trouver un temps partiel dans une nouvelle entreprise, et ce surtout si vous changez de métier.

Le travail à temps partiel peut être votre solution de manière temporaire ou sur une période plus importante. Dans tous les cas il est important de faire le point sur vos motivations et d'agir en lien avec vos choix de vie.

Le temps partagé, une voie d'avenir !

De plus en plus d'actifs exercent plusieurs métiers à temps partiel en même temps, sous plusieurs statuts.

Certains y sont obligés, d'autres en ont fait le choix : ce sont les *slashers*[1]. Ils s'épanouissent grâce à plusieurs activités parfois très différentes.

Voici deux exemples :

1. Une consultante en organisation qui réalise :
   - des missions de conseil en portage salarial (salariée indépendante) ;
   - des vacations de formatrice dans un centre de formation (salariée vacataire) ;
   - des ventes de produits bio chez les particuliers (VDI).
2. Un informaticien qui cumule :
   - un CDI à temps partiel dans une société de service informatique ;
   - un statut d'autoentrepreneur pour lequel il réalise des sites Web.

Si l'on y regarde de plus près, dans tous les métiers, même les plus intéressants et les plus nobles, on fait souvent la même chose. Outre le fait de varier ses activités et d'éviter l'ennui, cela peut être une bonne manière de développer de nouvelles compétences, d'aborder une transition professionnelle en testant une nouvelle activité, d'augmenter ses revenus ou, pourquoi pas, de faire d'un hobby son métier. Le meilleur moyen de savoir ce qui vous convient est sans aucun doute d'essayer !

Le groupement d'employeurs[2]

Vous cherchez un emploi proche de chez vous à temps partiel ou à temps partagé, avez-vous pensé au groupement d'employeurs ?

Le GE permet aux petites entreprises de disposer à temps partiel :
- de cadres ou de techniciens qualifiés dans des fonctions stratégiques pour l'entreprise (secrétariat, comptabilité, gestion, marketing, informatique...) ;
- de tester de nouvelles fonctions (environnement, qualité, ressources humaines) ;
- ou encore de répondre à une demande saisonnière.

Les groupements d'employeurs apportent des réponses aux besoins des entreprises tout en créant des emplois à temps plein.

Leur objectif est de recruter des salariés et de les mettre à disposition de leurs membres, selon leurs besoins. Le GE apporte aussi des conseils en gestion des ressources humaines.

---

1. Personne qui a plusieurs activités.

2. http://rhconseilpme.blogs.com/saviezvous/2008/11/le-saviez-vous.html

Par exemple, une TPE a souvent besoin d'un comptable, mais souvent uniquement à temps partiel. Ainsi, deux TPE se partagent un comptable, qui se trouve avec un temps plein en travaillant par exemple le matin dans l'entreprise A et l'après-midi dans l'entreprise B, ce qui nous fait trois entités comblées !

◼ *Les avantages d'un GE pour les salariés :*

- un seul contrat et un seul employeur : le GE ;
- le fait d'avoir un employeur unique simplifie la vie du salarié en matière de couverture sociale, d'organisation du travail...
- le contrat de travail unique est obligatoirement écrit, il mentionne la liste des adhérents du groupement, c'est-à-dire des utilisateurs potentiels ;
- les salariés sont couverts par une convention collective ;
- ils bénéficient d'une plus grande sécurité d'emploi, en raison de la dimension collective du groupement ;
- ils sont assurés de percevoir leur salaire, y compris en cas de défaillance de l'un des membres du GE, ces derniers étant solidairement responsables des dettes contractées à l'égard des salariés ;
- ils ont accès à la formation professionnelle ;
- ils acquièrent davantage de polyvalence et de compétences et maintiennent ainsi leur employabilité.

À l'époque où l'on prône la flexibilité, notamment dans les petites entreprises, le recrutement par un groupement d'employeurs est une solution à étudier !

Pour aller plus loin, le site de l'Union des groupements d'employeurs de France, l'UGEF : http://www.ugef.fr

6.4. Où vais-je pouvoir réaliser mon projet ?

✓ Paris, Bergues ou Honolulu ?
✓ Je trouve le lieu qui me correspond.

◼ Évoluer en interne ou en externe ?

Si vous souhaitez changer de métier, commencez par vous demander comment vous pouvez bouger au sein de votre entreprise. C'est souvent plus simple, et cela vous permettra d'acquérir une première expérience que vous pourrez revendre ailleurs par la suite, si vous le souhaitez.

Si vous voulez évoluer sur le même métier, faire évoluer vos compétences ou même progresser sur le plan hiérarchique, n'hésitez pas à vous ouvrir à l'extérieur si votre entreprise n'offre pas de possibilités d'évolution, ou si elle ne vous en fait que la promesse depuis déjà trop longtemps (ce qui en général revient au même).

Pour opérer un changement en interne, développez d'abord votre réseau et montrez-vous entreprenant par rapport à votre projet. Vous pouvez bien sûr répondre à des offres en interne, rencontrer les acteurs opérationnels et RH du service que vous visez, mais également participer à un groupe de projet ou seconder votre manager dans de nouvelles activités.

Vous avez toujours rêvé de travailler de chez vous ?

Avec le télétravail c'est possible ! Grâce notamment aux nouvelles technologies, de plus en plus de métiers offrent la possibilité de s'exercer, tout ou partie, hors des murs de l'entreprise (consultant, commercial, indépendant, journaliste…). On peut travailler partout : de chez soi, dans les transports ou directement chez le client par exemple.

En entreprise, le télétravail se négocie. S'il n'est pas votre initiative, il ne peut pas être imposé par un employeur et reste le fruit du volontariat. Il peut être à temps plein ou à temps partiel. Le télétravail ne correspond pas à tout le monde ni à tous les métiers !

Il se pratique de plus en plus, avec souvent l'avantage, pour les femmes par exemple, de passer le mercredi en télétravail…

Quel est l'intérêt pour vous ?
- Améliorer ses conditions de travail et sa qualité de vie.
- Moins de stress et de fatigue, le transport en moins dans la journée.
- Gain de temps et souplesse d'organisation par rapport à sa vie personnelle.
- Qualité de l'environnement de travail (bruit, espace…).

Si vous devez négocier tout ou partie de votre poste en télétravail, vous pouvez faire valoir pour votre employeur les principaux intérêts suivants :
- baisse du coût des charges fixes (immobilier, énergie, entretien…) ;
- hausse de productivité et responsabilisation de ses collaborateurs.

Tous les télétravailleurs ne sont pas des travailleurs à domicile. On distingue cinq catégories de télétravailleurs.

Les catégories de télétravailleurs[1]

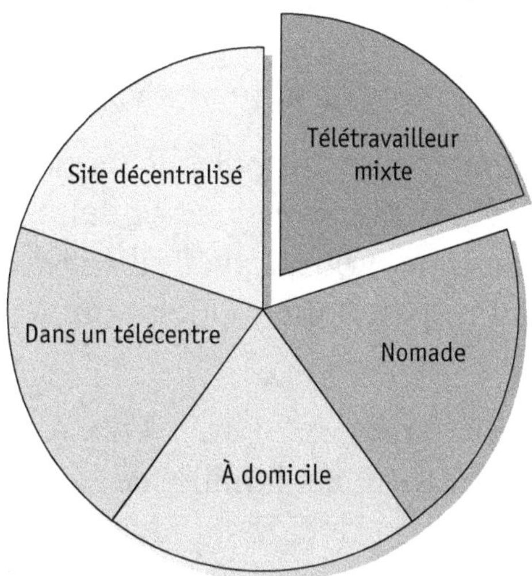

La catégorie la plus répandue est le télétravailleur mixte : principalement dans les locaux de son entreprise avec quelques heures à son domicile. Le nomade travaille dans différents endroits.

Le télétravailleur à domicile a toujours la possibilité de revenir dans l'entreprise. Enfin, certains travaillent sur un site décentralisé contrôlé par l'employeur ou un télécentre partagé par plusieurs entreprises.

■ L'appel du large : changer de région ou de pays

Et si votre épanouissement professionnel et personnel passait par un changement de pays ou de mode de vie ? N'attendez donc pas que votre entreprise vous envoie à l'étranger, vous pouvez tout aussi bien vous y rendre vous-même. Ayez le courage de mettre en œuvre vos motivations : agissez !!

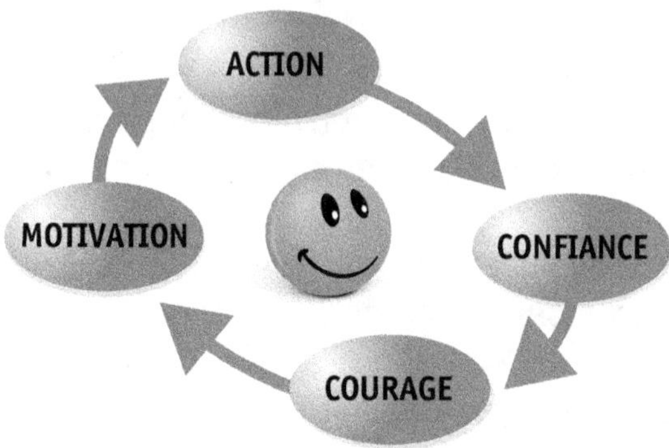

---

1. Nathalie Olivier, *Kit RH pour les PME : 80 fiches pratiques & 1 CD-Rom, op. cit.*

Où rêvez-vous de vous installer ? Si vous avez dans l'idée de bouger, que ce soit en France, pour vous rapprocher de votre famille par exemple, ou à l'étranger pour découvrir le monde, c'est peut-être le bon moment pour faire vos valises !

Votre épanouissement professionnel fait partie d'un tout qui doit prendre en compte votre bien-être personnel. Si vous voulez vous épanouir pleinement dans votre travail, il est important de ne pas négliger votre équilibre personnel. Quels sont les endroits où vous vous sentez bien ?

Sonia a fait toute sa carrière à Paris. Elle rêvait d'aller vivre à l'île Maurice, où se trouvait la famille de son père. Suite à une rupture sentimentale, elle a décidé de changer de vie et de quitter la France. Depuis, elle a trouvé un travail et a rencontré son futur mari ! L'environnement culturel et humain de l'île lui correspond mieux !

Quelle que soit votre destination, il est essentiel de vous informer sur la région, le pays, le bassin de l'emploi ou encore les conditions d'exercice du métier que vous envisagez. Partir sur un coup de tête peut faciliter le départ mais vous embarquer dans des « galères » une fois sur place. Dans tous les cas, ne négligez pas la piste du déménagement qui peut s'avérer une vraie opportunité, tant sur le plan professionnel que personnel !

Témoignage

Philippe Gaillard, de directeur fonctionnel à Paris à coach en province

Quel travail avant le changement ?

J'ai été amené lors de mon parcours professionnel en entreprise de plus de dix-sept années à exercer dans différents secteurs d'activité des fonctions d'audit, de conseil, de chef de projet et de direction de département fonctionnel.

La diversité et la richesse des missions qui m'ont été confiées m'ont permis d'acquérir une solide expérience du monde de l'entreprise et de ses hommes, à travers le management et le développement des ressources.

Mon dernier job salarié fut pour le compte du Groupe ETAM en tant que « directeur des achats hors production », service que j'ai créé et consolidé durant cinq années au sein de l'entreprise.

Le déclic ?

Lors de ce dernier travail salarié j'ai été coaché. Ce coaching professionnel convergeait avec une psychothérapie que je menais depuis plusieurs années, sur un plan plus personnel. Je me cherchais, ou plutôt je cherchais comment être plus heureux et mieux dans ma tête !

Puis la direction RH m'a sollicité régulièrement pour donner un point de vue, poser un diagnostic sur la situation de certains managers : sans le savoir je faisais du coaching interne, cela a révélé mes aptitudes naturelles à être coach, et surtout mon envie d'évoluer vers ce type de posture et de métier. Ayant moins d'intérêt pour mon poste de dirigeant opérationnel, à la croisée des chemins, j'ai négocié un départ.

Je me suis alors tourné complètement vers le coaching, après avoir suivi plusieurs formations reconnues. En France, le diplôme est important...

Quel travail après ?

Poursuivant mon projet personnel, être indépendant financièrement afin de choisir (et non plus subir) ma vie, en termes d'organisation, de missions et de cadre de vie, je me suis installé en Charente-Maritime, pour mes proches, la nature, les chiens, le cognac !

J'ai fait construire une maison et un gîte entièrement accessible aux personnes handicapées (http://www.maison-du-plantis.fr/).

Actuellement je suis coach, j'accompagne des personnes soit à un moment clé de leur parcours professionnel (avant une mobilité, une expatriation, le passage à la retraite, la création d'une entreprise), soit en raison d'une situation délicate (nouveau rattachement hiérarchique, climat interne tendu...).

J'accompagne aussi des équipes situées tout au long de la ligne hiérarchique dans les entreprises.

Je propose et je développe des prestations à distance grâce aux outils nomades, dont Skype, et toutes orientées solution et résultat, afin de respecter les contraintes de temps et d'efficacité des managers.

Dans le même temps, cela me permet d'avoir un équilibre de vie qui correspond à ce que je souhaite.

En période de crise, faut-il rester en France ou tenter sa chance à l'international ?

Qui n'a pas rêvé un jour d'aller explorer le monde ? C'est peut-être l'occasion ? On peut être tenté de s'expatrier pour des raisons personnelles ou professionnelles. Que ce soit pour des études, se rapprocher de sa famille, mais aussi des perspectives de carrière.

Au-delà de l'intérêt personnel, une expérience à l'étranger est un atout pour votre carrière. Cela peut vous permettre d'acquérir une langue étrangère, de participer à l'implantation d'une filiale de votre entreprise à l'étranger, d'accéder à une évolution professionnelle une fois de retour en France ou de poursuivre dans d'autres pays du monde.

Quelques questions à se poser avant de partir :

- Y a-t-il des métiers qui voyagent plus que d'autres ? Oui. À titre d'exemple les métiers d'ingénieur, de la santé (médecin, infirmier...), de cuisinier, d'animateur de loisirs ou dans le secteur du tourisme offrent de nombreuses opportunités d'expatriation.
- Que faut-il prendre en compte pour le retour ?
- Vaut-il mieux partir avec votre employeur ou trouver un employeur sur place ?

Expatriation et détachement

L'expatriation : le salarié part travailler dans un pays étranger. Avec la mondialisation et l'ouverture de nouveaux marchés la mobilité internationale et l'expatriation sont en forte croissance. Beaucoup d'entreprises implantées à l'étranger proposent à leurs salariés de partir en mission. Voici quelques moyens de partir à l'étranger avec votre entreprise :

- pour une longue période (en moyenne deux à trois ans). Le contrat de travail initial est suspendu pendant la durée de la mission à l'étranger, le salarié étant lié à l'entreprise d'accueil par un contrat local. Ses cotisations sociales ne sont plus dues en France, mais dans le pays de destination ;
- **le transfert** : à la différence de l'expatriation, le contrat de travail initial du salarié est rompu et un nouveau contrat est conclu avec l'entreprise d'accueil. Il s'agit en général d'une période longue ;
- **le détachement** : le salarié travaille à l'étranger temporairement mais demeure sous la subordination de son entreprise d'origine. Il exerce sa mission à l'étranger tout en cotisant en France. Son contrat de travail initial continue de s'appliquer ;
- **le contrat de mise à disposition** : il s'agit là d'un prêt de main-d'œuvre à but non lucratif. Dans ce cas le contrat de travail d'origine est suspendu pendant la durée de la mission et le lien de subordination du salarié est transféré temporairement à la société bénéficiaire. Ce type de contrat s'effectue entre deux sociétés d'un même groupe.

Outre le privé, certains services et organismes publics ou semi-publics ainsi que des associations proposent des emplois à l'étranger qui exigent souvent un niveau de qualification élevé et, dans bien des cas, une expérience professionnelle de plusieurs années.

■ Quelques adresses pour aller plus loin

France Diplomatie :

www.diplomatie.gouv.fr/fr/les-francais-a-l-etranger/travailler-a-l-etranger/

La Maison des Français à l'étranger : www.mfe.org

Pôle emploi international : www.pole-emploi-international.fr

Salariés, prenez un congé de solidarité internationale ![1]

Il permet aux salariés de participer à des missions d'entraide pour le compte d'une association ou d'un organisme à l'étranger. Ce congé est attaché à des actions humanitaires, sous forme de missions d'entraide, hors de France et pour le compte :

- d'une association à objet humanitaire régie par la loi du 1er juillet 1901 relative au contrat d'association ;
- d'une association inscrite au registre des associations en application de la loi du 19 avril 1908 (contrat d'association des départements de la Moselle, du Bas-Rhin et du Haut-Rhin) ;
- d'une organisation internationale dont la France est membre.

Pour obtenir ce congé, le salarié doit avoir au moins douze mois consécutifs ou non d'ancienneté dans l'entreprise. Sa durée et celle cumulée de plusieurs de ces congés employés de façon continue ne peuvent passer le seuil de six mois.

■ *Les conséquences sur le contrat de travail*

Pendant le congé de solidarité internationale, le salarié n'est pas rémunéré par l'entreprise. Cette période est assimilée à du temps de travail effectif pour la détermination des avantages légaux et conventionnels fixés par l'ancienneté. La durée du congé ne peut être imputée sur le congé annuel.

Que se passe-t-il à l'issue de ce congé ? Le salarié doit remettre à l'employeur une attestation constatant l'accomplissement de sa mission (remise par l'association ou l'organisation). Il retrouve son précédent emploi ou un emploi similaire ainsi qu'une rémunération au moins équivalente...

Le volontariat international en entreprise (VIE)

Aujourd'hui plus de 20 000 jeunes ont réalisé une mission VIE, près de 6 500 sont en poste dans 130 pays depuis sa création. Un candidat peut partir dans tous les pays du monde :

- 42 % des VI partent en Europe ;

---

1. http://rhconseilpme.blogs.com/saviezvous/2011/02/le-saviez-vous-sur-le-cong%C3%A9-de-solidarit%C3%A9-internationale-.html

- 22 % en Asie-Océanie ;
- 15 % en Amérique du Nord ;
- 12 % en Afrique ;
- 5 % en Amérique latine ;
- 4 % au Proche et Moyen-Orient.

Le VIE ou volontariat international en entreprise (environ 80 % des VI) permet d'effectuer une mission au sein d'une entreprise française à l'étranger et d'occuper un emploi d'ordre commercial, financier, technique ou scientifique dans tous les secteurs d'activité.

Pour cela il faut avoir entre 18 et 28 ans, et demander, par exemple, à un chef d'entreprise de vous confier son projet export, durant une période modulable de six à vingt-quatre mois, renouvelable une fois dans la limite de deux ans.

Les types de missions confiées aux volontaires, commerciales ou techniques, sont décidés par l'entreprise :

- études de marché ;
- prospection ;
- renforcement d'équipes locales ;
- accompagnement d'un contrat, d'un chantier ;
- participation à la création d'une structure locale ;
- animation d'un réseau de distribution ;
- support technique d'un agent.

Il existe également un autre type de volontariat international : le volontariat international en ambassade (VIA).

Le VIA permet d'effectuer une mission dans les ambassades ou leurs services rattachés, ou de partir au sein d'une structure publique locale étrangère (gouvernement, ministères, municipalités, centres de recherche et universités publiques), et auprès d'organisations internationales ou d'associations agréées.

■ **Contacts pour faire une demande de VIE**

www.ubifrance.fr : Ubifrance propose des solutions de portage par des grands groupes et des sociétés d'accompagnement à l'international, solutions qui peuvent aller du simple hébergement au suivi du VIE durant sa mission.

Ou les chambres de commerce et d'industrie françaises à l'étranger (UCCIFE, www.uccife.org).

Les entreprises publient également des offres de volontariat sur les sites d'emplois.

6.5. Entreprendre !

✓ Des idées pour se passer de patron ?
✓ Et si entreprendre n'était pas si risqué ?

Créer son entreprise est un autre moyen d'envisager la concrétisation de son projet professionnel.

Aussi, il est vrai que la création constitue parfois le passage obligé de certains projets ou certaines professions. Pour certains, entreprendre est bien plus qu'un moyen et constitue un véritable état d'esprit et une manière unique d'envisager sa vie professionnelle.

Nous vous présentons ici, de manière résumée, les principaux statuts et notamment ceux correspondant à une activité d'indépendant, la plus répandue pour se lancer. Il existe de nombreuses formes de structures juridiques pour créer une entreprise. Pour vous décider, il vous faudra prendre en compte des éléments comme l'activité, le niveau de risques, les enjeux financiers ou encore le nombre de personnes associées au projet, salariées ou non.

Notre objectif n'étant pas ici de faire de vous des chefs d'entreprise mais de vous aider à envisager différents moyens de réaliser votre rêve et de vous épanouir professionnellement, nous n'aborderons que très succinctement la création d'entreprise avec plusieurs associés.

La France n'est pas le pays où il est le plus facile de démarrer une entreprise. Or, il existe des mesures, plus ou moins récentes, qui favorisent ce type de projet et permettent de se lancer simplement et sans prendre trop de risques, tout en bénéficiant de bons avantages sociaux. Le portage salarial et le statut d'autoentrepreneur font partie des mesures qui vont dans ce sens.

Les différents statuts présentés dans ce chapitre sont en constante évolution. Certaines modifications pourraient intervenir à partir de janvier 2013. N'hésitez donc à vérifier les évolutions qui pourraient vous concerner avant d'entreprendre !

■ Entreprendre pour soi-même

Concilier indépendance et sécurité : le portage salarial

Le portage salarial permet de proposer ses services à une entreprise cliente sans créer une véritable entreprise. Faire appel à une société de portage, c'est le plaisir d'entreprendre sans les risques et les contraintes de la création d'entreprise, en conservant les avantages et la sécurité du statut de salarié.

C'est un bon moyen de tester ses capacités à entreprendre ou d'évaluer le potentiel d'un projet.

Cette forme de travail est assez récente en France et continue régulièrement d'évoluer. La loi de modernisation du marché du travail du 25 juin 2008 reconnaît la pratique du portage salarial qu'elle définit comme « un ensemble de relations contractuelles organisées entre une entreprise de portage, une personne portée et des entreprises clientes comportant pour la personne portée le régime du salariat et la rémunération de sa prestation chez le client, par l'entreprise de portage ». La société de portage offre donc un cadre juridique et social pour l'ensemble des missions réalisées.

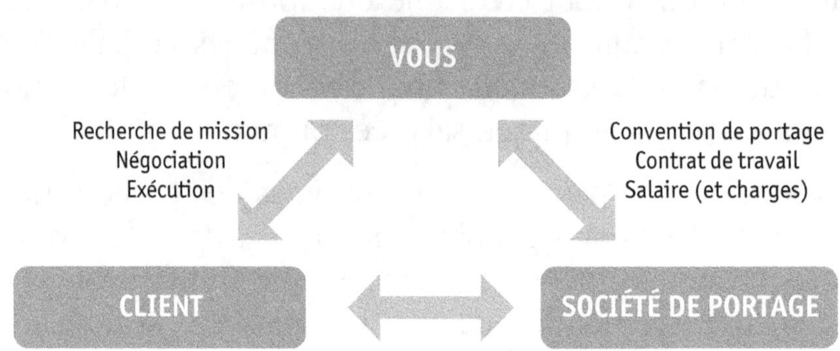

Comment ça marche ?

Le portage :

- ne concerne que les personnes qui vendent des services. On ne peut pas vendre de produits ;
- ne fonctionne qu'en B to B et non en B to C. On vend aux entreprises et pas aux particuliers.

Vous assurez la commercialisation et la réalisation de votre prestation de service. La société de portage s'occupe de la gestion administrative et comptable de votre activité. Vous n'avez rien à faire de plus que de vous concentrer sur votre métier ; ce qui en soi est déjà beaucoup.

La société de portage réalise :

- la facturation auprès du client ;

- le recouvrement des créances ;
- vos contrats et bulletins de salaire ;
- vos cotisations obligatoires (santé, retraite, assurance chômage…).

Certaines sociétés de portage proposent des services complémentaires :

- organisation de formations pour optimiser les performances de leurs consultants (vente et négociation, communication, organisation…) ;
- services financiers comme le PEE, PER, PERCO…
- propositions d'offres de missions ;
- prêt de bureaux et de salles de réunion gratuit.

Combien vous gagnez ?

Tout dépend de ce que vous arrivez à vendre ! Sauf exception, la société de portage n'assure pas la commercialisation de vos services. Votre salaire dépend donc des recettes de vos prestations. En portage comptez environ **50 % de votre CA**. Que deviennent les 50 % restants ? La société de portage prélève entre 5 et 12 % de votre CA réalisé pour ses frais de gestion (déclarations, recouvrement de créances, services…). Les charges sociales patronales et salariales représentent environ 40 % de votre CA. Concrètement, pour gagner 2 500 euros net, il vous faudra facturer 5 000 euros HT à votre client.

Pouvez-vous déduire des frais ?

Le système du portage permet de déduire des frais au même titre qu'une activité d'indépendant ou qu'un salarié qui engagerait à titre personnel des frais pour son entreprise. Vous pourrez donc déduire directement de votre chiffre d'affaires des frais de restauration (mission et invitation client), de transport, d'hôtel ou de taxi par exemple, mais uniquement sur les mois où vous avez un salaire, dans la limite de 30 % du salaire versé. Vous ne pouvez pas défrayer un achat supérieur à 500 euros.

▪ Pour aller plus loin

www.guideduportage.com

www.fenps.fr (Fédération nationale du portage salarial)

www.sneps.fr (Syndicat national des entreprises de portage salarial)

www.opps.pro (Observatoire paritaire du portage salarial)

L'entreprise individuelle

L'**entreprise individuelle (EI)** est une forme juridique souple où le dirigeant dispose des pleins pouvoirs pour diriger seul son entreprise avec des règles de gestion simplifiées. L'entreprise et le dirigeant sont confondus en une seule entité physique : l'entrepreneur.

Elle permet de commercialiser des produits ou des services à des professionnels, comme à des particuliers. C'est la forme juridique la plus répandue (80 % des entreprises de moins de six salariés) comme probablement celle de votre médecin (profession libérale) ou de votre boulanger (artisan-commerçant).

Responsabilité et risques ?

En contrepartie de la souplesse de ce régime, il n'y a pas de séparation juridique et fiscale entre le patrimoine de l'entreprise et celui de l'entrepreneur lui-même. Autrement dit, le dirigeant est responsable des éventuelles dettes contractées par l'entreprise sur ses biens personnels et ceux de son conjoint en cas de régime communautaire.

L'entrepreneur peut néanmoins protéger ses biens et notamment son logement personnel en réalisant une déclaration d'insaisissabilité devant un notaire.

Depuis le 1ᵉʳ janvier 2011, l'entreprise individuelle à responsabilité limitée (EIRL) permet de protéger ses biens personnels des risques liés à son activité professionnelle. Son fonctionnement est proche de celui d'une EURL (SARL à associé unique).

De plus l'assurance responsabilité civile et professionnelle, fortement conseillée, permet de couvrir les risques en cas de dommages aux tiers ou aux clients.

Régime social

Le travailleur indépendant possède un régime spécial lié à son statut.

Vous dépendez alors de trois organismes sociaux :

- l'URSSAF ;
- le RSI ;
- une caisse de retraite.

L'URSSAF[1] (Union de recouvrement des cotisations de sécurité sociale et d'allocations familiales) est commune aux salariés et aux indépendants. Elle réalise la collecte des ressources (cotisations et contributions sociales) qui servent à financer notamment le régime général de la Sécurité sociale, ainsi que d'autres organismes ou institutions comme le régime de l'assurance chômage, la retraite de base. Pour les indépendants, elle sert à financer les allocations familiales, la formation professionnelle et la CSG-CRDS.

Le RSI[2] (régime social des indépendants) est aux indépendants ce que le régime général (représenté par la CPAM) est aux salariés. Il permet la prise en charge ou le remboursement des soins médicaux, d'indemnités en cas d'arrêt maladie, de congé maternité ou encore d'accident du travail.

Votre caisse de retraite dépendra de l'activité que vous exercez.

Fiscalité

Les bénéfices de l'entreprise individuelle sont taxés en fonction de la nature de l'activité (et de l'importance du chiffre d'affaires) :

- bénéfices industriels et commerciaux (BIC) : activité commerciale, industrielle ou artisanale ;
- bénéfices non commerciaux (BNC) : activité libérale (médecin, traducteur, consultant…).

Régime d'imposition (en fonction de votre chiffre d'affaires) :

- le régime réel normal exige une comptabilité complète ;
- le régime réel simplifié permet d'alléger les obligations comptables et prend en compte certains frais de manière forfaitaire ;
- le régime micro-entreprise. Ce régime concerne uniquement les entreprises réalisant un CA annuel HT limité : 81 500 euros pour les entreprises de vente de marchandise et 32 600 pour les prestataires de services (en 2012).

Le bénéfice de l'entreprise est ajouté aux autres revenus du foyer fiscal (salaires, revenus fonciers…). L'ensemble des revenus est soumis au taux d'imposition du foyer fiscal.

Si vous entreprenez dans une activité de conseil, sans engagements financiers importants (emprunt bancaire, matériel, local…),

---

1. www.urssaf.fr
2. www.rsi.fr

l'entreprise individuelle est un bon moyen pour vous lancer sans trop de complications légales et administratives !

■ **Pour aller plus loin**

www.apce.com (Agence pour la création d'entreprise)

www.entreprises.ccip.fr (site de la chambre de commerce)

www.eirl.fr (sur le statut d'entreprise individuelle à responsabilité limitée)

Vendeur à domicile indépendant (VDI) : plus qu'un statut intéressant, un métier, une carrière !

C'est un métier en plein essor, présent dans de nombreux secteurs. La vente directe est la troisième voie de la distribution avec la vente en magasin et la vente à distance.

Dans ce secteur, le vendeur est chargé de la commercialisation de biens et de services d'une entreprise directement auprès d'une clientèle de particuliers. Le client est démarché à son domicile, sur son lieu de travail ou dans tout lieu non destiné à la commercialisation de biens ou services.

Parmi les 300 000 vendeurs des entreprises adhérentes de la Fédération de la vente directe (FVD) :

- 10 % exercent leur profession à temps plein avec éventuellement des fonctions d'encadrement ;
- 90 % effectuent cette activité à temps partiel ;
- 77 % sont des femmes.

Il existe plusieurs statuts dont celui de VDI. Il est surtout essentiel de choisir un produit qui vous plaît vraiment afin de pouvoir le vendre. Certains VDI gagnent très bien leur vie et sont très épanouis dans leur activité. Ils choisissent leurs horaires, gagnent des cadeaux, des voyages, créent du lien social et sont responsables, plus ils travaillent, plus ils gagnent !

Pour en savoir plus et choisir votre entreprise de vente directe, le statut qui vous correspond, passez impérativement par la Fédération de vente directe : http://www.fvd.fr/

L'autoentrepreneur

Créé en 2009, le régime de l'autoentrepreneur est une adaptation simplifiée du régime des indépendants (EI). Il est destiné aux personnes souhaitant tester un projet d'entreprise ou développer une activité complémentaire (salarié ou retraité).

Les obligations administratives et comptables sont réduites et simplifiées, les charges sociales et fiscales sont diminuées, et ce statut présente l'avantage pour l'entrepreneur de cotiser aux caisses sociales seulement s'il réalise un chiffre d'affaires. Pas de revenus, pas de cotisations.

L'application de la TVA est particulière :

- la TVA sur les investissements et les achats n'est pas récupérable ;
- les ventes sont hors TVA.

Ce statut est destiné à des activités générant un chiffre d'affaires limité (en 2012) :

- 81 500 euros (HT) pour une activité de vente de marchandise ;
- 32 600 euros (HT) pour une activité de prestations de services.

Si l'activité est mixte, le chiffre d'affaires global est limité à 81 500 euros par an, avec une limite de 32 600 euros pour la partie relevant des activités de services.

Vous pouvez tout à fait débuter votre activité avec un statut d'auto entrepreneur pour passer ensuite à celui d'entreprise individuelle, d'EURL ou de SARL, quand vous aurez suffisamment développé votre activité.

Le statut est en pleine évolution. N'hésitez pas à vous renseigner sur les éventuelles modifications qui pourraient intervenir à partir de l'année 2013.

■ Pour aller plus loin

Vous pouvez consulter le seul site officiel sur lequel vous trouverez toutes les informations utiles pour vous lancer : www.lautoentrepreneur.fr

Vous pouvez également consulter :
www.autoentrepreneur.biz (site de l'APCE)
www.federation-auto-entrepreneur.fr
http://reseau-auto-entrepreneur.fr

Pas envie de travailler seul ? Essayez le « coworking »

Le « coworking » offre aux travailleurs indépendants la possibilité de louer un bureau dans des espaces de travail partagés et ouverts à tous[1].

Cette « colocation professionnelle », qui se développe de plus en plus, se base sur deux éléments fondateurs :

- un espace de travail partagé ;
- un réseau de professionnels dont les compétences et l'état d'esprit sont propices à l'échange.

De plus en plus d'entreprises favorisent cette forme de travail, créée à l'origine pour des indépendants, qui est plus économe et plus flexible. Ces espaces permettent des

---

1. Vous pouvez par exemple consulter des offres sur www.eworky.fr

prises de contact, des rencontres enrichissantes qui développent la créativité tout en améliorant la productivité des coworkers et leur façon d'envisager le travail.

Si votre projet vous porte vers l'entrepreunariat mais que vous appréhendez de travailler seul(e) chez vous, ce concept est à étudier, les coworkers semblent globalement enchantés de leur sort !

■ Entreprendre à plusieurs

Différentes formes juridiques sont possibles si vous souhaitez entreprendre à plusieurs. Dans ce cas, une entité juridique est créée, la personne morale.

La forme la plus répandue est la SARL (société à responsabilité limitée). Elle permet de créer ou de **reprendre une entreprise à plusieurs** (de 2 à 100 associés).

Cela implique des formalités et des obligations administratives et comptables plus complexes (rédaction de statuts, dénomination sociale, siège social, dépôt d'un capital…).

À la différence de l'entreprise individuelle, la SARL est une « **personne morale** » qui possède son propre patrimoine, séparé de l'entrepreneur. En cas de difficultés, **les biens personnels du chef d'entreprise sont à l'abri** des créanciers, sauf faute grave du dirigeant ou garanties bancaires personnelles. En contrepartie, l'usage des biens de la société à des fins personnelles l'expose à des poursuites pour abus de biens sociaux…

Le gérant majoritaire de SARL est rattaché au régime des indépendants et l'entreprise est fiscalement soumise à l'impôt sur les sociétés (possibilité d'opter pour l'impôt sur le revenu pour les SARL de famille).

D'autres formes juridiques s'offrent à ceux qui veulent s'associer pour entreprendre : la SA ou la SAS. Voici un extrait du tableau de synthèse[1] publié sur le site de la CCI de Paris permettant aux futurs créateurs de comparer rapidement les incidences juridiques, fiscales et sociales des différentes structures.

---

1. http ://www.entreprises.ccip.fr/web/reglementation/creation-entreprise/ entreprendre-plusieurs-comparatif-principales-structures-juridiques.

Type de société	SA à conseil d'administration (CA)	SARL	SAS
Nombre d'associés	Au moins 7 actionnaires, personnes physiques ou morales.	2 à 100 associés, personnes physiques ou morales.	Au moins 2 associés, personnes physiques ou morales.
Direction de l'entreprise	La direction de la société est assumée : • soit par une personne physique appelée président-directeur général (P-DG), qui est à la fois président du conseil d'administration (CA) et directeur général de la société ; • soit par deux personnes physiques distinctes : le président du CA et le directeur général (DG) de la société. Le CA est composé de 3 à 18 membres (administrateurs) ; sur proposition du DG, le CA peut nommer au plus 5 directeurs généraux délégués chargés d'assister le DG dans sa mission	La direction de la société est assumée par au moins un gérant, personne physique Le gérant peut être un associé ou un tiers à l'entreprise	La direction de la société est assumée par un président, personne physique ou morale D'autres organes de direction peuvent cependant être prévus par les statuts (liberté contractuelle)
Montant du capital social	37 000 euros	Le montant du capital social est librement déterminé par les associés dans les statuts (au moins 1 euro)	
Nature des apports	Le capital social doit être constitué d'apports en numéraire (argent) et/ou d'apports en nature (tout bien autre qu'une somme d'argent). Les apports en industrie sont autorisés sous certaines conditions sauf dans le cas d'une SA où ils sont interdits.		
Pouvoirs du dirigeant	• Pouvoirs du P-DG ou du directeur général : il dispose des pouvoirs les plus étendus pour agir au nom de la société à l'égard des tiers • Pouvoirs du président du CA : il organise et dirige les travaux du conseil d'administration	À l'égard des tiers, le gérant de la SARL, comme le président de la SAS, dispose des pouvoirs les plus étendus pour agir au nom de la société Néanmoins, la société est engagée même par les actes de son représentant légal qui ne relèvent pas de l'objet social, à moins d'apporter la preuve que le tiers savait que l'acte dépassait cet objet ou qu'il ne pouvait l'ignorer compte tenu des circonstances	

Type de société	SA à conseil d'administration (CA)	SARL	SAS
Statut social du dirigeant	Le P-DG ainsi que le directeur général de SA sont soumis au régime général de la Sécurité sociale (hors Pôle emploi) s'il perçoit une rémunération, y compris des jetons de présence	• Le gérant majoritaire est soumis au régime des travailleurs non salariés (TNS) • Le gérant minoritaire, égalitaire ou non associé, non rémunéré ne relève d'aucun régime obligatoire de protection sociale • Le gérant non associé, minoritaire ou égalitaire rémunéré est soumis au régime général de la Sécurité sociale	Le président de la SAS qu'il soit associé ou non est soumis au régime général de Sécurité sociale (hors régime Pôle emploi) s'il perçoit une rémunération
Statut fiscal du dirigeant	Les rémunérations versées au P-DG de SA, au directeur général ou président du CA sont soumises à l'IR dans la catégorie des traitements et salaires Celles octroyées aux administrateurs au titre de leurs fonctions sont soumises à l'IR mais dans la catégorie des revenus de capitaux mobiliers	Les rémunérations versées au gérant de SARL sont soumises à l'IR : • dans la catégorie des traitements et salaires pour les gérants minoritaires et gérants non associés ; • suivant les modalités prévues par l'article 62 du Code général des impôts pour les gérants majoritaires	Les rémunérations versées aux organes dirigeants de la SAS sont soumises à l'IR dans la catégorie des traitements et salaires
Statut fiscal de l'entreprise	Ces trois formes juridiques d'entreprise sont soumises à l'impôt sur les sociétés (IS), mais peuvent, sous certaines conditions, opter pour le régime fiscal des sociétés de personnes (impôt sur le revenu ou IR)		
Responsabilités encourues	• Les actionnaires : responsabilité limitée au montant de leurs apports • Les dirigeants : responsabilité civile et/ou pénale pour les fautes commises dans l'exercice de leurs fonctions	• Les associés : responsabilité en principe limitée au montant de leurs apports • Le gérant : responsabilité civile et/ou pénale pour les fautes commises dans l'exercice de ses fonctions	• Les associés : responsabilité limitée au montant de leurs apports • Le président : responsabilité civile et/ou pénale pour les fautes commises dans l'exercice de ses fonctions.

Plusieurs autres formes et statuts d'entreprises existent et sont à explorer si vous souhaitez développer un projet de création ou de reprise d'entreprise. Si vous ne voulez pas commencer de zéro, la franchise permet d'entreprendre tout en bénéficiant du savoir-faire et de la notoriété de l'enseigne.

Témoignage

Philippe S., de DG Europe dans la finance à patron de TPE !

Quel travail avant le changement ?
Direction générale Europe dans l'informatique et la finance.

Le déclic ?
La division de la société qui m'employait a été cédée à un fonds de pension. Dès le début, les relations avec le nouvel actionnaire ont été tendues. Sans surprise, après quelques semaines, je me suis retrouvé licencié, tout comme l'intégralité de mes équipes. J'avais 35 ans à l'époque, et avais connu une carrière éclair en passant de simple commercial à grand chef sioux en moins de dix ans. En me retournant, j'ai pris conscience que finalement, une fois que vous avez rendu votre téléphone et votre laptop de fonction, il reste peu de chose. Seulement quelques relations personnelles créées avec certains des membres de votre équipe et quelques clients. J'avais en revanche acquis la conviction que les grands groupes apportent une relative et appréciable aisance matérielle, mais sont en contrepartie générateurs de frustrations importantes. J'avais besoin de donner un sens à ma vie professionnelle.

Quel travail après ?
Après quelques longs mois de recherche, j'ai racheté une société d'aménagement de bureaux. Ainsi, après avoir passé dix ans au contact de traders et d'informaticiens, je suis maintenant « dans le bâtiment ». Je travaille avec des peintres, des moquettistes et des poseurs de cloisons. Depuis, c'est une renaissance professionnelle, je côtoie des profils divers et variés. C'est très enrichissant !

Chapitre 7

Je finalise mon projet

Où je veux aller, ce que je veux faire !

7.1. Rien ne sert de courir, il faut d'abord savoir où l'on va !

✓ J'y vais ou j'y vais pas ?

✓ Je fais les bons choix pour cibler mon projet.

> *« Il n'y a point de vent favorable*
> *pour celui qui ne sait pas vers quel port il va. »*
> ■ Sénèque, *Lettre à Lucilius LXXI*

Maintenant que vous avez fait le tour de vos motivations, de vos compétences et de l'offre du marché, vous devez intégrer ces trois composantes pour définir avec précision votre projet.

■ Savoir quel est le chemin que vous souhaitez emprunter

Prendre le temps de bien définir votre projet professionnel est essentiel à sa réussite. Cela vous permettra de ne pas vous éparpiller dans un métier ou un environnement qui ne vous correspond pas.

Cette démarche est sans doute une des étapes les plus délicates dans un projet de transition professionnelle. Elle nécessite une vraie investigation et du temps pour apporter de la maturité à votre projet.

■ La théorie des petits pas

Imaginez que le sommet de la tour Eiffel représente votre objectif professionnel. Il y a 1 665 marches pour atteindre le sommet. Chacun des trois étages représente les étapes de votre projet professionnel. Chacune des marches des sous-étapes intermédiaires. Vous devez considérer votre projet professionnel ainsi. Un objectif, des étapes et entre chaque étape des marches à gravir. Mieux votre projet sera défini, et plus vous trouverez la motivation nécessaire pour atteindre votre objectif. Il y aura peut-être des moments difficiles, de découragement, mais vous y arriverez. Pourquoi ? Parce que vous vous serez programmé pour réussir et que vous pourrez, à chaque étape, vous ressourcer et apprécier le chemin parcouru avant l'étage suivant. Rome ne s'est pas construit en un jour, il vous faudra du temps pour changer de boulot.

De par votre action, vous développerez votre confiance et vos motivations à poursuivre et à achever votre objectif. Vous ne pourrez pas atteindre votre objectif sans rien faire. Le manque d'action nuit gravement à la réalisation de votre objectif et de votre projet professionnel.

La stratégie des « petits pas », c'est progresser, chaque jour, un petit peu vers votre objectif ou votre rêve en additionnant l'ensemble de vos « petites » réalisations.

Cette démarche devient alors un mode de vie au quotidien qui vous permet de réaliser de grandes choses, de vous dépasser et d'atteindre des objectifs qui pouvaient vous apparaître inatteignables au départ.

Le travail, la persévérance et la détermination vous permettront de réaliser de grandes choses et de faire votre succès professionnel, celui que vous avez choisi !

Comment ?

- Ne soyez pas trop pressé de vouloir atteindre votre objectif.
- Attelez-vous à cet objectif avec suffisamment de rigueur.
- Choisissez les meilleures actions, celles qui vous aideront à atteindre plus rapidement votre but.

Faire le bon choix, oui mais comment ?

Pensez aux conséquences de vos choix !

Par exemple, vous avez le choix entre aller à la mer ou à la montagne. Si vous vous posez la question, c'est que les deux vous séduisent, mais comment choisir ? Il y a des points positifs et négatifs dans chacune de ces options : vous n'allez pas rencontrer les mêmes personnes, le même climat, vous ne ferez pas les mêmes activités.

L'important ce sont les **conséquences** de vos choix en lien avec vos intérêts d'aujourd'hui mais aussi de demain.

À moins bien sûr de trouver un lieu qui puisse combiner la mer et la montagne (nous vous conseillons l'Italie), faire un choix signifie aussi faire un deuil de ce que vous ne ferez pas. Étant donné que vous connaissez les raisons de votre choix, le deuil devrait être plus facile. Le plus difficile parfois, c'est de l'expliquer aux autres, alors, à vous de jouer !

 **À vous de jouer !**

Vos choix et... les conséquences de vos choix

Pour illustrer cette idée et vous aider à passer à l'action, vous pouvez compléter le tableau suivant qui vous permettra de repérer clairement vos besoins en identifiant les conséquences de vos choix de projets professionnels.

Notez les conséquences positives ou négatives de vos projets sur les éléments essentiels de votre vie à l'aide de l'échelle suivante : très positif (++), positif (+), négatif (-) et très négatif (--)

Listez tout ce qui est important pour VOUS. *Ex. : votre famille, une passion, des valeurs (liberté, éthique...).*	**Projet 1**	**Projet 2**
Ex. : minimum 2 000 €/mois pour vivre correctement	+	++
Avoir une journée libre par semaine pour sculpter	++	– –
Avoir du temps pour mes enfants	+	–
Vivre près de chez mes parents		
Faire une activité en rapport avec mes valeurs : être autonome		
etc.		
RÉSULTAT	+	–

■ Le marché du travail en question : la dure réalité...

Au-delà de vos compétences et de vos motivations, le marché du travail est un élément déterminant dans votre évolution professionnelle. L'offre ou les besoins du marché (employeur ou clients) jouent un rôle important dans vos possibilités de changement, que vous ayez un projet salarié ou de création d'entreprise. Votre projet ne peut se concevoir sans les contraintes et les exigences du marché du travail. Il ne suffit donc pas simplement de bien vous connaître et de savoir ce que vous avez à offrir, mais également de prendre en compte la réalité et les besoins du marché. Cet élément est indépendant de vos compétences et peut avoir un réel impact dans la réussite de votre projet.

Ne plaquez donc pas tout sur un coup de tête sans avoir bien étudié votre projet dans sa globalité : vos motivations, vos compétences et le marché du travail. Même si vous adorez l'imprévu et que finalement l'idée de ne pas trop savoir pourrait être une des raisons qui vous poussent à changer, le risque serait de gaspiller beaucoup d'énergie pour un projet qui ne vous satisferait pas.

Les trois composantes d'un projet bien ciblé

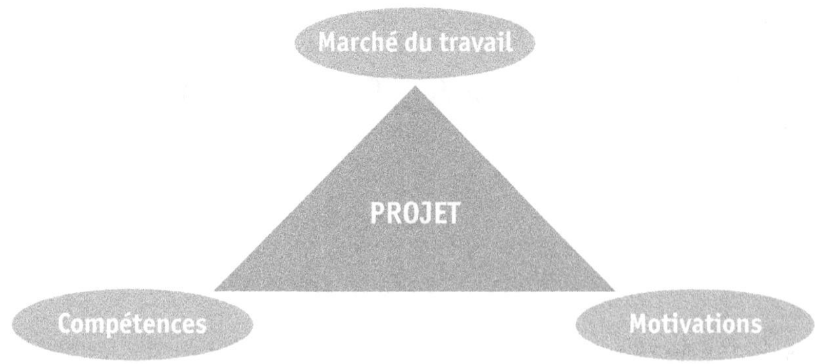

L'art de bien cibler votre projet est un travail incontournable d'adéquation entre ces trois éléments, de manière à pouvoir concrétiser un projet réaliste et vous épanouir pleinement.

Si vous avez les compétences et les motivations mais qu'il n'y a pas de marché dans le domaine que vous ciblez, c'est-à-dire qu'il n'y a pas de besoins de la part des entreprises (ou des consommateurs), vous devez être conscient et avoir mesuré les risques d'échec de votre projet. Vous devez bien étudier votre marché, ses besoins actuels et futurs afin d'être le plus en concordance avec votre cible. Comment allez-vous convaincre un employeur de vous embaucher si vos compétences, même excellentes, ne représentent aucun intérêt pour l'entreprise ?

En revanche, si le marché est en forte demande sur un métier, il est possible que les critères de recrutement soient plus souples et que l'entreprise soit moins exigeante sur les compétences qui vous feraient défaut. Si vous êtes dans ce cas, vous pourrez plus facilement transférer vos compétences acquises sur un nouveau métier ou un autre secteur. Beaucoup de jeunes ou de petites entreprises peuvent plus facilement vous donner votre chance même si vous manquez d'expérience sur un poste.

Pour définir mon projet professionnel je me demande :
- Quels sont mes **compétences** et mes **atouts** ?
- Quelles sont mes **motivations** ?
- Quels sont mes points **à améliorer** et mes **contraintes** ?
- Quelles sont les réalités du **marché du travail ?**
- Comment identifier et connaître mon **futur métier ?**

Pour une meilleure efficacité, vous devez à la fois bien connaître le marché que vous ciblez et les compétences que vous pouvez offrir en questionnant les éléments vous permettant d'anticiper votre employabilité avant de vous lancer.

Il est important de faire bouger vos représentations et de vous confronter à la réalité.

 **Autodiagnostic : comment définir mon projet ?**

Quelques pistes de réflexion pour formuler votre projet professionnel[1] :

Mon projet...	Oui	Non	NSP*
Il permettrait un bon équilibre avec ma vie privée			
Il serait dans la continuité de ma mission actuelle			
Il serait en adéquation avec mes connaissances actuelles			
Il nécessiterait un effort de formation			
Il nécessiterait un effort financier			
Il nécessiterait des sacrifices personnels et familiaux			
Il me permettrait de faire ce que j'aime le plus			
Il me permettrait d'échapper à ce que je déteste le plus			
Il constituerait un mieux social (reconnaissance)			
Il constituerait un mieux économique			
Il me laisserait du temps pour ma passion			

* Ne sait pas.

---

1. Nathalie Olivier, *Kit RH pour les PME : 80 fiches pratiques & 1 CD-ROM*, Eyrolles, Éditions d'Organisation, 2009.

En plus de vous documenter sur votre futur métier ou votre secteur, allez interroger des professionnels sur votre projet. Demandez-leur comment se porte leur marché et quels sont ses besoins. Interrogez-les sur la pertinence de votre projet. Faites marcher votre réseau et ne croyez pas qu'une simple prise d'information documentaire peut suffire à construire votre projet. Vous devez questionner vos motivations et vos compétences métiers, mais également votre futur métier.

Notre propos ici n'est pas seulement de vous encourager à vous dépasser et à réaliser vos rêves mais également de vous aider à pouvoir éviter les déconvenues et à ne pas transformer votre rêve en « galère » !

Si vous pensez, comme nous, que « tout est possible à celui qui s'en donne les moyens », il est important de prendre en considération que les possibles nécessitent un « minimum » de connaissance et d'organisation pour être atteints.

Plus encore, nous partageons l'idée qu'un projet difficile, mais motivant, est plus facile à réaliser qu'un projet facile, mais sans intérêt. Un projet motivant permet souvent de se dépasser et de développer de nouvelles ressources nécessaires à son accomplissement. Au contraire, un projet facile, mais peu motivant, pourra devenir insurmontable s'il ne produit chez vous aucune motivation. N'avez-vous pas besoin d'un nouveau challenge, d'un poste plus intéressant, plus motivant ?

Synthèse des points à relever

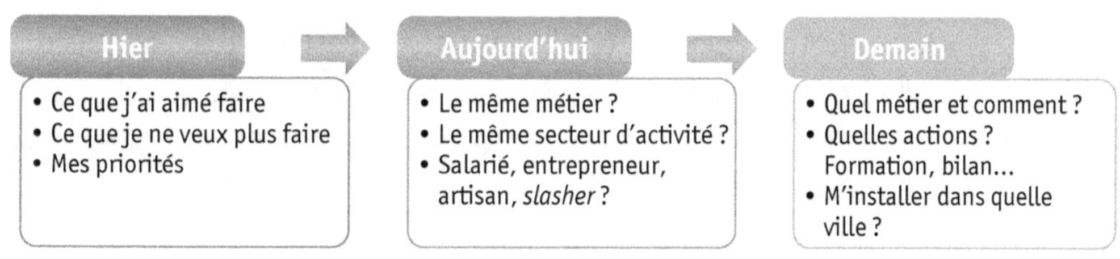

7.2. Transférer ses compétences sur un nouveau boulot

✓ De comptable à prof de yoga !

✓ J'utilise mes compétences sur un nouveau métier.

« Il n'y a de certain que le passé, mais on ne travaille qu'avec l'avenir. »

■ Auguste Detœuf

Prendre en compte vos motivations est essentiel à votre projet mais ne suffit pas. Un recruteur ne vous embauchera jamais parce que vous êtes le plus motivé. Il faudra non seulement être motivé mais, en plus, avoir les compétences qu'il recherche.

En matière de carrière votre passé influence votre avenir. Ce qui ne veut pas dire que vous êtes prisonnier de votre passé mais qu'il faudra faire avec ! Dans la plupart des cas, les personnes qui changent de boulot s'appuient sur leurs compétences acquises pour en développer de nouvelles. D'abord, parce que c'est plus simple, vous ne repartez pas de « zéro », mais aussi parce que bien souvent vous ne faites pas ce que vous faites par hasard et qu'il y a des choses que vous aimez dans votre travail. Il existe des tas de possibilités de métiers, pourquoi avez-vous choisi celui-ci plutôt qu'un autre ?

Vos compétences peuvent être directement utilisables ou transférables à votre nouveau métier. Vous pouvez également les faire évoluer et les adapter à votre cible.

Si vous n'avez aucune compétence pour le poste, vous aurez du mal à trouver un employeur qui voudra bien de vous. Aussi, bien connaître ses compétences, ce que l'on peut apporter, est essentiel à la réussite de votre projet.

■ Qu'est-ce qu'une compétence transférable ?

Une compétence transférable est une compétence que vous pouvez utiliser dans **différentes situations de travail** :

- pour le même métier, au sein d'une structure différente (transférabilité **forte**) ;

- pour un métier différent comportant des activités similaires (transférabilité **moyenne**) ;

- dans un champ professionnel différent comportant des activités connexes ou différentes et nécessitant l'acquisition de savoirs complémentaires ou nouveaux (transférabilité **faible/reconversion**).

Pour qu'une compétence soit transférable, il faut pouvoir reconnaître les situations nouvelles où elle peut s'appliquer. La bonne nouvelle, c'est que beaucoup de vos compétences sont transférables notamment vos savoir être et vos savoirs managériaux. Il faut donc être particulièrement attentif à vos compétences métiers qui ne sont pas si facilement transférables.

Par exemple, certaines compétences sont transférables dans votre entreprise, en interne, telle la maîtrise d'un logiciel « maison », mais ne valent plus rien en dehors de ladite entreprise.

Concernant les seules compétences linguistiques : elles sont communes à beaucoup de métiers, il est possible de les utiliser dans des contextes très différents : guide touristique, assistante, informaticien…

L'employabilité, *kezako* ?

Votre employabilité est le fait de développer et d'actualiser de manière continue, tout au long de votre vie professionnelle, vos compétences, vos connaissances et vos aptitudes afin que vous conserviez ou augmentiez votre valeur sur le marché de l'emploi, aussi bien au sein de votre entreprise qu'à l'extérieur. Garder un œil sur votre employabilité peut vous permettre de faciliter la mise en œuvre de votre projet professionnel.

Et vous ? Quelle est votre attractivité sur le marché du travail ? Maintenez-vous un niveau de compétence suffisant pour vous permettre de conserver votre emploi ou d'en trouver un autre ? Pouvez-vous changer de métier et concrétiser votre projet avec vos compétences actuelles ?

Plutôt généraliste ou plutôt spécialiste ?[1]

Lorsqu'une personne a approfondi ses compétences, et en maîtrise plusieurs parfaitement ; c'est un spécialiste. Lorsqu'elle en connaît plusieurs de manière relativement superficielle, c'est un généraliste.

---

1. Nathalie Olivier, *Kit RH pour les PME : 80 fiches pratiques & 1 CD-ROM*, Eyrolles, Éditions d'Organisation, 2009.

Les deux ont leurs limites :

- le spécialiste devient « incompétent » si une de ses « rares » compétences est obsolète ou n'est pas transférable. Nous retrouvons le cas très souvent, par exemple dans l'informatique avec des langages qui évoluent très vite. Un informaticien est ainsi rapidement dépassé s'il ne se forme pas régulièrement ;

- le généraliste ne pourra pas traiter aisément un sujet en profondeur s'il n'en maîtrise que les grandes lignes de façon superficielle, voire si sa connaissance est obsolète par manque de veille sur des domaines spécifiques. On retrouve facilement ce cas en ressources humaines dans le domaine du droit social.

Tenir compte de ces éléments vous permettra de prendre conscience des compétences que vous pourrez transférer sur un autre emploi.

Devez-vous approfondir ou élargir vos compétences afin de faciliter leur transférabilité sur un nouveau poste ?

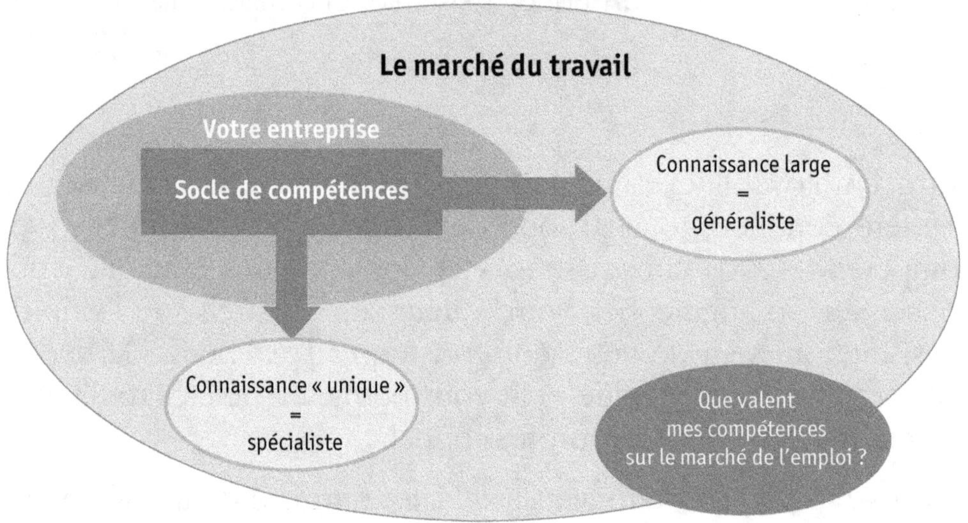

Panorama des différentes possibilités d'évolution : qu'allez-vous faire désormais ? Changer un peu, beaucoup, passionnément

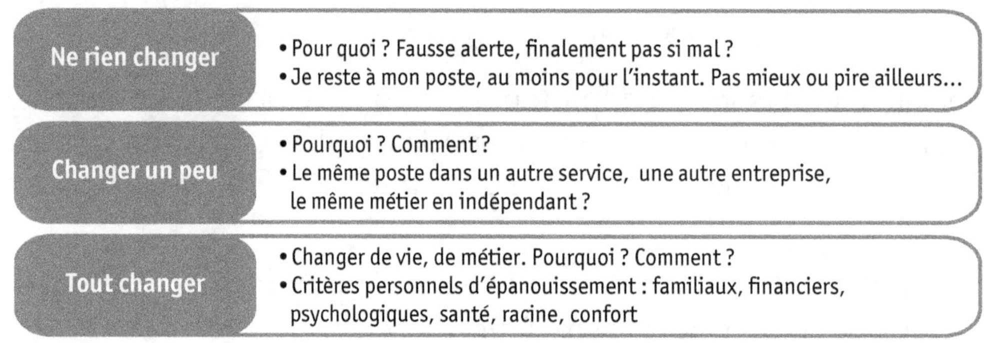

Témoignage

Anne-Marie B., le transfert de ses compétences du privé vers le public

Quel travail avant le changement ?

J'ai souvent changé de job : j'ai fait une formation qui m'intéressait beaucoup mais qui ne m'a pas permis de trouver du travail. Au fur et à mesure de mes recherches, je me suis rendu compte que j'aimais tout ce qui tournait autour de la communication.

Mon niveau d'études m'a permis d'apprendre à raisonner et m'a donné un diplôme (bac + 5) négociable auprès des entreprises. Toutefois cela a été difficile de changer de voie et d'apprendre un nouveau métier sur le tas, puis de monter les échelons. J'ai donc exercé plusieurs jobs de chargée de communication dans des agences de communication.

Le déclic ?

Lors d'une mission en CDD qui aurait dû se transformer en CDI, je suis tombée enceinte et le CDI promis est resté CDD jusqu'à mon congé maternité. Après la naissance de ma fille, j'ai quitté Paris pour la banlieue pour des raisons pratiques et économiques. J'ai alors fait un bilan de compétences et je me suis rendu compte que je pouvais transposer mes connaissances du privé au public, et plus particulièrement dans les collectivités où les services communication se développaient.

Quel travail après ?

Je suis directrice de la communication dans une collectivité. C'est une expérience très enrichissante où l'on travaille pour beaucoup de services différents et où l'on touche toute la population. Mon niveau d'études m'a permis d'intégrer le niveau de direction, impératif dans les collectivités. J'occupe toujours des missions de contractuelle. J'adore mon travail de directrice de la communication et des relations publiques dans une ville de 25 000 habitants.

Je sais que j'aurai des périodes difficiles puisque mon statut de collaborateur de cabinet est lié à l'élection du maire. J'ai souhaité être mobile avec ma famille sur ces missions. Je suis partie récemment m'installer en province. À la prochaine échéance électorale s'il le faut je déménagerai encore, car c'est dans la mobilité que l'on trouve des opportunités intéressantes.

7.3. Synthèse de mon projet

✓ Eurêka, j'ai trouvé le métier de mes rêves !

✓ Je formalise mon projet.

Nous vous proposons maintenant de récapituler, dans le détail, votre projet professionnel.

Cela vous permettra, entre autres, de répondre clairement aux points suivants :

1. Définir un objectif précis et réaliste.

2. S'informer et se documenter sur les métiers, le secteur, les entreprises ciblées.

3. Mettre en place des étapes intermédiaires qui stimuleront votre énergie pour poursuivre.

4. Définir avec précision les comportements qui caractériseront l'atteinte de vos objectifs : que devez-vous faire, comment devez-vous vous comporter pour finaliser votre objectif, accéder à l'étape supérieure ?

5. Identifier des indicateurs de contrôle : où en êtes-vous par rapport aux étapes fixées, quels sont vos comportements ?

6. Se projeter dans la réussite de votre projet qui renforcera votre motivation et votre confiance en vous-même dans la réalisation des différentes étapes pour atteindre votre objectif.

 **Autodiagnostic : à vous de jouer !**

Quels sont VOS OBJECTIFS ?

Personnels

À court terme : ....

À long terme : ....

Professionnels

À court terme : ....

À long terme : ....

Vos motivations

Ce que vous voulez abandonner : ....

Ce que vous voulez changer : ....

Ce que vous voulez acquérir ou développer : ....

Ce que vous voulez conserver : ....

Quelle est votre HYPOTHÈSE DE TRAVAIL ?
(plusieurs possibles)

Première hypothèse

Je désire retrouver le *même métier* dans le *même secteur d'activité* :

Oui ❑   Non ❑

Deuxième hypothèse

Je désire retrouver le *même métier* dans un *autre secteur d'activité* :

Oui ❑   Non ❑

Si vous avez répondu OUI à cette question : quels sont les secteurs d'activité où des entreprises sont susceptibles d'être intéressées par vos compétences ? Pourquoi ?

....

....

Troisième hypothèse

Je désire *changer de métier* tout en restant dans le *même secteur d'activité* :

Oui ❑   Non ❑

Si vous avez répondu OUI à cette question : quelle nouvelle application de votre savoir-faire pourrait attirer les entreprises de votre secteur d'activité actuel ? Pourquoi ?

....

Quelle formation ou autre action pourriez-vous entreprendre pour concrétiser votre projet ?

....

Quatrième hypothèse

Je désire *changer à la fois de métier et de secteur d'activité* :

Oui ❑   Non ❑

Quelles sont vos CIBLES POTENTIELLES ?

Pour bien définir votre projet, il convient d'établir la liste des entreprises à cibler.

Les entreprises concurrentes de celle que l'on quitte :

....

▶▶

Les entreprises en amont (fournisseurs de l'entreprise que l'on quitte) :

....

Les entreprises en aval (distributeurs, clients directs) :

....

Les entreprises ayant une activité voisine ou connexe, le même type de fournisseurs, de clientèle ou de produits :

....

Quels sont vos CRITÈRES DE CHOIX ?

Identifiez dans chacune des trois colonnes (poste – entreprise – environnement de travail) cinq critères que vous jugez importants pour apprécier une opportunité d'évolution professionnelle.

Le poste	**L'entreprise**	**L'environnement de travail**
❑ Responsabilités réelles ❑ Intitulé du poste ❑ Capacités personnelles par rapport au poste ❑ Motivation par rapport au poste ❑ Avenir de la fonction ❑ Évolution ultérieure ❑ Développement de l'acquis professionnel ❑ Autonomie ❑ Travail en équipe ❑ Position hiérarchique (opérationnel/fonctionnel) ❑ Contacts avec l'extérieur ❑ Contacts avec l'international ❑ Travail individuel ❑ Travail collectif ❑ Possibilité de créer, d'innover ❑ Sédentarité/mobilité ❑ Horaires de travail/temps partiel ❑ Moyens mis à disposition ❑ Salaire et primes ❑ Avantages en nature	❑ Âge de l'entreprise ❑ Secteur d'activité ❑ Santé financière ❑ Taille ❑ Structure juridique (public, privé) ❑ Type de produits ou de services ❑ Rythme de croissance ❑ Résultats, CA ❑ Image de la société ❑ Localisation ❑ Environnement immédiat ❑ Pérennité de l'entreprise ❑ Type de clientèle ❑ Capacités d'exportation ❑ Appartenance à un groupe international ❑ Possibilité d'actionnariat ou de partenariat ❑ Position sur le marché ❑ Produits et services ❑ Finalité de l'entreprise (capitaliste, sociale) ❑ Stratégie de développement ❑ Nombre de métiers et de fonctions existant ❑ Possibilité d'évolution	❑ Valeurs et personnalité du/des dirigeant(s) ❑ Valeurs et personnalité des collègues, de l'équipe ❑ Âge moyen des salariés ❑ Climat, ambiance de travail ❑ Politique de formation ❑ Système de communication interne ❑ Convention collective ❑ Avantages sociaux ❑ Âge de la retraite ❑ Système de motivation ❑ Congés/RTT ❑ Politique de rémunération

Maintenant, vous devez analyser les critères qui guideront vos choix.

Reportez et ordonnez dans le tableau suivant les cinq critères retenus en leur donnant un ordre de priorité de 1 (le plus important) à 5 (le moins important).

Pourquoi ce choix ?

Le poste	L'entreprise	L'environnement de travail
1.	1.	1.
2.	2.	2.
3.	3.	3.
4.	4.	4.
5.	5.	5.

Quel est votre PROJET PROFESSIONNEL ?

Fonction : ....

Missions :

• ....

• ....

• ....

Environnement hiérarchique : ....

....

Environnement transversal : ....

....

Taille d'entreprise : ....

Secteur d'activité : ....

Compétences requises pour exercer la fonction :

• ....

• ....

• ....

• ....

Ce projet est-il RÉALISTE ?

Notez les éléments qui font que ce projet vous semble accessible et réalisable.

....

Ce projet ne dépend-il que de vous (marché du travail, contraintes environne-mentales, familiales...) ?

....

Quelles sont vos contraintes, les difficultés que vous pourriez rencontrer ?

....

Quel est votre PLAN D'ACTION ?

Vous allez réfléchir aux écarts qui existent entre vos projets et vos compétences.

Identifiez les compétences qu'il vous manque et la façon dont vous pouvez les acquérir.

Compétences à acquérir :

- ....
- ....
- ....

Formation ou moyens utilisés :

- ....
- ....
- ....

Démarches à effectuer :

- ....
- ....
- ....

Partie 4

Je concrétise mon projet !

Vous avez maintenant défini votre projet professionnel et vous êtes prêt à changer. Vous savez comment valoriser vos points forts dans un projet qui vous plaît et qui vous permettra de vous épanouir sur un marché du travail en demande de vos compétences !

Nous sommes tous amenés à nous former tout au long de notre vie professionnelle, que ce soit pour faire évoluer et adapter nos compétences ou pour apprendre un nouveau métier.

Comment s'y retrouver dans ce labyrinthe de la formation ? Nous vous proposons ici de vous accompagner pour comprendre les différents types, leviers et acteurs de la formation professionnelle.

Que vous ayez choisi de changer complètement de métier ou d'évoluer dans votre poste actuel, vous pouvez vous faire accompagner par un professionnel. Cela vous permettra de gagner du temps, d'être conseillé sur vos choix et sur la mise en œuvre de votre projet.

Place à l'action !

Faire évoluer ses compétences

Se former

8.1. Pourquoi et où se former ?

✓ Je me forme et je me déforme mais je garde la forme !

✓ Je fais évoluer mes compétences.

■ L'intérêt de se former

Que votre projet soit réalisable sans formation ou que vous ayez besoin d'un diplôme, il vous sera nécessaire de faire évoluer vos compétences tout au long de votre vie professionnelle. Suivre une formation est un bon moyen de faire évoluer vos connaissances et votre niveau de compétence, quel que soit votre projet, en plus de la nécessité de suivre l'actualité, afin de rester un professionnel performant et capable de répondre aux exigences du monde du travail.

■ Choisir son métier d'abord

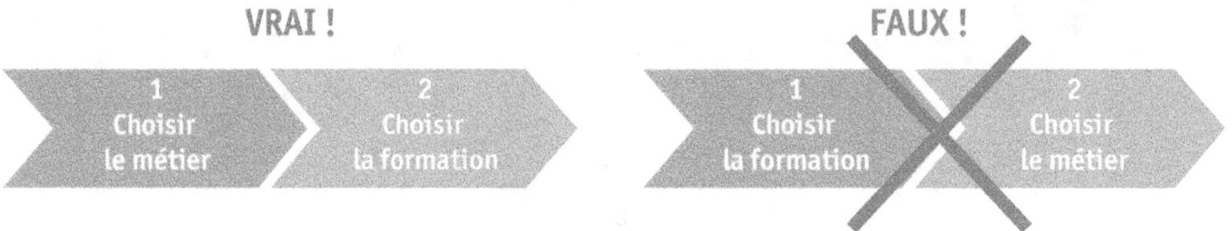

On peut se former pour le plaisir dans le cadre de sa vie personnelle. En plus de participer à son équilibre, cela peut favoriser, de près ou de loin, les compétences métiers. Dans le cadre de votre évolution professionnelle, la formation n'est pas une fin en soi mais doit permettre de maintenir et de développer vos compétences dans votre poste actuel, ou d'aborder un nouveau métier. Aussi, avant toute démarche de formation, il est pertinent de mûrir votre projet et de vous interroger sur vos motivations et vos besoins réels de formation.

Que fait le professionnel ?

• Il maîtrise son métier.

• Il suit l'actualité de son secteur.

• Il connaît les évolutions des techniques, outils, produits, lois… dans son métier.

• Il entretient ses compétences et son niveau de compétence.

• Il peut expliquer son métier et ses évolutions.

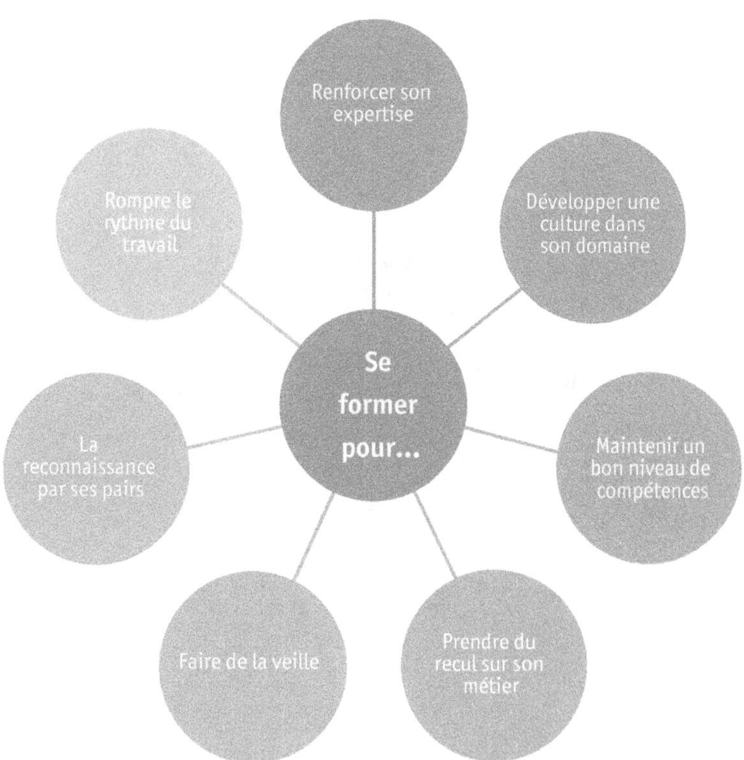

La France n'est pas que le pays du fromage, elle propose également une offre de formations à faire tourner la tête !

Dans le public, on propose plus de 14 000 certifications, dont environ 10 000 dans les universités, 750 dans l'enseignement technique et professionnel de l'Éducation nationale (du CAP au BTS), et 1 000 dans les ministères en charge de l'Action sociale, de la Jeunesse et des Sports, du Travail et de l'Agriculture.

Dans le privé, les écoles d'ingénieur et de management et les chambres de commerce et d'industrie proposent environ 700 titres. À côté de cette offre déjà importante, une multitude de stages courts permettent de se perfectionner ou de s'initier à des domaines allant du développement personnel à la maîtrise d'un logiciel.

En France, la possession d'un diplôme est un élément important dans une carrière professionnelle. Dans un contexte de crise, beaucoup d'actifs cherchent à obtenir un diplôme davantage par sécurité, pour assurer leur avenir. En plus d'être une bonne assurance pour l'emploi, le diplôme est un excellent moyen d'aborder plus facilement une reconversion ou de s'assurer une mobilité vers un poste plus élevé.

Nous allons essayer de vous donner ici quelques repères importants pour vous y retrouver.

 **Se former grâce à la formule gagnante A = MC² !**

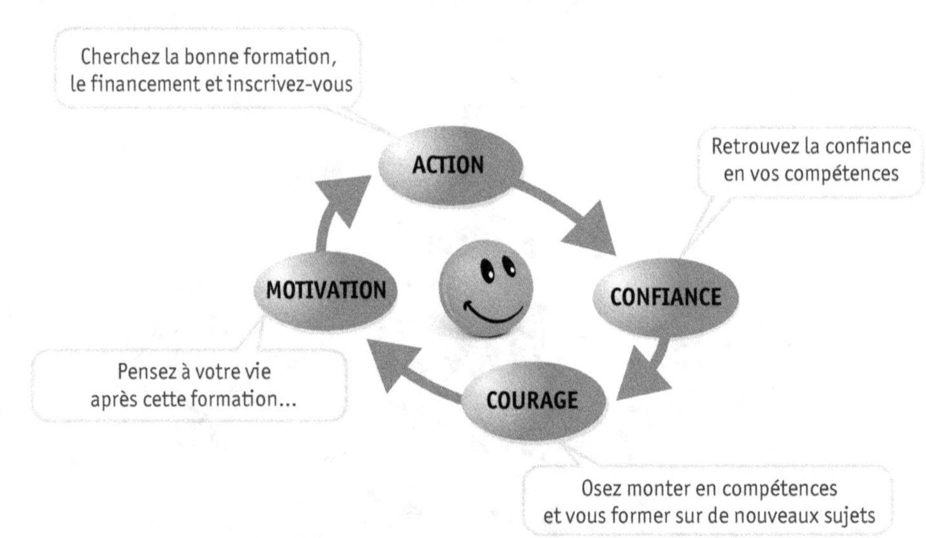

Maryam Viéville, trois formations pour trouver sa voie, de comptable à professeur pour enfants en difficulté en passant par les RH !

Quel travail avant le changement ?

Après un BTS de comptabilité-gestion, j'ai travaillé plus de dix ans comme comptable dans une PME. À l'époque, j'avais choisi mes études plus par besoin de gagner rapidement ma vie que par attrait pour la gestion. Un premier poste qui finalement a duré. Durant ce laps de temps, j'ai eu mes deux enfants et acheté un bien immobilier.

Le déclic ?

L'idée du changement m'est venue alors qu'un certain train-train s'était installé sur le plan professionnel et qu'au niveau personnel j'avais vécu les choses les plus importantes. J'ai voulu m'octroyer le droit de me réaliser sur les plans personnel et professionnel.

J'ai demandé un bilan de compétences qui a abouti à un CIF (congé individuel de formation) d'un an. L'issue devait me permettre d'obtenir un niveau bac + 4 et d'obtenir une maîtrise en RH.

À la fin de la maîtrise j'ai choisi de préparer un mémoire par la VAE (validation des acquis de l'expérience). J'avais trouvé le pont entre ces deux mondes si différents qui m'attiraient : le monde de l'éducation et celui de l'entreprise. Mais le premier m'attirait trop, je suis retournée sur les bancs de l'école pour devenir professeur des écoles.

Les acteurs de la formation

Choisir son organisme de formation

Le choix de l'organisme de formation est tout aussi important que le choix de la formation elle-même.

Vous devez prendre le temps d'en rencontrer plusieurs avant de faire votre choix. Visitez le site Internet des organismes qui répondent à vos critères. N'hésitez pas à contacter d'anciens stagiaires pour avoir leur avis sur la formation. Enfin, sollicitez l'avis de professionnels qui exercent le métier que vous visez pour valider votre choix.

Posez-vous les bonnes questions :

- Quelle est la notoriété de l'organisme : comment est-il perçu par les professionnels du secteur ou du métier ?
- Dispose-t-il d'une certification qualité NF ou ISO ?
- Que comprennent les tarifs annoncés ?
- Quels sont le profil et le parcours des formateurs et intervenants ?
- Quels sont les moyens matériels proposés (locaux, informatique, ressources…) ?
- Où a lieu la formation ?
- Quel est le taux de reprise d'emploi après la formation ?
- Y a-t-il un réseau d'anciens élèves ?

Vous faire une idée par son classement

Tous les ans, plusieurs magazines (*L'Usine nouvelle*, *L'Express*…) et sites Internet (L'étudiant[1], SMBG[2]…) proposent des classements d'écoles et de formations, du secondaire à l'enseignement supérieur. Ces classements, même s'ils ne suffisent pas à valider la qualité d'une formation ou d'un organisme, vous permettent de vous faire une

---

1. www.letudiant.fr
2. www.smbg.com

première idée et de comparer plusieurs options entre elles. *A minima*, vous pourrez identifier et répertorier l'offre de formation existante par rapport à votre projet. Dans cette démarche, nous vous encourageons à croiser les classements et à vous informer directement auprès de l'école. Si vous le pouvez, contactez d'anciens élèves, mais aussi des recruteurs, pour vous faire une idée encore plus précise de l'intérêt du programme, du diplôme et de la notoriété de l'école.

Où trouver une formation ?

On trouve aujourd'hui la majorité de l'offre de formation sur Internet mais il vous faudra également vous renseigner directement auprès de l'organisme de formation.

Vous trouverez également le détail de l'offre de formations directement sur les sites des écoles, des centres de formation et des universités.

Quelques exemples de sites qui regroupent des offres de formations :

- www.intercariforef.org. (portail interrégional) ;
- www.orientation-pour-tous.fr (portail national) ;
- www.fongecif-idf.fr (Fongecif Île-de-France). Un site par région ;
- www.carif-idf.org (Défi métiers, portail de la formation en Île-de-France).

8.2. Les types de formations

✓ Ô, mon beau diplôme !
✓ Je trouve le cadre qui me convient pour me former.

■ La formation initiale

La formation initiale correspond au premier programme d'études que nous avons suivi jusqu'à notre engagement dans la vie professionnelle, de notre enfance, avec l'école primaire, jusqu'au secondaire (collège et lycée) ou au-delà, si nous avons suivi des études supérieures (université, école d'enseignement supérieur).

On la dit « initiale » parce qu'elle vise d'abord l'acquisition de connaissance et/ou de compétences alors que nous n'avons encore jamais exercé la profession pour laquelle nous nous préparons. Elle comporte un enseignement théorique de base (culture générale et spécialité) et une formation pratique. Cette formation est d'une durée variable et elle est sanctionnée par un diplôme.

Si vous en êtes actuellement à votre formation initiale, vous pouvez être amené à travailler pendant vos études. Cette expérience professionnelle pourra participer à l'acquisition de compétences qui pourront vous servir dans votre futur projet professionnel. Tout au moins, elle vous permettra de vous faire une première idée du monde du travail et pourra vous donner des idées pour votre orientation future. Travailler régulièrement, quelques heures par semaine ou pendant vos périodes de vacances scolaires, faire des stages vous permettra de vous confronter à la réalité du travail et d'acquérir des compétences que vous pourrez mettre en avant face à votre futur employeur.

Si vous avez repris une formation après votre premier emploi, on parle alors de formation continue.

La formation continue

La formation continue concerne tous ceux qui ont terminé leur formation initiale et qui sont engagés dans la vie active.

Ces formations permettent de développer vos compétences, de vous adapter aux évolutions de votre métier mais également de changer de profession.

Vous pouvez tout aussi bien vous former par vous-même (auto-formation), suivre un programme d'éducation populaire[1], que reprendre des études semblables à celles de la formation initiale.

La formation professionnelle continue (FPC) est le champ le plus connu de la formation continue. Instaurée en France en 1971, elle concerne à la fois le secteur privé et le secteur public. Elle est

---

1. Les programmes d'éducation populaire visent à diffuser la connaissance au plus grand nombre et à permettre à chacun de prendre sa place dans la société à travers des activités culturelles, sportives et de loisirs. Ils sont un complément des systèmes éducatifs institutionnels, afin de donner une seconde chance à ceux qui ont quitté l'école sans diplôme, pour permettre l'éveil des consciences et favoriser la prise de responsabilité. L'éducation populaire en Île-de-France : www.crajep-idf.org

dispensée par de nombreux organismes et cofinancée par des cotisations patronales, une participation de l'État et des collectivités locales.

La formation professionnelle « tout au long de la vie » constitue une obligation nationale qui s'appuie sur la loi n° 2004-391 du 4 mai 2004. Les objectifs de la FPC définis par cette loi sont :

- favoriser l'insertion professionnelle pour les travailleurs ;
- permettre leur maintien dans l'emploi ;
- favoriser le développement de leurs compétences ;
- faciliter l'accès aux différents niveaux de la qualification professionnelle ;
- permettre le retour à l'emploi des personnes qui ont interrompu leur activité professionnelle pour s'occuper de leurs enfants, ou de leur conjoint ou ascendants en situation de dépendance ;
- favoriser leur contribution au développement économique, culturel et social.

L'autoformation

L'autoformation est un bon moyen de développer vos connaissances de manière autonome et à moindre coût. L'autoformation vous permet de vous former à votre rythme ou de vous tenir informé des évolutions de votre métier, de votre branche ou tout simplement de l'actualité.

Vous pouvez faire appel à de multitudes ressources comme des ouvrages ou des magazines spécialisés, ou encore à Internet.

Vous pouvez également vous former, à titre individuel, tout en développant votre réseau, en partageant des connaissances, lors de rencontres professionnelles, de conférences et de tables rondes dans les salons par exemple.

Diplômant ou qualifiant ?

Il existe différentes façons de valider une formation, mais toutes n'ont pas la même valeur :

- Les diplômes d'État confèrent une reconnaissance sur le plan national. Il s'agit notamment des diplômes délivrés par les universités, comme les masters, ou des diplômes de l'enseignement professionnel, les brevets de technicien supérieur (BTS), les diplômes universitaires de technologie (DUT)… Ces diplômes se préparent en plusieurs années et sont facilement identifiables sur le marché de l'emploi.

- Les titres d'établissement dépendent uniquement de la notoriété et de la réputation des établissements publics ou privés qui les délivrent.

- L'attestation délivrée par un organisme privé à l'issue d'une formation courte et ciblée sur des savoir-faire opérationnels (vente, management, bureautique…) n'apporte certes aucune reconnaissance officielle, mais pourra, en plus de participer au développement de vos compétences professionnelles, être un atout reconnaissable en fonction de la notoriété de l'établissement.

Passer un diplôme en formation continue

De nombreuses écoles proposent des programmes diplômants, quel que soit le niveau de qualification recherché. Vous souhaitez reprendre une formation pour devenir cuisinier ? Vous rêvez de faire une grande école de commerce pour accéder à de nouvelles opportunités ? De vous former au management ? C'est peut-être le moment !

Par exemple, certains diplômes de grandes écoles sont accessibles en formation continue. Suivant les conditions d'accès de chaque école, vous devez en général justifier d'un minimum d'études supérieures et d'au moins trois ans d'expérience professionnelle. Vous êtes autodidacte ou n'avez pas fait d'études supérieures ? Il existe des dérogations pour prendre en compte votre parcours ! En France l'offre est légion : plus de 100 écoles pour plus de 400 mastères spécialisés (MS, marque développée par la Conférence des grandes écoles) dans la plupart des secteurs et des métiers. L'objectif : se spécialiser ou acquérir une double compétence – comme technique et managériale par exemple. La formation dure environ 350 heures, à temps plein ou à temps partiel, sur une durée de un à deux ans, et se solde par un stage en entreprise.

Les formations longues ou en alternance

Ces formations permettent de préparer une qualification professionnelle en vue d'apprendre un métier.

Entreprendre une formation longue peut vous amener à quitter temporairement ou définitivement votre poste, à accepter une baisse provisoire de revenus ou encore à réorganiser votre vie personnelle et familiale.

Une formation longue dure trois mois et plus, et permet d'acquérir un diplôme ou une qualification professionnelle. Elle est nécessaire si vous envisagez de prendre de nouvelles fonctions en interne ou encore de vous reconvertir totalement dans un nouveau métier. Elle s'adresse principalement aux jeunes en formation initiale, aux demandeurs d'emploi mais aussi aux salariés bénéficiant, par exemple, d'un congé individuel de formation (CIF). Il est également possible de suivre une formation longue en alternance avec votre emploi (cours du soir ou *part time*).

À retenir

- Entreprendre une formation longue s'inscrit dans le cadre d'un projet professionnel mûrement réfléchi.
- La formation longue est un bon moyen d'aborder une reconversion ou un changement de fonction en interne.
- Elle permet de décrocher un diplôme ou une certification professionnelle.
- Si vous êtes salarié, en CDI ou CDD, le CIF est un bon moyen d'envisager sereinement une formation longue.
- Il est nécessaire de prendre en compte les conséquences de cette période de formation sur votre vie personnelle et familiale.

■ Les formations courtes

Les formations courtes vous permettent de vous adapter à votre profession ou de perfectionner vos connaissances ou vos savoir-faire. Fortement liées aux besoins des entreprises ou à un métier, le plus souvent sur mesure, les formations courtes durent quelques jours et couvrent l'ensemble des thématiques liées à l'entreprise, comme le management, la gestion, la vente, l'informatique ou la logistique.

De nombreux organismes proposent ce type de formation. Certains sont assez importants et connus comme Demos, Groupe IGS, Orsys, CSP Formation ou Cegos, d'autres sont plus modestes mais peuvent présenter l'avantage de vous offrir une formation parfois plus ciblée avec un contenu renforcé et sans surcoût.

Les grandes écoles de commerce (HEC, ESCP, Essec…), les universités, Sciences Po… proposent également des formations courtes dans le cadre de la formation continue.

Sachez également que la plupart des organismes de formation font appel à des experts formateurs indépendants qui propose eux-mêmes les mêmes formations avec parfois de meilleures conditions.

L'avantage principal des organismes les plus connus réside certainement dans l'importance et la variété de l'offre de formations, ainsi que les moyens d'intervention (locaux, ressources…).

Développer sa connaissance de soi au sein de son entreprise avec une formation courte, c'est possible !

L'entreprise est une formidable occasion de travailler sur soi-même. Sarah, chef de projet R&D dans une grande entreprise industrielle, s'est vu proposer récemment, avec l'ensemble de son équipe, une formation visant à la connaissance de soi par un modèle très connu des différents types de personnalité. Cette formation est bien entendu d'abord un avantage pour l'entreprise qui souhaitait développer l'efficacité et la créativité de son équipe. Cela contribue également à une meilleure connaissance de soi et de ses talents à un niveau tout à fait personnel.

N'hésitez donc pas à participer à ce type de formation ou à le demander à votre direction. Vous pourriez adorer !

Témoignage

Raphaël G.,
il devient chef d'entreprise après une formation
à l'entrepreunariat chez Novancia

Quel travail avant le changement ?
Jusqu'en 2009, je travaillais dans le secteur de l'animation socioculturelle. J'occupais un poste de coordinateur d'activité sur différents services, dans une grosse association nationale d'éducation populaire, en lien avec la formation des adultes et l'accueil de loisir des enfants.

Le déclic ?
Ma volonté de travailler dans le milieu associatif était liée à la défense de valeurs pour l'éducation des enfants et des jeunes. Après plusieurs années au service de ce projet, j'ai eu envie de construire un projet plus personnel et orienté vers les personnes en situation de handicap. Au même moment, mon père m'a fait part de son souhait de céder sa société de plomberie-couverture. J'y ai vu l'opportunité de continuer à faire vivre cette entreprise en y développant un secteur d'activité orienté vers l'aménagement des espaces de vie des personnes à mobilité réduite.

Quel travail après ?
Aujourd'hui, je gère cette société. De coordinateur d'activité, je suis devenu entrepreneur. Je ne regrette pas du tout ce changement de cap, qui, malgré un confort de vie très différent (un meilleur salaire, mais un temps consacré à ma famille et aux loisirs considérablement réduit), me permet de faire des choix qui me sont propres.

Temps plein ou temps partiel

Avant de vous lancer, réfléchissez bien à l'investissement personnel que vous pouvez consacrer à votre formation. Même si cela est parfois difficile, prenez le temps de bien évaluer l'investissement nécessaire aux exigences de la formation (connaissances préalables, modes d'apprentissage personnel, disponibilités).

- Êtes-vous certain de pourvoir suivre l'ensemble des cours ?
- Y a-t-il beaucoup de travail personnel à fournir ?
- La validation de votre formation passe-t-elle par un mémoire de fin d'études ou par un stage ?

Beaucoup de candidats aux formations ont tendance à sous-estimer le travail personnel à réaliser en dehors des heures de cours. Prenez donc l'avis d'anciens élèves en plus de celui de l'organisme lui-même. Existe-t-il des modes d'enseignement pouvant vous faciliter le suivi de la formation (formation à distance, e-learning, cours de soutien…) ?

L'important est de bien connaître ses capacités et son rythme de travail. Certains organismes peuvent proposer des aménagements spécifiques pour faciliter l'acquisition de ses connaissances et la validation du diplôme sur plusieurs années.

La **formation à temps plein** se déroule en journée, toute la semaine, généralement sur un an. L'avantage de réaliser une formation à temps plein est bien entendu de pouvoir vous consacrer pleinement et sereinement à votre formation, avec la difficulté pour votre employeur de devoir vous remplacer le temps de votre absence et de lui être redevable à votre retour. Imaginez que vous souhaitiez finalement quitter l'entreprise ?

Une **formation à temps partiel** est à mi-chemin entre un cursus à temps plein et des cours à distance. Ce type de formation permet de conserver une activité professionnelle en adaptant son rythme d'apprentissage. Elle se déroule par exemple sur trois jours, du jeudi au samedi, tous les quinze jours ou une journée toutes les semaines. Elle peut permettre de garder un pied dans votre entreprise et de rester libre de votre décision si finalement elle ne vous convenait pas et que vous souhaitiez en trouver une autre. La formation à temps partiel peut présenter l'avantage de lier son propre intérêt, personnel mais aussi professionnel, à celui de son entreprise. Cela constitue une meilleure garantie de réussite d'abord sur le plan du financement de la formation, qui peut être pris en charge par l'entreprise, mais également sur le plan professionnel car elle permet d'appliquer directement les enseignements sur son métier.

« Le temps partiel permet d'avoir un retour direct sur investissement. On met en pratique presque immédiatement les contenus de la formation », nous dit Claire. « Les intervenants peuvent répondre aux questions liées à notre activité. On peut également adapter notre mémoire à une problématique professionnelle et finalement faire notre travail tout en nous formant. »

La formation à temps partiel ne signifie pas que vous aurez moins de travail, bien au contraire. Le travail est aussi important qu'en cursus à temps plein et il vous restera votre vie professionnelle à gérer. Posez-vous donc ces questions et renseignez-vous !

Autre possibilité, les **cours du soir**. C'est ce que propose par exemple le CNAM[1] avec la plus importante offre de formation (plus de 35 masters professionnels). Elle est peu coûteuse et se déroule en semaine à partir de 18 heures, et parfois le samedi. Elle permet également de réaliser une formation sans quitter son activité professionnelle. Mais prudence, ce type de formation est exigeant et demande beaucoup d'organisation et de courage. Elle peut avoir un impact important sur votre vie personnelle et demander quelques concessions le temps du cursus.

Illustration

Gérer son temps lorsque l'on travaille et que l'on suit une formation relève parfois du casse-tête, surtout si l'on a une vie de famille. David en a fait les frais en entreprenant un master en informatique en cours du soir.

« Mon projet de formation a aussi été celui de mon épouse qui m'a largement secondé dans les tâches du quotidien et qui a été très patiente avec moi pour me permettre de le réaliser. Je rentrais souvent très tard, les cours du CNAM peuvent se terminer à 21 h 30 et les révisions demandent souvent de travailler le dimanche. Je ne regrette pas cet engagement, qui m'a coûté deux ans mais qui m'a fait largement progresser au sein de mon entreprise. Mon travail est maintenant plus intéressant et m'a permis d'augmenter mes revenus. Chaque année, à l'anniversaire de l'obtention de mon

---

1. Le Conservatoire national des arts et métiers est un établissement d'enseignement supérieur public qui offre notamment la possibilité de se former en cours du soir (www.cnam.fr).

diplôme, j'invite mon épouse au restaurant pour la remercier de m'avoir soutenu dans ce projet. »

Les clés pour réussir sa formation à temps partiel

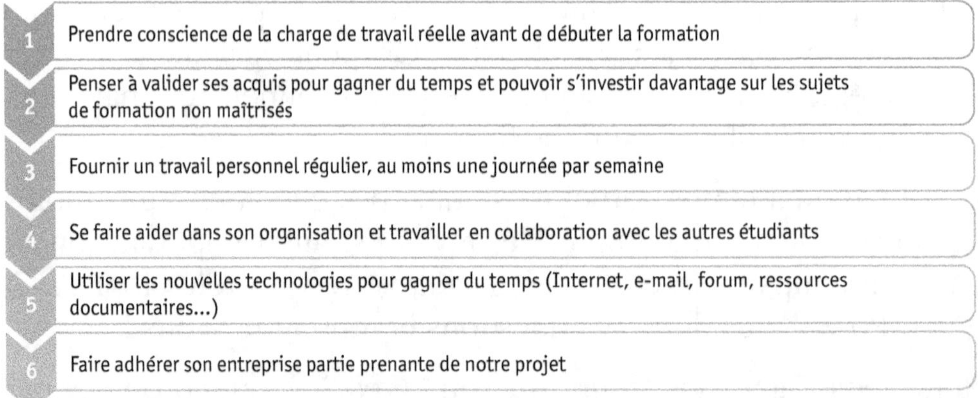

■ La validation des acquis de l'expérience (VAE)

La validation des acquis de l'expérience permet à un salarié de faire valoir ses connaissances et son expérience professionnelle :

- pour accéder directement à une formation, sans justifier du niveau d'études ou des diplômes normalement requis ;
- pour obtenir une certification ou un diplôme, en cas de validation totale des acquis ;
- pour obtenir un diplôme qu'il devra compléter par une formation, en cas de validation partielle de ses acquis.

La VAE s'applique à l'ensemble des diplômes à vocation professionnelle ainsi qu'aux certificats de qualification, sous réserve de figurer dans le Répertoire national des certifications professionnelles.

Les acquis, qui peuvent donner lieu à validation, sont l'ensemble des compétences professionnelles issues d'une activité salariée, d'une activité non salariée ou d'une activité bénévole.

Les conditions

Pour en bénéficier, les salariés doivent justifier d'au moins trois années d'activité en rapport avec la certification visée, en continu ou en discontinu et dans une ou plusieurs entreprises.

Le nombre de demandes étant limité, le salarié ne peut déposer qu'une seule demande pendant la même année civile et pour le même diplôme, titre ou certificat de qualification. Pour des diplômes ou titres différents, il ne peut déposer plus de trois demandes au cours de la même année civile.

Au même titre qu'une action de formation, les actions de validation sont imputables au plan de formation. Le tarif dépend du diplôme visé, du ministère qui le délivre (en fonction des régions) et du niveau du diplôme.

Se faire accompagner pour sa VAE

La validation des acquis de l'expérience est une mesure très favorable au développement professionnel, mais qui peut être complexe à mettre en œuvre. **Il est essentiel de se faire accompagner** autant pour les aspects de contenu (formalisation de vos compétences et de votre environnement de travail, rédaction du mémoire, préparation de la soutenance…) que sur les aspects administratifs (dossiers à constituer, planning, conseils…). Il existe de nombreux professionnels dans le secteur public (conseiller VAE de la CCI) et dans le secteur privé.

VAE ou pas VAE ?

La VAE peut être d'autant plus difficile à mettre en œuvre que le niveau de diplôme visé sera élevé. Il sera toujours plus facile de valider un diplôme professionnel de type CAP ou BEP qu'un BTS ou encore un diplôme universitaire par exemple. Plus un métier sera tangible et appréhendable de manière concrète, plus il sera « aisé » à formaliser et à évaluer pour un jury. Si vous souhaitez valider un master en marketing ou en gestion d'entreprise, il pourra être préférable de reprendre un cycle d'études en formation continue classique. Aussi, chaque école et université dispose de modalités d'accès propres à sa formation et nombreuses sont celles qui prennent en compte le nombre d'années d'expérience professionnelle avec parfois un minimum de diplôme.

Vous pouvez très bien obtenir un master à l'issue d'une formation à temps partiel (compatible avec votre travail) sur une période d'un an avec une licence pour diplôme d'entrée. La VAE vous aurait pris au moins autant de temps et la formation pourra présenter les avantages d'être en contact avec d'autres professionnels et de développer de nouvelles connaissances auxquelles vous n'auriez pas forcément eu accès en cas de validation totale de vos acquis.

■ **Pour aller plus loin**

www.infovae-idf.com

www.vae.gouv.fr

Témoignage

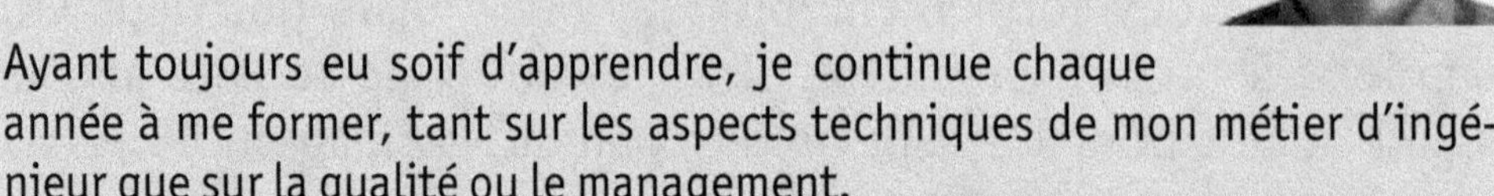

**Jean-Christophe B.,
la VAE lui a permis de terminer sa scolarité
et d'acquérir une autre reconnaissance !**

Ayant toujours eu soif d'apprendre, je continue chaque
année à me former, tant sur les aspects techniques de mon métier d'ingénieur que sur la qualité ou le management.
J'ai découvert le métier de technicien de laboratoire qui m'a tout de suite
plu. Entré à l'Institut Pasteur, j'ai eu l'opportunité de passer un DUT en biologie appliquée en CIF. Mon orientation scolaire avait échoué. Ce DUT m'a
permis d'obtenir en interne un statut de « référent technique », qui s'est
transformé quatre ans plus tard en statut cadre avec différents postes et
toujours plus de responsabilité et de management.
J'ai commencé ma VAE afin de « terminer mes études ». J'avais auparavant
un sentiment de non-aboutissement. Il m'a fallu **deux ans pour valider
mon diplôme** entre les différentes étapes de cette procédure de VAE :
- recherche sur Internet du « diplôme d'ingénieur diplômé par l'État –
  spécialité Biologie appliquée – grade de master » ;
- recherche de l'école qui offrait cette possibilité en VAE : l'INSA de Toulouse ;
- réception du dossier d'inscription avec toutes les démarches à suivre ;
- remise du dossier avec toute l'histoire de ma vie scolaire et professionnelle
  (par exemple il fallait déjà être cadre pour pouvoir accéder à ce diplôme
  et, surtout, prouver que j'avais les compétences requises pour postuler) ;
- présentation devant un « jury particulier » qui m'a interrogé sur mon
  parcours et ce que j'avais inventé pour briguer ce diplôme d'ingénieur.
  Ils voulaient aussi savoir quel mémoire j'allais présenter !
- rédaction du mémoire, accompagné d'un tuteur, pendant un an et demi ;
- envoi au jury et présentation devant le jury ;
- obtention du diplôme.

Ce que la VAE m'a apporté ?
J'ai pu changer d'entreprise, augmenter mon salaire de 20 %, j'ai obtenu la
reconnaissance de mes collègues, de ma hiérarchie, de mes fournisseurs et
de mes clients. Le regard des autres a changé. Socialement, je suis reconnu
comme ingénieur et manager. Mon métier continue de me passionner. J'évolue sans cesse, tant au niveau de mes connaissances et de mes missions que
des responsabilités qui me sont confiées.

Les formations en ligne

Grâce aux formations en ligne, vous pouvez vous former seul, quand vous voulez et d'où vous voulez. Il vous suffit d'un ordinateur et d'un accès Internet. Les stagiaires choisissent ce mode de formation pour gérer leur temps à leur convenance, mais souvent pour des raisons de contraintes professionnelles ou géographiques.

Même si les formations classiques en salle (en présentiel) restent les plus courantes et les plus plébiscitées, de nombreux organismes de formation et universités proposent désormais des formations en ligne, comme :

- l'e-learning ;
- le *blended learning*.

L'e-learning est une formation entièrement à distance, avec éventuellement un examen final en salle. Le *blended learning* est une formation mixte qui alterne un enseignement classique avec un enseignement à distance.

La flexibilité et la souplesse des dispositifs séduisent beaucoup les professions les plus mobiles (commerciaux, visiteurs médicaux, personnel navigant…). La formation en ligne offre des parcours à la carte. Vous pouvez « picorer » des formations selon les connaissances spécifiques que vous souhaitez acquérir. En fonction de vos acquis ou de vos besoins, il est possible de suivre des formations très courtes, parfois gratuites, *via* Internet ou votre Smartphone (*mobile learning*) avec des applis plutôt ludiques dédiées à ce mode de formation.

Pour que le dispositif fonctionne, il faut que l'apprenant dispose :

- d'un équipement informatique adapté ;
- d'une connexion Internet de bonne qualité ;
- d'un lieu et d'un temps afin de pouvoir s'isoler durant la formation.

Les formations en ligne les plus répandues sont la bureautique, les langues et le management. Aussi, il est possible de se former à tout ou presque, comme la cuisine, les finances et même le sport !

Des outils de travail collaboratifs

- **Le chat** : il permet aux utilisateurs de dialoguer en direct en posant des questions aux formateurs ou à d'autres stagiaires en temps réel.

- **Le forum** : c'est un espace de discussion et d'échange partagé entre les utilisateurs autour d'un sujet précis. À la différence du chat, les conversations ne sont pas en direct mais différées.

- **La visioconférence** : les utilisateurs peuvent se voir et se parler de vive voix grâce à une caméra.

- **Le tableau blanc** : les stagiaires et les formateurs peuvent intervenir sur un espace visible par tous.

- **La prise de contrôle d'application** : elle permet au tuteur de prendre la main sur l'ordinateur du stagiaire et de lui montrer par exemple comment utiliser un logiciel.

- **Les classes virtuelles** : l'utilisateur télécharge le cours sur son ordinateur ou se connecte à un moment donné pour visualiser une vidéo et/ou écouter un cours.

- **Les formations en mode asynchrone** : l'utilisateur peut se connecter n'importe quand pour visualiser des ressources pédagogiques (textes, images, vidéos et sons).

- **Le wiki** : c'est un site Web dont les pages sont modifiables par les utilisateurs afin de permettre l'écriture et l'illustration collaboratives de documents.

« E- » ou « blended » learning ?

Si l'e-learning ne fonctionne pas parfaitement tout seul car l'apprenant a besoin de réponses individuelles et adaptées à sa situation, mais également de synthèse et de contact humain, le *blended learning* est une bonne alternative à la formation à distance.

L'e-learning peut être un prérequis ou un apport de base avant d'assister à une formation en présentiel afin d'axer la formation sur de la pratique et des échanges, par exemple.

Quels sont les avantages du *blended learning* ?[1]

- Il conduit les apprenants à être acteurs de leur formation : ils peuvent avancer à leur propre rythme, être activement impliqués dans la progression, alterner les méthodes et les supports.

- Il facilite le contrôle individuel des acquis.

---

1. http://rhconseilpme.blogs.com/saviezvous/2011/05/le-saviez-vous-sur-le-blended-learning-.html

- Il permet de personnaliser les parcours ; le formateur peut identifier, grâce notamment à des sondages en direct, les éventuelles difficultés rencontrées par les participants, et apporter une aide personnalisée.
- Il répond au besoin de souplesse de ceux qui, du fait de leur éloignement ou de leurs contraintes professionnelles, ont des difficultés à suivre des formations classiques.
- Il apporte une grande flexibilité : pendant les séquences d'autoformation, chacun peut s'approprier le contenu théorique à son propre rythme et revenir lorsqu'il le souhaite sur certains points à approfondir.
- Il réduit les coûts de formation, liés aux déplacements et à l'hébergement notamment.

Le *blended learning* entre dans le cadre du DIF ou du plan de formation, et peut même être envisagé à titre personnel.

Concrètement, comment ça se passe ?

La répartition du temps varie entre 10 et 30 % en e-learning et le reste en présentiel. La formation à distance est un outil complémentaire afin d'aider l'apprenant à aller plus loin.

Lors des périodes d'autoformation, chaque apprenant doit pouvoir :

- s'approprier à son rythme le contenu du cours ;
- revenir à tout moment sur les points qu'il souhaite approfondir ou que le formateur l'invite à revoir ;
- avoir acquis un minimum de connaissances des sujets abordés avant d'arriver en formation présentielle.

Quelles sont les contraintes ?

« Les entreprises avouent que les principales difficultés du *blended learning* portent sur la création de bons parcours pédagogiques[1]… », une formation adaptée aux enjeux et aux contraintes du poste de la personne formée.

La qualité du tutorat est donc une des composantes clé du fonctionnement des dispositifs de *blended learning*.

---

1. Étude « *Blended learning* et tutorat », Demos, 2008-2009.

Comment faire le bon choix ?

Les formations proposées en ligne ne semblent pas toutes de qualité égale. Avant de vous lancer, renseignez-vous sur :

- **les cours** : sont-ils divisés en séquences ? Peut-on construire son propre parcours en fonction de ses besoins ? Sont-ils agréables à lire et à étudier ? Sont-ils suffisamment interactifs ? Y a-t-il des exercices d'autoévaluation ?

- **le tutorat** : existe-t-il ? Si oui, de quelle façon est-il organisé ? Qui sont les tuteurs (des professeurs, des étudiants…) et comment sont-ils formés ? Quelle est leur implication ? Disposent-ils d'un délai pour répondre à vos questions ? Pouvez-vous échanger avec eux « en direct » ?

- **les regroupements** physiques : y en a-t-il ? Sont-ils obligatoires ? Si oui, combien et où se déroulent-ils ? L'éloignement géographique de ce point de rencontre peut constituer un frein sérieux à la poursuite de votre formation. Vérifiez que les regroupements correspondent à une réelle nécessité pédagogique, par exemple pour des études de cas, un travail en binôme, une intervention de professionnels…

- **les outils** : quels sont-ils ? Vérifiez si les cours font appel à des documents multimédias comme la vidéo, les images animées… Votre ordinateur est-il suffisamment performant pour supporter une formation en ligne et tout ce qu'elle implique comme équipement (connexion Internet, logiciels…) ?

- **le site de formation** : la plate-forme du centre de formation est-elle facile d'utilisation ? Y a-t-il un forum de discussion sur le site ? Est-il animé par une personne dédiée ? Disposez-vous d'outils pour échanger avec les autres élèves ? Demandez à voir une démonstration ;

- **le planning** : pouvez-vous quantifier le volume de travail à accomplir pour être efficace ? Avez-vous des exercices à faire régulièrement ?

8.3. Les leviers de la formation professionnelle

✓ Je me paie une formation sans passer par la case banquier !

✓ Je finance ma formation.

Il existe de plus en plus de possibilités de se former, et cela tout au long de sa vie. Beaucoup de leviers sont à l'initiative du salarié, comme le DIF, le CIF, le bilan d'étape professionnel, le bilan de compétences ou encore la VAE. Illustration en image[1].

Les leviers de la formation professionnelle

▪ Le droit individuel à la formation (DIF)

Qu'est-ce que le DIF ?

Le DIF a pour objet d'inciter chaque salarié à être acteur de sa carrière et à développer son employabilité. Chaque année vous disposez d'un nombre d'heures que vous pouvez utiliser pour vous former et vous perfectionner.

Les salariés bénéficient de :

- 20 heures par an pour un CDI à temps plein ayant au moins un an d'ancienneté ;

---

1. Nathalie Olivier, *Kit RH pour les PME*, *op. cit.*

- 20 heures par an à proratiser pour les temps partiels ;
- 20 heures par an à proratiser pour les CDD à partir de 4 mois de présence, consécutifs ou non, au cours des 12 derniers mois ;
- 40 heures pour les salariés intérimaires ayant au moins 2 700 heures de travail dans l'intérim, dont 2 100 heures dans l'entreprise de travail temporaire dans laquelle ils font leur demande.

Les droits acquis annuellement sont cumulables sur 6 ans et plafonnés à 120 heures.

Si vous souhaitez mettre en œuvre votre DIF, vous devez en prendre l'initiative, en accord avec votre employeur. Le choix de la formation doit être formalisé par écrit en précisant au mieux :

- le type d'action choisi ;
- l'organisme pressenti ;
- la période à laquelle vous voulez vous former ;
- l'objectif poursuivi.

Ce courrier pourra être accompagné d'un devis établi par l'organisme de formation que vous avez choisi.

Votre employeur dispose alors d'un délai d'un mois pour notifier sa réponse, sinon votre demande sera considérée comme acceptée : l'absence de réponse de l'employeur vaut en effet acceptation.

Ces actions de formation se déroulent soit pendant votre temps de travail (si accord de branche ou d'entreprise), soit en dehors de votre temps de travail. Dans ce dernier cas elles donnent lieu au versement d'une allocation de formation (50 % de votre salaire net).

En cas de désaccord avec votre employeur, durant deux exercices civils consécutifs, le salarié peut présenter une demande au Fongecif (ou à l'Opacif) qui examine la demande en fonction des priorités de la branche professionnelle avant de donner son accord. Les demandes farfelues ont donc peu de chances d'aboutir !

Pour quelles formations peut-on utiliser le DIF ?

Soit une des formations définies comme prioritaires par votre accord de branche ou d'entreprise, soit des actions de promotion, d'acquisition ou d'entretien de vos compétences, mais également des actions diplômantes ou qualifiantes.

Une formation a plus de chances d'être acceptée par votre employeur si elle est en lien avec votre métier actuel ou futur, et qu'elle participe à votre évolution professionnelle.

Le bilan de compétences est considéré comme une action de formation. Vous pouvez donc tout à fait faire un point sur votre carrière et vos projets d'évolution professionnel *via* votre DIF. La démarche est la même que pour une formation « classique » (lettre à l'employeur + devis).

Le financement du DIF

Sont à la charge de votre employeur :

- les frais de formation et d'accompagnement ;
- les frais de transport et d'hébergement ;
- le montant de l'allocation de formation (dans le cas où la formation se déroule hors temps de travail).

La portabilité du DIF

Dès lors que vous quittez votre entreprise pour un motif ouvrant droit à l'assurance chômage (sauf licenciement pour faute lourde), vous pouvez utiliser vos heures de DIF acquises avec votre ancien employeur pour suivre :

- un bilan de compétences ;
- une VAE (validation des acquis de l'expérience) ;
- une formation.

Ces actions se dérouleront alors chez votre nouvel employeur, à condition d'en faire la demande au cours des deux années suivant votre départ de l'entreprise qui vous a permis d'accumuler les heures de DIF. Le financement de l'action de formation est assuré par l'OPCA dont relève votre nouvelle entreprise à hauteur des droits que vous avez acquis et que vous n'avez pas utilisés.

Vous pouvez également utiliser vos heures acquises au titre du DIF durant votre période de chômage. Le financement de l'action étant alors en principe assuré par l'OPCA du dernier employeur.

■ Le congé individuel de formation (CIF)

Le CIF vous permet de suivre, à votre initiative et à titre individuel, des actions de formation, indépendamment des formations du DIF et, nous le verrons après, du plan de formation de l'entreprise. Sauf arrangement particulier avec votre entreprise, votre absence ne peut être supérieure à un an pour un stage à temps plein ou à 1 200 heures pour un stage à temps partiel.

Ce congé permet également de préparer et de passer un examen.

À votre retour, votre employeur devra vous réintégrer dans votre ancien emploi mais ne sera pas tenu de vous proposer un autre emploi prenant en compte la qualification que vous aurez acquise pendant votre formation.

Vous pouvez accéder au CIF, quels que soient l'effectif de votre entreprise et la nature de votre contrat de travail. Cependant, une condition d'ancienneté est nécessaire :

- 24 mois consécutifs ou non en tant que salarié, dont 12 mois dans l'entreprise ;
- 36 mois dans les entreprises artisanales de moins de 10 salariés.

Il est possible d'enchaîner deux CIF mais un délai de franchise doit être respecté. Ce délai varie selon la durée de la première formation. Il est égal à la durée du premier CIF (en heures) divisée par 12 et est compris entre 6 mois et 6 ans maximum. Plus votre première formation est longue, plus il vous faudra attendre pour pouvoir bénéficier d'un CIF pour une autre formation. Par exemple : pour un CIF à temps plein de 1 200 heures, le calcul du délai de franchise avant de pouvoir prendre un autre congé est : 1 200/12 = 100 mois, soit 8 ans et 4 mois. Ce délai sera réduit à 6 ans, qui est la limite supérieure du délai de franchise.

Comment faire ?

Vous devez présenter à votre employeur dans un délai de 60 jours (ou 120 jours pour des stages d'une durée continue de plus de 6 mois) une demande écrite d'autorisation d'absence qui indique avec précision l'intitulé, la date d'ouverture, la durée de la formation, ainsi que l'organisme qui la réalise.

Si vous remplissez les conditions d'ouverture du droit au CIF (ancienneté et délai de franchise) et respectez la procédure de demande d'autorisation d'absence, votre employeur ne peut pas s'opposer à votre départ en formation. Il peut éventuellement le reporter une seule fois.

Le financement d'un CIF

Après avoir obtenu l'accord de prise en charge du Fongecif et l'autorisation d'absence de votre employeur, ce dernier vous versera une rémunération qui lui sera remboursée par l'organisme collecteur.

La rémunération est calculée à partir d'un pourcentage de votre salaire. Si vous percevez des rémunérations variables, le salaire de référence est calculé sur la base du salaire mensuel moyen des 12 derniers mois d'activité précédant le CIF.

Globalement, si votre salaire est inférieur à deux SMIC, votre rémunération sera identique, au-delà, le montant sera variable selon la durée du CIF et correspondra au minimum à deux SMIC.

Le temps passé en formation est pris en compte pour le calcul de vos droits aux congés payés et vous restez couvert au niveau social (maladie, maternité, invalidité…).

Le CIF est assimilé à une période de travail à l'égard de l'ensemble des droits que vous tenez de votre ancienneté dans l'entreprise. Les éléments de rémunération qui n'ont pas un caractère mensuel (prime de fin d'année, 13e mois, prime de vacances…) vous restent dus intégralement.

Les frais liés au déroulement de la formation (coût pédagogique, frais d'inscription, de transport et d'hébergement) sont pris en charge en tout ou partie par le Fongecif. En cas de prise en charge partielle, l'entreprise ou son OPCA peut compléter (ou non) cette prise en charge.

Vos obligations en tant que salarié en CIF :

- l'assiduité : chaque mois vous devez remettre à votre employeur une attestation de présence (fournie par l'organisme de formation) ;
- vous avez une obligation de loyauté envers votre employeur (pas de stage chez la concurrence, ni propos diffamatoires ou injurieux) ;
- vous devez respecter le règlement intérieur de l'organisme de formation.

Si vous êtes en CDD

Vous pouvez bénéficier d'un CIF-CDD si vous avez travaillé comme salarié, au moins 24 mois, consécutifs ou non, au cours des 5 dernières années, dont 4 mois, consécutifs ou non, au cours des 12 derniers mois.

Le CIF se déroule alors en dehors de la période d'exécution de votre contrat de travail. L'action de formation devra débuter au plus tard 12 mois après le terme de votre contrat. Cependant, sur demande et avec l'accord de votre employeur, vous pourrez suivre votre formation, en totalité ou en partie, avant le terme de votre CDD.

L'employeur doit remettre au salarié en CDD un BIAF (bordereau individuel d'accès à la formation) lui permettant de connaître ses droits et de les faire valoir auprès de l'organisme collecteur.

Le BIAF n'est pas obligatoire dans les cas suivants :

- contrat d'apprentissage ;
- contrat de professionnalisation ;
- contrat de travail à durée déterminée conclu avec un jeune au cours de son cursus scolaire ou universitaire ;
- contrat unique d'insertion – contrat d'accompagnement dans l'emploi (CUI-CAE).

À chaque formation son congé

Il existe beaucoup d'autres congés qui vous permettent de vous former tout en conservant votre contrat de travail :

- le congé bilan de compétences (CBC) ;
- le congé de validation des acquis de l'expérience (CVAE) ;
- le congé pour préparer ou passer un examen ;
- le congé de formation pour les jeunes travailleurs ;
- le congé pour la formation des représentants du personnel au CHSCT ;
- le congé pour la formation des membres du comité d'entreprise ;
- le congé pour la formation au conseiller du salarié ;
- le congé pour la formation des conseillers prud'homaux ;
- le congé de formation des cadres et animateurs de jeunesse ;
- le congé de formation de jeunes salariés ;
- le congé de formation mutualiste ;
- le congé d'enseignement ou de recherche et d'innovation.

Le plan de formation

Tout employeur doit respecter l'obligation légale d'« adaptation au poste de travail ». Avec le plan de formation – dont les bénéficiaires sont tous les salariés présents dans l'entreprise – il y a d'un côté les actions de formations décidées par l'employeur, et de l'autre celles qui nécessitent le consentement préalable du salarié, à savoir :

- le bilan de compétences ;
- la validation des acquis de l'expérience ;
- les formations hors du temps de travail.

Le plan de formation est à l'initiative de l'employeur. Il est réalisé à partir d'un recensement des besoins :

- collectifs : liés à des projets ou développements de l'entreprise (en amont) ;
- individuels : collectés lors de l'entretien professionnel ou d'évaluation.

On peut donc utilement articuler plan de formation et DIF à l'initiative du salarié.

D'autres leviers pour vous former

Les demandeurs d'emploi peuvent également bénéficier de formations et d'accompagnements.

Pôle emploi finance de nombreuses formations. Votre conseiller doit vous aider à trouver la formation adéquate à votre projet. Vous pouvez retrouver toutes les informations sur le site www. pole-emploi.fr.

Pôle emploi dispose également d'outils d'aide à la décision pour choisir votre formation :

- la prestation d'orientation professionnelle spécialisée (POPS) vous permet de construire et concrétiser le projet de formation le plus adapté pour votre retour à l'emploi ;
- des ateliers pour vous aider à rechercher la formation adaptée à votre objectif professionnel ainsi que l'organisme avec lequel vous allez effectuer votre formation.

Dans le cadre de congé de reclassement (lors de licenciement économique), les entreprises peuvent financer des actions de formations pour favoriser le retour à l'emploi des salariés.

La période de professionnalisation

Elle permet au salarié d'acquérir une qualification professionnelle reconnue et de favoriser son maintien dans l'emploi en suivant un parcours de formation individualisé.

La période de professionnalisation est mise en œuvre à l'initiative de l'employeur ou du salarié et est financée par le DIF et/ou le plan de formation. La formation a généralement lieu pendant le temps de travail au sein de l'entreprise mais le plus souvent d'un organisme de formation. Tous les employeurs établis ou domiciliés en France sont concernés. Sont exclus l'État, les collectivités locales et leurs établissements publics à caractère administratif.

Quels sont les salariés concernés ?

- Les salariés en CDI.
- Les salariés dont la qualification est insuffisante au regard de l'évolution des technologies et de l'organisation du travail, conformément aux priorités définies par accord de branche ou collectif.
- Les salariés qui comptent 20 ans d'activité professionnelle, ou âgés d'au moins 45 ans (ancienneté minimum d'un an).
- Les salariés qui envisagent la création ou la reprise d'une entreprise.
- Les femmes qui reprennent leur activité professionnelle après un congé de maternité ou les hommes et femmes après un congé parental.
- Les bénéficiaires de l'obligation d'emploi : handicapés, victimes d'accidents…

Les principales actions relevant d'une période de professionnalisation sont :

- les formations d'enseignements généraux ;
- les formations professionnelles ;
- les formations technologiques ;
- les actions d'évaluation ;
- les actions d'accompagnement (préparation à un examen ou entraînement de situation professionnelle) ;
- les VAE ;
- le bilan de compétences (DIF).

Elle vise l'obtention par le salarié d'une qualification professionnelle :

- un diplôme ou un titre à finalité professionnelle délivré par l'État ;
- un diplôme ou un titre à finalité professionnelle délivré par d'autres autorités ou organismes et enregistré dans le RNCP (Répertoire national des certifications professionnelles) ;
- un certificat de qualification professionnelle (CQP) ;
- une qualification reconnue dans les classifications d'une convention collective nationale de branche (CCN) ;
- une qualification figurant sur une liste établie par la CNPE (Commission paritaire nationale de branche), d'une branche professionnelle ou la CPNAA pour les accords interprofessionnels (Commission paritaire nationale d'application de l'accord) ;
- une certification d'action de formation définie par la CPNAA.

Les heures de formation hors temps de travail sont plafonnées à 80 heures par an et par salarié (ou 5 % du forfait), auxquelles peuvent s'ajouter les heures cumulées par le salarié au titre du DIF.

Si vous voulez profiter de cette mesure, adressez-vous à votre responsable formation !

Chapitre 9

Faire appel à un professionnel

Se faire accompagner

Vous pouvez vous faire accompagner dans votre entreprise lors de différents entretiens parfois obligatoires. Les accompagnants doivent impérativement maîtriser parfaitement le cadre de la formation professionnelle afin que les entretiens soient pertinents, sinon ils feront appel à un consultant extérieur. Tour d'horizon des outils mis en place pour vous accompagner, dont le bilan de compétences et bien d'autres dont vous pouvez bénéficier dans votre entreprise.

9.1. Se faire accompagner au sein de son entreprise

✓ Ah bon, quelqu'un peut m'accompagner dans ma boîte ?
✓ Je profite des entretiens de gestion de carrière.

■ Les entretiens professionnels

Pour qui ? Tous les salariés, en particulier ceux de la génération « plus » : les plus de 45 ans. S'il est bien mené et bien préparé des deux côtés, l'entretien est un bon outil pour aider les salariés à poser leur projet professionnel : ce dispositif est là pour ça.

Quelles entreprises ? Toutes les entreprises, en général tous les deux ans.

Obligatoire ou non ? Oui, avec une fréquence qui diverge selon l'accord de branche de l'entreprise.

Concrètement ? Ce dispositif est issu de la réforme de la formation professionnelle de 2003. Grâce à cet entretien, le salarié :

- analyse et évalue ses compétences, leur évolution et son passé professionnel ;
- élabore un projet professionnel ;
- recherche les modalités de mise en œuvre de son projet ;
- exerce son droit d'initiative et investit pleinement son projet professionnel ;
- parle du travail réel et du décalage éventuel avec le travail « prescrit » ;
- dispose d'un temps d'expression pour parler de la réalité du travail effectué, des problèmes rencontrés et des solutions apportées ;

- se situe dans une dynamique d'évolution professionnelle ;
- fait connaître ses attentes quant au déroulement de sa carrière ;
- exprime ses souhaits et ses besoins de formation.

Les enjeux pour le salarié sont nombreux :

- il a une meilleure vision RH de son entreprise ;
- il se positionne par rapport à ses acquis et ses compétences ;
- il est coresponsable de son employabilité ;
- il connaît les moyens pour s'orienter ;
- il est aidé pour construire son projet ;
- il a une vision davantage « long terme » ;
- ses compétences acquises grâce à son investissement personnel sont reconnues.

Les principales différences avec l'entretien de progrès (aussi appelé entretien annuel ou entretien d'évaluation) sont répertoriées dans le tableau ci-dessous.

	Entretien professionnel	**Entretien de progrès**
La fréquence	Tous les 2 ans	Tous les ans
Le contenu	Le projet professionnel du salarié (dans l'entreprise ou non) Souhaits d'évolution	Les objectifs dans le cadre de la mission du salarié dans l'entreprise Aspects opérationnels
Les acteurs	Manager, DRH, consultant	Obligatoirement le N +/– 1
À quel moment de l'année ?	Avant la fin du plan de formation afin d'y intégrer les formations décidées à l'issue de cet entretien	Pas de période, selon comment l'entreprise fonctionne et les objectifs décidés
La rémunération	N'est pas abordée	N'est pas abordée sauf sur la fixation de primes sur les objectifs individuels et collectifs
Mot-clé	PROJET	PERFORMANCE

▪ Le bilan d'étape professionnel[1]

La loi du 24 novembre 2009 sur la formation professionnelle rend obligatoire le bilan d'étape professionnel.

C'est un diagnostic effectué en commun par l'employeur et le salarié. L'objectif est d'aider le salarié à construire un projet

---

1. www.rhconseilpme.blogs.com

professionnel. Il ne s'agit pas d'évaluer le salarié ou de lister ses carences. Ce bilan doit permettre au salarié d'évaluer ses capacités professionnelles et ses compétences. Pour l'employeur, c'est un moyen de déterminer les objectifs de formation du salarié.

Qui est concerné par ce bilan ?

À l'occasion de son embauche, le salarié est informé que, dès lors qu'il dispose de deux ans d'ancienneté dans la même entreprise, il bénéficie à sa demande d'un bilan d'étape professionnel.

Proposé tous les cinq ans, il doit permettre au salarié d'identifier ses besoins de formation. À partir d'un diagnostic réalisé en commun par le salarié et son employeur :

- le salarié peut évaluer ses capacités professionnelles et ses compétences ;
- l'employeur peut déterminer les objectifs de formation du salarié.

Qui mène la danse ?

Outils liés à la formation professionnelle et à l'évolution de votre projet professionnel	Manager direct N +/– 1	Manager de l'entreprise (tuteur)	DRH/RRH	Consultant extérieur
L'entretien professionnel	X		X	X
L'entretien de progrès (annuel, d'évaluation...)	X			
L'entretien mi- ou fin de carrière (accords seniors)		X	X	X
Le bilan d'étape professionnel	X	X	X	X

■ Les entretiens de milieu et fin de carrière (accords seniors)

Depuis 2005, les salariés à partir de 45 ans – en lien avec les accords seniors de l'entreprise[1] – sont également concernés par **l'entretien de milieu et fin de carrière**. Ces entretiens permettent de maintenir les

---

1. Toutes les entreprises employant au moins 50 salariés ou appartenant à un groupe d'au moins 50 salariés, y compris les établissements publics, doivent négocier un accord d'entreprise (ou de groupe) ou élaborer un plan d'action en faveur de l'emploi des seniors.

seniors dans l'emploi et de sécuriser leurs parcours professionnels en diagnostiquant et développant leurs compétences. Un employeur ne peut plus mettre à la retraite un salarié avant ses 70 ans si ce dernier ne veut pas. Cet entretien est un moment privilégié afin de faire le point sur l'évolution du salarié ou de préparer un futur départ à la retraite et d'organiser au mieux la transmission des connaissances !

Mais aussi...

Selon l'entreprise dans laquelle vous travaillez, avez-vous pensé à contacter :

- les ressources humaines notamment dans le cadre de la GPEC (gestion prévisionnelle des emplois et des compétences). Si votre entreprise a plus de 300 salariés, elle doit mettre en place un accord GPEC qui traite des questions de la mobilité et de l'évolution des métiers et des compétences (référentiels métiers et compétences, fiches de poste ou de fonction, d'aires de mobilité) : pléthore d'outils fort utiles à votre carrière et qui pourront vous aider dans la définition et la réalisation de votre projet professionnel ;
- des personnes en charge de la mobilité et des carrières (espace métier, bourse à l'emploi...) ;
- des consultants externes qui interviennent au sein de votre entreprise.

9.2. Le bilan de compétences

✓ Ô miroir, mon beau miroir, dis-moi qui je suis...
✓ Je sais quoi faire grâce au bilan.

■ Pourquoi faire un bilan de compétences ?

Le bilan est un moment privilégié de réflexion pour vous accompagner dans un changement ou une évolution sur le plan personnel et professionnel. Depuis plus de vingt ans[1], le bilan de compétences occupe une place centrale dans la formation continue.

---

1. Loi n° 91-1405 du 31 décembre 1991 relative à la formation professionnelle et à l'emploi.

L'évolution rapide des métiers et des fonctions dans l'entreprise implique une meilleure vision de sa trajectoire professionnelle. Constater le trajet parcouru, analyser ses motivations personnelles, ainsi que ses aptitudes et ses compétences doit vous permettre de mieux vous situer, de mieux définir vos choix et de vous engager vers une meilleure adéquation entre votre activité et vos aspirations.

Le bilan de compétences a donc pour ambition :

- de répondre à vos interrogations si vous vous sentez arriver à un moment clé de votre vie professionnelle ;
- de vous orienter si vous savez que vous ne voulez plus exercer votre métier mais que vous ne savez pas vers quel projet aller ;
- de faire un point sur vos compétences acquises et transférables ;
- de mieux connaître votre personnalité et vos attentes ;
- de mieux vous positionner sur le marché de l'emploi ou dans votre environnement professionnel ;
- de déterminer vos besoins en formation dans le cadre d'une évolution ou d'un changement de métier ;
- d'évaluer votre capacité à entreprendre pour une création ou une reprise d'entreprise.

L'ensemble de ces éléments est le socle sur lequel vous pouvez bâtir un projet viable. De plus, la confrontation avec la réalité du marché du travail vous permettra de vérifier la faisabilité du projet que vous envisagez !

Exemples :

- « Après dix ans comme assistante de direction, je souhaiterais m'orienter vers les ressources humaines. Le bilan me permettra d'envisager mes possibilités d'évolution dans cette fonction, sur quel poste et dans quelle mesure. »
- « Je suis comptable et je rêve de faire un métier plus pratique. Peut-être dans l'artisanat, sans savoir précisément quoi. Le bilan pourra m'aider à trouver des pistes professionnelles qui me correspondent et la manière de mettre en œuvre mon projet. »
- « Je suis assistante commerciale, je souhaite changer de métier, car je ne peux plus supporter de régler des problèmes toute la journée. Mais que faire ? »

À qui s'adresse le bilan de compétences ?

« *Le bilan de compétences est une démarche personnelle et volontaire qui permet à chacun, sans condition de niveau scolaire, d'âge ou de statut, d'élaborer un projet professionnel réaliste* », dixit le Fongecif.

Si votre objectif est par exemple :

- de faire un point sur vos possibilités d'évolution ou de mieux vous positionner sur le marché de l'emploi sans nécessairement tout changer ;
- de confirmer votre réel intérêt pour votre métier actuel en réfléchissant à d'autres projets ;
- au contraire de changer de métier…

… le bilan est fait pour vous ! Il pourra vous aider à y voir plus clair et à envisager plus sereinement les étapes pour y arriver.

Le bilan de compétences s'adresse à tous, quels que soient la profession, le statut et l'âge, dans la mesure où l'on souhaite faire un point de carrière et définir un projet professionnel. Salariés ou non, demandeurs d'emploi, jeunes et moins jeunes, cadres ou non cadres… vous pouvez tous y recourir !

Des intitulés variés pour une même démarche

Si les étapes et l'objectif du bilan restent les mêmes, le contenu de la démarche peut changer en fonction :

- des prestations proposées ;
- des accréditations ou non des établissements ;
- du financement prévu.

Le bilan de compétences est une démarche protégée et encadrée. On peut cependant le retrouver sous différentes appellations avec un contenu similaire :

- le « bilan de carrière » ;
- le bilan de compétences approfondie ou BCA (*via* Pôle emploi) ;
- le « bilan jeune » ;
- le « bilan senior » ;
- le « bilan manager » ;
- l'outplacement qui débute par un bilan…

Concrètement !

En général, la durée totale de la prestation est de 24 heures sur une durée de trois semaines à quatre mois suivant les organismes, le cadre méthodologique et vos besoins.

La durée du bilan se répartit sur plusieurs entretiens en face à face et en travail personnel encadré et documenté. La durée légale d'entretien avec le consultant est au minimum de 12 heures (certains cabinets vous proposeront 18 heures). Attention, la quantité n'est pas nécessairement un gage de qualité : un nombre d'heures en face à face plus important n'est pas la garantie d'un « meilleur » bilan et donc pour vous d'une meilleure solution à votre projet professionnel. Tout dépendra, entre autres, de la pertinence du contenu, de l'expérience du consultant et surtout de votre investissement personnel.

Vous serez amené à réaliser un entretien d'information préalable avant de vous engager auprès d'un centre de bilan. Il dure environ une heure et il est sans engagement.

Cet entretien préalable a pour objectif :

- de favoriser la rencontre avec le consultant qui vous accompagnera ;
- de vous rappeler les conditions de réalisation pratiques du bilan (durée, nombre d'entretiens, ressources…) ;
- de présenter en détail la méthodologie et de rappeler les principes déontologiques sur lesquels se fonde la prestation.

Attention, certains cabinets vous reçoivent pour une prise de contact mais vous ne voyez pas le consultant chargé du bilan. Or cette démarche doit vous permettre de faire votre choix en fonction de la **personne** avec laquelle vous allez travailler. Assurez-vous bien que la personne que vous rencontrerez sera celle qui vous suivra tout au long du bilan !

Enfin, cet entretien sera l'occasion de parler de vous et de vos attentes afin de vous proposer une offre en adéquation avec vos besoins.

La plupart des cabinets peuvent vous accompagner dans vos démarches administratives de financement de votre bilan. N'hésitez donc pas à le leur demander !

À savoir : un bilan en toute discrétion

Même si le bilan de compétences s'inscrit dans une démarche de gestion de carrière qui peut être encouragée par beaucoup d'entreprises, faire un bilan peut s'avérer délicat vis-à-vis de son employeur. Aussi, vous pouvez demander à le réaliser « hors temps de travail » afin que votre démarche ne soit pas connue de votre entreprise ni de vos supérieurs. Pour cela, vous devez directement contacter le Fongécif.

Un bilan réalisé pendant votre temps de travail nécessitera, outre le fait d'avoir à donner des explications sur les raisons de votre démarche, une prise en charge de votre employeur afin de pouvoir vous absenter de votre travail.

Quelle méthodologie ?

Le bilan de compétences se découpe en trois phases distinctes :

1. Une phase préliminaire.

2. Une phase d'investigation.

3. Une phase de conclusion.

Dans le détail…

1. La **phase préliminaire** permet de rappeler les conditions pratiques de réalisation du bilan ainsi que les principes déontologiques de la démarche. Cette phase sera aussi le moment d'étudier vos besoins.

2. La **phase d'investigation** est le travail du bilan à proprement parler. Il vous permettra de faire un bilan personnel et professionnel afin d'identifier, de manière précise, vos motivations, vos intérêts et vos compétences à travers vos réalisations passées.

Des supports et des outils vous permettront de formaliser les différents éléments clés de votre parcours et de vos réalisations, ainsi que de dresser l'inventaire de votre personnalité à travers des questionnaires permettant d'interroger vos motivations et vos intérêts professionnels. Les entretiens de restitution avec le consultant vous permettront de mettre en évidence vos points forts et vos points de difficulté vis-à-vis d'un projet professionnel précis. L'objectif est de vous faire prendre conscience de vos potentiels dans une dynamique d'engagement et de réussite.

3. La **phase de conclusion** préalable à la mise en œuvre de votre projet professionnel : plan d'action et synthèse. Certains proposeront, en plus, de travailler sur vos outils de recherche d'emploi (CV et lettre de motivation).

Les étapes du bilan de compétences

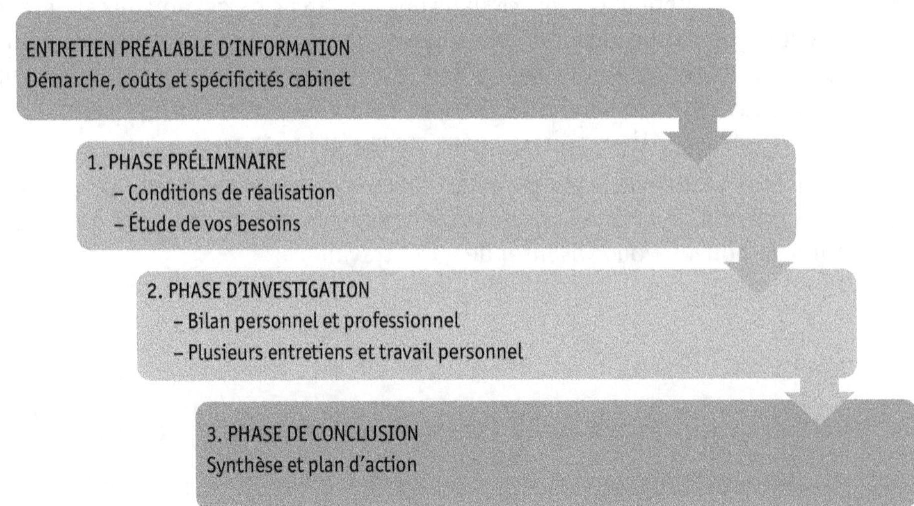

Se faire financer son bilan[1]

Les **salariés** disposent de nombreuses solutions de prise en charge du bilan de compétences.

1. Si vous avez au moins un an d'ancienneté dans votre entreprise, vous pouvez faire une demande de prise en charge de votre bilan **dans le cadre du DIF** (droit individuel à la formation). Il vous faudra faire une demande écrite à votre employeur, accompagnée d'un devis chiffré du prestataire que vous aurez choisi. Votre employeur dispose d'un mois pour vous répondre. Si vous êtes licencié, il ne pourra pas s'opposer à votre demande.

2. **Dans le cadre du congé bilan de compétences** (CBC), si vous êtes :

- salarié en CDI, vous devez justifier de 5 années d'activité professionnelle dans une entreprise du secteur privé, dont 12 mois dans votre entreprise actuelle. Vous pouvez alors demander une autorisation d'absence d'une durée maximale de 24 heures à votre employeur ;
- salarié en CDD, vous devez alors justifier de 24 mois d'activité professionnelle, consécutifs ou non, au cours des cinq dernières années, dont quatre mois en CDD, consécutifs ou non, au cours des 12 derniers mois.

Vous pouvez réaliser votre bilan de compétences hors temps de travail, sans que l'employeur en ait connaissance. Il suffit alors de

---

1. http://www.biop.ccip.fr/financer-son-bilan-competences-484.htm

s'adresser directement à l'Opacif[1] dont dépend votre employeur pour le faire financer (le plus souvent le Fongecif).

3. Dans le cadre du plan de formation : le bilan de compétences peut se faire à l'initiative de l'employeur, avec l'accord du salarié (un employeur ne peut pas vous obliger à le faire), mais également à l'initiative du salarié lui-même dans le cadre du recueil des besoins en formation, ou dans le cadre de l'entretien annuel. Chacun signe une convention tripartite (employeur, salarié et prestataire) qui définit les modalités de réalisation du bilan et les objectifs visés.

Les résultats du bilan ne peuvent cependant pas être communiqués à l'employeur sans l'accord du salarié.

Si vous n'êtes pas salarié (travailleur indépendant ou chef d'entreprise), vous pouvez financer votre bilan :

- soit par vos fonds propres ;
- soit en demandant une prise en charge au Fonds d'assurance formation (FAF) qui gère votre contribution au titre de la formation professionnelle continue ;
- soit dans un Centre interinstitutionnel de bilans de compétences (CIBC) afin de bénéficier d'un bilan de compétences financé par le Pôle emploi (pour le compte de l'État).

Pour les demandeurs d'emploi ou jeunes adultes : si vous êtes à la recherche d'un emploi, indemnisé ou non, vous pouvez bénéficier d'un bilan de compétences approfondi (BCA) organisé et financé par le Pôle emploi. Il sera réalisé par un prestataire externe. Il ne durera que quelques heures mais il pourra constituer un premier pas.

Les demandeurs d'emploi, anciens titulaires d'un CDD, peuvent solliciter l'organisme collecteur agréé au titre du CIF de leur ancien employeur pour le financement d'un congé de bilan de compétences (CIF-CDD).

Si vous ne bénéficiez d'aucune prise en charge financière, vous pouvez **financer vous-même** votre bilan de compétences. Dans ce cas, il n'y aura pas de délai d'attente et le bilan pourra commencer immédiatement. En cas de financement par le Fongecif par exemple, il faudra patienter quarante-cinq jours après le dépôt du dossier.

---

1. Organisme paritaire collecteur agréé au titre du CIF.

Combien ça coûte ?

Le coût d'un bilan peut varier d'un prestataire à l'autre, en fonction du type de financement du bilan, de son contenu, des accréditations du cabinet et du consultant chargé du bilan. Dans beaucoup de cas, il ne vous coûtera rien ou presque !

Dans le cadre du Fongecif, un bilan de compétences est financé à hauteur de 1 750 euros (en 2012). Le coût réel de la prestation dépendra du centre de bilan, qui pourra vous demander une participation supplémentaire.

Le tarif pourra doubler voire dépasser 3 500 euros notamment si la prestation est associée à une démarche de coaching. De ce côté-là, tous les tarifs sont permis et chaque organisme pourra proposer une importante variété de contenus et de développement, toujours associés à l'objectif et dans le cadre de la démarche de bilan.

Dans certains cas de licenciement, votre entreprise peut vous proposer un outplacement qui débutera par un bilan professionnel et personnel.

Témoignage

Chantal Reboul-Salze, de directrice de service clients à consultante en bilan de compétences !

Quel travail avant le changement ?

J'ai commencé ma carrière en tant qu'assistante commerciale pour très rapidement prendre la responsabilité d'un service. Puis, de fil en aiguille, j'ai obtenu un poste de directrice de service clients. Quelle ascension, me direz-vous ! Je vous l'accorde, mais comme Icare, je me suis brûlé les ailes. Trop de réunions, trop de reportings, trop d'angoisses face aux chefs américains, trop de conflits, bref je ne me reconnaissais plus dans celle que j'étais devenue.

Le déclic ?

Après avoir effectué un bilan de compétences, j'ai compris que je puisais mon énergie chez les autres, que le fait d'aider et d'apporter ma contribution, mon utilité constituait pour moi un puissant moteur de motivation. Or, le poste de directrice ne faisait que m'éloigner de cette source vitale.
Je me suis réveillée, ou révélée, grâce au coaching, qui m'a permis de mieux comprendre la nature humaine et d'accéder à des outils aussi simples qu'efficaces.

9.3. Bien choisir celui qui m'accompagne

✓ Comment révéler mon projet professionnel inconscient ?

✓ Je fais le choix du bon professionnel.

Que vous soyez un jeune sans expérience professionnelle, un salarié en mobilité ou en reconversion, ou même un entrepreneur en herbe, il existe de nombreux professionnels pour vous accompagner. Coach, conseiller en bilan de compétences, consultant en transition ou en mobilité professionnelle, conseiller en insertion, conseiller en orientation, consultant en outplacement… Face à la très grande variété de spécialistes de l'accompagnement, il est souvent délicat de trouver un professionnel adapté à votre besoin quand vous êtes vous-même accaparé par vos questionnements. Quels que soient votre âge, votre parcours ou vos besoins, il existe forcément quelqu'un pour vous aider à concrétiser votre projet. Mais comment trouver un professionnel qui pourra répondre à vos besoins ?

Il ne s'agit pas ici de dresser une liste exhaustive de tous les métiers liés au secteur de l'accompagnement mais de faire le point sur les intérêts des principaux acteurs de la reconversion et de l'orientation professionnelle. Nous vous encourageons donc à **l'action**, en rencontrant plusieurs professionnels avant de faire votre choix et en vous informant, par exemple, auprès de personnes ayant bénéficié d'un accompagnement et qui sauront vous faire partager leur expérience.

■ Sept points clés pour bien choisir la personne qui vous accompagne

1. **Sa personnalité** : vous devez vous sentir bien et en confiance avec elle.

2. **Ses connaissances théoriques** : la personne qui vous accompagne doit aider à vous questionner et vous apporter un cadre méthodologique pour faire avancer votre projet. Elle doit avoir des connaissances en psychologie et en sciences sociales, mais aussi sur les métiers et l'environnement professionnel.

3. **Son parcours professionnel** : quels sont ses études et son parcours professionnel ? Connaît-elle bien le monde de l'entreprise et ses métiers ? La personne a-t-elle été confrontée à une réorientation au moins une fois dans sa vie ?

4. **Ses outils** : questionnaires de personnalité ou d'intérêt professionnel, supports d'accompagnement et documentation métier ou secteur, espace de travail… Quelles ressources met-elle à votre disposition pour favoriser l'atteinte de votre objectif ?

5. **Son réseau** : peut-elle vous faire rencontrer des professionnels ?

6. **Sa maturité personnelle et professionnelle** : la personne se connaît bien, a du recul et accompagne des personnes depuis plusieurs années.

7. **Sa déontologie** : la personne qui vous accompagne est tenue au secret professionnel et doit faire preuve de discrétion notamment envers votre entreprise mais également sur les noms de personnes qu'elle a déjà accompagnées. Elle ne doit pas vous « influencer » dans vos décisions mais plutôt vous amener à élaborer un projet dont vous serez l'acteur.

■ Les professionnels de l'accompagnement

Appellation (et parcours) d'origine incontrôlée ! Derrière moult appellations souvent inconnues du grand public, les professionnels de l'accompagnement sont une ressource précieuse pour l'aboutissement de votre projet professionnel. Comment choisir ?

Le conseiller ou consultant en bilan de compétences est celui vers qui vous allez probablement vous diriger si vous souhaitez faire le point sur vos compétences et vos possibilités d'évolution. C'est un spécialiste de l'orientation professionnelle avec un cursus qui va varier :

- ce peut être un psychologue de formation ;
- ce peut être également un ancien professionnel reconverti qui a exercé plusieurs années en entreprise et qui a suivi une formation en sciences humaines (formation de coach le plus souvent).

L'avantage d'un professionnel reconverti sera sa connaissance des réalités de l'entreprise, là où celui qui n'aurait jamais exercé d'autre métier pourrait n'avoir qu'une vision théorique et lointaine du projet pour lequel il vous accompagne.

Les différences entre professionnels peuvent provenir :

- de leur intitulé de poste ;
- de leur cursus et de leur formation et donc des diplômes ;
- de leur expérience professionnelle ;
- de leur implication, voire de leur vocation ;
- de leur personnalité et de leur qualité d'écoute.

Acteur de référence dans votre évolution ou votre réorientation, le conseiller bilan vous accompagne dans la définition et la mise en œuvre de votre projet professionnel. Il applique une méthodologie cadrée et reconnue par les professionnels du secteur. Il exerce sa profession dans un centre de bilans de compétences, souvent répertorié dans la liste des centres agréés Fongecif, ou à son compte.

Lorsque vous recherchez un centre de bilans, vous êtes nombreux à préférer un professionnel spécialiste d'un métier ou d'un secteur d'activité. Certes, si vous avez le projet de devenir commercial, et que le conseiller lui-même a exercé ce métier dans une vie antérieure, il sera intéressant de partager sa vision d'un métier qu'il connaît bien. Or, le fait que la personne qui vous accompagne ait exercé le métier dans lequel vous vous projetez n'est pas toujours un atout. **Le conseiller bilan est là avant tout pour faire « accoucher » votre projet, pour vous apporter un cadre méthodologique et vous donner les moyens d'avancer et de concrétiser votre rêve.**

Le fait qu'un professionnel ait lui-même changé de métier est forcément un atout mais il sera d'autant plus important qu'il connaisse une large palette de professions afin de vous ouvrir le champ des possibles.

Son accompagnement pourra être d'autant plus bénéfique qu'il connaîtra de nombreux métiers et environnements professionnels, de par son expérience en accompagnement et la variété des profils accompagnés, qu'il ait occupé une fonction transverse, de management ou de recrutement, et enfin qu'il dispose d'un bon réseau.

Focus sur le psychologue

On trouve des psychologues dans tous les domaines professionnels (éducation, santé, social, travail, sport, etc.). Leur mission est de maintenir ou d'améliorer le bien-être ou la qualité de vie de l'individu et sa santé psychique, de développer ses capacités ou favoriser son intégration sociale. Ce sont des professionnels du fonctionnement psychique et des psychopathologies, du comportement humain, de la personnalité mais aussi des relations interpersonnelles. Suivant leur domaine de spécialisation, on les retrouve, par exemple, dans les hôpitaux pour aider des malades (psychologue clinicien) ou dans l'éducation pour orienter les élèves (conseiller d'orientation psychologue). Ils peuvent également intervenir dans l'étude des comportements des consommateurs (marketing) ou encore dans le cadre de projets urbains ou d'architecture (psychologue de l'environnement). On les retrouve également dans les entreprises et les administrations pour recruter, former, gérer les ressources humaines et les carrières, ou encore améliorer les conditions de travail (psychologue du travail).

À la différence du coach, dont la profession n'est pas réglementée, le métier de psychologue est protégé, reconnu par l'État et sanctionné par un diplôme de niveau bac + 5.

Le psychologue pourra vous aider à définir votre projet professionnel en prenant en compte à la fois ses aspects personnels et professionnels. Comme l'ensemble des professionnels de l'accompagnement, son rôle sera de vous accompagner dans la faisabilité de votre projet. Dans le cadre d'un accompagnement professionnel, on ne va pas voir un psychologue pour réaliser une thérapie et travailler d'éventuelles problématiques personnelles, bien qu'elles doivent être prises en compte dans la globalité de votre projet. Le psychologue pourra néanmoins avoir un regard assez fin sur votre personnalité et mettre en relief certains aspects à considérer dans votre orientation.

Focus sur le coach

Le coach n'est pas à proprement parler un spécialiste de l'orientation mais plutôt de l'accompagnement au sens large. Ancien manager, psychologue, consultant… il peut venir d'horizons différents. Son intérêt est de vous aider à clarifier votre objectif et générer vos propres solutions, qu'elles soient liées à un dysfonctionnement humain ou managérial au sein de votre entreprise (le plus souvent), à une reconversion, voire à des problématiques de vie plus personnelles. L'objectif du coach est de vous amener à prendre conscience de vous-même et de vos difficultés, mais également à vous prendre en charge pour trouver en vous les ressources qui vous permettront de surmonter un événement. Le coach n'est pas un thérapeute même s'il est parfois difficile d'établir une véritable frontière. En se basant sur vos ressources, le coach agit en catalyseur d'un changement durable dans l'action.

L'accès à cette profession est libre et non réglementée. Il existe cependant des organismes fédérateurs qui s'emploient à garantir la qualité des formations disponibles et des professionnels en activité.

Dans ce qui nous intéresse ici, le coach pourra tout à fait être un bon parti pour vous accompagner. Outre sa bonne connaissance de la psychologie humaine, il pourra avoir également une bonne connaissance de l'entreprise et de ses métiers.

Essayez de voir ce qu'il y a derrière l'intitulé du professionnel qui vous accompagne en reprenant les « sept points pour choisir la personne qui vous accompagne » évoqués plus haut.

Vous faire accompagner grâce à la formule gagnante : $A = MC^2$

9.4. Rester éveillé et réseauter

✓ Je ne twitte pas moi, je travaille !
✓ J'entretiens mon réseau pour gérer ma carrière.

■ En quoi le réseau peut-il vous aider dans votre projet ?

Aujourd'hui, la question n'est plus seulement « Qui es-tu ? » mais « Qui connais-tu ? ».

Ainsi, travailler en mode réseau est devenu incontournable, notamment si vous envisagez d'évoluer ou de changer de travail.

Au-delà de la veille nécessaire à tout bon professionnel, le réseau permet de rencontrer des personnes pour :
- créer des partenariats (gagnant-gagnant) ;
- faire savoir où vous en êtes dans votre carrière (nouvelles compétences, diplômes, expérience…) ;
- proposer des « trocs de compétences » ;
- rencontrer des professionnels pour vos enquêtes métiers ;
- garder le contact avec vos partenaires, collègues, amis…

Pour entretenir un réseau de qualité, il faudra penser à :
- entretenir vos contacts dans la durée ;
- prendre soin de vos relais et de vos prescripteurs ;
- rejoindre des réseaux existants ou en créer ;
- participer à des manifestations : colloques, tables rondes…
- inviter ses prescripteurs en fonction de leurs centres d'intérêt ;
- pratiquez le « troc de compétences » ;
- organiser des événements et faire du buzz.

Mais développer et entretenir un réseau de qualité, c'est avant tout un comportement et un état d'esprit !

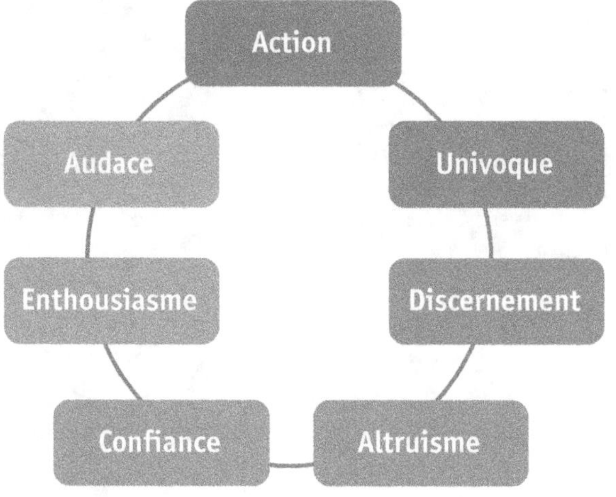

Il existe deux types de réseaux :

- les réseaux physiques : personnel et professionnel (club, anciens d'une école, par secteur…) ;
- les réseaux sociaux sur la Toile : Viadéo, LinkedIn, Twitter, Facebook, Scoopit, les blogs…

Concernant les réseaux sur Internet, voici quelques conseils :

- les mettre à jour ;
- avoir un positionnement clair ;
- mettre des mots-clés ;
- protéger sa vie privée ;
- préférer la qualité à la quantité ;
- ne pas écrire n'importe quoi ;
- être régulier…

Avant de vous présenter à la terre entière, il est pertinent de vous poser les questions de votre identité :

- Quelles sont mes valeurs (chapitre 2.2) ?
- Quelle est ma cible : mes clients, les personnes qui recrutent mon profil ?
- Quelle est ma singularité, mon « p'tit plus » ?
- Quelle est ma vision de mon travail ?
- Quelles sont mes références (expériences, diplômes, ancienneté, projets, etc.) ?
- Comment expliquer (de façon courte et claire) une mission réussie, une « success story » dans ma vie personnelle ou professionnelle qui illustre mes talents ?
- Enfin, quels sont les bénéfices que mes talents apportent à mon entreprise, mes clients, etc. ?

Pourquoi faire de la veille ?

Rien de pire – pour un professionnel – que de passer pour un benêt lors d'une réunion professionnelle ou d'un salon parce qu'il ne suit pas l'actualité ! Il est essentiel de se tenir informé des évolutions de son métier et de sa branche.

Faire de la veille permet de se tenir informé des évolutions de son métier et de son secteur afin de rester un professionnel compétent. Pensez donc à :

- la veille technique : sur les évolutions de votre métier ;
- la veille métier sur le marché du travail : comment votre métier évolue, quelles sont les opportunités sur le marché du travail ;

- la veille documentaire, réglementaire : quelles sont les évolutions des lois, normes, marchés...
- la veille sur les sujets qui vous intéressent et sur l'actualité ; posséder un minimum de culture générale est toujours un plus !

Conseils pour faire votre veille

- Allez à des conférences.
- Lisez régulièrement des revues et des ouvrages concernant votre métier, votre branche.
- Installez-vous des « Google Alertes » (sur le site, c'est gratuit).
- Inscrivez-vous aux newsletters de vos sites et blogs favoris.
- Suivez des professionnels *ad hoc* sur Twitter.
- Ouvrez sur votre ordinateur (voire sur papier également) des dossiers afin de ranger votre veille.
- Organisez votre veille.
- Partagez votre veille (blog, conférences, livre blanc, formations…).
- Éventuellement intéressez-vous de près à l'intelligence économique, comment traiter l'information, la sécuriser et l'enrichir.

Petite digression : être bien élevé et avoir un minimum de culture générale vous sauvera de bien des situations professionnelles et autres !

Le réseau et le marché caché

Le marché caché comprend tous les postes, dans leurs diverses étapes de développement, qui n'ont pas encore été communiqués au marché du travail ouvert. Pour les trouver, vous devez créer des liens de réseaux qui vous mettront en contact avec les décideurs appropriés et qui vous donneront à leur tour des renseignements sur les postes disponibles, ou même créeront un poste pour vous, avant même qu'il ne soit annoncé. En moyenne, et suivant les postes et les secteurs, 70 % des postes sont pourvus à travers des activités de réseaux. Ce nombre peut augmenter selon l'endroit, la fonction ou le secteur d'activité.

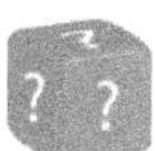 **Autodiagnostic : à vous de jouer !**

Testez vos compétences réseau avec le « test réseau[1] ». Une seule réponse possible par question.

TEST RÉSEAU			
	QUESTION	**A**	**B**	**C**
1	Le réseau sert avant tout à…	*Occuper son temps libre*	*Optimiser son parcours professionnel*	*Écraser ses concurrents*
2	Le réseau est fondé sur…	*L'amitié*	*La confiance*	*Le piston*
3	L'arme absolue du réseau, c'est…	*La recommandation*	*Le réseau personnel que l'on possède au départ*	*La maîtrise d'Internet*
4	On ne réussit à mobiliser le réseau que si…	*On a un objectif professionnel clair et réaliste*	*On fait partie d'associations puissantes*	*On a plus de 35 ans*
5	Activer le réseau, cela…	*Se fait d'instinct*	*S'apprend sur le tas*	*Commande d'en connaître les règles de fonctionnement*
6	Le réseau, c'est plutôt…	*Je reçois et je remercie*	*Je reçois et je donne*	*« Gagnant-gagnant »*
7	Avant un RDV réseau, je…	*Me brosse les dents*	*Me renseigne sur la personne que je rencontre, relis mes notes sur elle*	*Pique un petit somme pour me reposer*
8	En réseau, je ne sors jamais sans…	*Mes cartes de visite*	*Mon peigne*	*Mon téléphone portable*
9	Le réseau consiste à…	*Créer des liens durables*	*Zapper d'un contact à l'autre*	*Déjeuner avec des gens rigolos*
10	J'envoie mon CV aux chasseurs de tête…	*Tous les ans*	*Quand je suis au chômage*	*Jamais*
11	En réseau je me présente…	*En 6 minutes*	*En 2 minutes*	*Jamais*
12	Après une rencontre lors d'une manifestation professionnelle…	*Je m'empresse d'oublier la personne*	*J'attends que la personne rencontrée me rappelle*	*Je rappelle la personne pour la rencontrer plus longuement*

1. Extrait de l'ouvrage d'Hervé Bommelaer, *Booster sa carrière grâce au réseau*, Eyrolles, Éditions d'Organisation, 2007.

13	Le Networking, c'est…	Un art	Un passe-temps	Une addiction
14	Une des lois clés du Networking professionnel est…	Le syndrome de Zelig	La force des liens faibles	L'opportunisme
15	Si quelqu'un vient me voir de la part du réseau…	Je lui donne tout de suite mes contacts	Je ne lui donne aucun contact au premier RDV	Je lui donne 1 ou 2 contacts si je le sens prêt
16	Lorsqu'en entretien réseau on me donne un contact à appeler…	Je ne l'appelle que s'il m'intéresse	Je l'appelle dans les 4 jours qui suivent	Je l'appelle quand j'ai le temps
17	En général, je déjeune…	Seul	Toujours avec les mêmes	Chaque jour avec des personnes différentes
18	Lorsque je travaille le réseau, je surveille en priorité…	Le nombre de mes relations	Ma bonne réputation	Mon compte en banque
19	Pour moi, l'enjeu du réseau, c'est de…	Me faire un maximum d'amis	Me constituer un carnet d'adresses	Créer des alliances me permettant d'atteindre mon objectif en aidant les autres à atteindre le leur
20	Quand je change de job, j'informe…	Mes amis proches	Juste les personnes qui m'ont connecté à ce job	Toutes les personnes de mon réseau

Les bonnes réponses : 1.b, 2.b, 3.a, 4.a, 5.c, 6.c, 7.b, 8.a, 9.a, 10.a, 11.b, 12.c, 13.a, 14.b, 15.c, 16.b, 17.c, 18.b, 19.c, 20.c.

Le mot de la fin

Naturellement, entretenir un réseau de qualité se fait dans la durée, et même si les réseaux sociaux sur la Toile sont assez pratiques, il est indispensable de rencontrer physiquement votre réseau régulièrement, rien ne peut remplacer un rendez-vous en face à face…

Conclusion

Ça y est, vous y êtes ! Vous êtes prêt à changer et à passer le message : *« Changer de boulot et se sentir épanoui ? Oui, c'est possible ! »*

Vous pouvez véritablement être l'acteur de votre vie professionnelle et choisir de ne plus subir un travail ou un poste qui ne vous convient plus. La clé pour réussir votre changement ? la **formule gagnante** : $A = MC^2$!

Pour transformer votre rêve en réalité, surtout après avoir redécouvert vos talents : passez à l'**action** !

En commençant par faire le point sur vos réelles **motivations** et sur votre intérêt pour le poste ou le métier que vous visez, mais également ce que vous devez mettre en œuvre pour réussir votre projet.

En développant votre **confiance** à travers un projet unique qui vous permettra de vous épanouir pleinement dans votre vie professionnelle.

Enfin, en ayant le courage de vous affirmer dans votre projet, de mettre tout en œuvre pour le concrétiser et d'aller jusqu'au bout.

Votre projet idéal s'inscrit dans un triangle qui prend en compte :

- vos aspirations : ce que vous voulez, ce qui vous correspond (motivation) ;
- vos compétences, vos talents : ce que vous savez et aimez faire, ce que vous pouvez apprendre ;
- le marché du travail : ce que vous pouvez mettre en œuvre sur un marché en perpétuelle évolution.

Après avoir découvert vos nombreux talents, votre savoir-faire, votre savoir être, éventuellement votre savoir managérial, il vous reste à **le faire savoir** !

Nul besoin de vous mettre la pression, vous pourriez vous retrouver dans une impasse : prenez le temps de changer, à votre rythme !

Nous espérons que vous aurez eu autant de plaisir à lire cet ouvrage que nous à l'écrire. Il nous a obligés, comme vous aujourd'hui, à réfléchir et à nous remettre en question sur nos véritables motivations pour continuer à nous épanouir dans nos métiers respectifs.

Vous pouvez nous retrouver et nous contacter
sur nos adresses respectives :
Nathalie Olivier : http://rhconseilpme.blogs.com/nathalieolivier
Christophe Gallé : christophe@galleconsultants.com

Osez changer !

À bientôt…

Bibliographie choisie

BARTHÉLÉMY Amandine et SLITINE Romain, *Entrepreneuriat social – Innover au service de l'intérêt général*, Vuibert, 2011.

BOLLES Richard Nelson, *De quelle couleur est votre parachute ? Un guide pratique pour les gens en recherche d'emploi et en réorientation de carrière*, Repentigny (Québec), R. Goulet, 2005.

BOMMELAER Hervé, *Booster sa carrière grâce au réseau*, Eyrolles, 2008.

BUCKINGHAM M., CLIFTON D., *Découvrez vos points forts dans la vie et au travail*, Village mondial, 2003.

CLERC Olivier, *La grenouille qui ne savait pas qu'elle était cuite... et autres leçons de vie*, J.-C. Lattès, 2005.

CORNETTE DE SAINT CYR X., *Découvrez vos talents*, Jouvence, 2006.

DAMASIO Antonio R., *L'Erreur de Descartes – La raison des émotions*, Odile Jacob, 2006.

FILLIOZAT Isabelle, *Fais-toi confiance – Ou comment être à l'aise en toutes circonstances*, J.-C. Lattès, 2005.

GOLEMAN Daniel, *L'Intelligence émotionnelle – Comment transformer ses émotions en intelligence*, Robert Laffont, 1997.

LENHARDT Vincent, *Les Responsables porteurs de sens : culture et pratique du coaching et du team-building*, Insep, 1992.

MIKOLAJCZAK Moïra, « L'intelligence émotionnelle de l'individu à la société », Revue *L'Essentiel Cerveau & Psycho*, 2012/4, 9, p. 29-34.

OLIVIER Nathalie, *Kit RH pour les PME : 80 fiches pratiques & 1 CD-Rom*, Eyrolles, 2009.

SCHWARTZ Shalom H., « Les valeurs de base de la personne : théorie, mesures et applications », *Revue française de sociologie*, 2006/4, 47, p. 929-968.